CAMBIE SUS PENSAMIENTOS, CAMBIE SU *Vida*

Títulos de temas relacionados de Hay House

El Asombroso poder de las emociones, Esther y Jerry Hicks
El dinero y la Ley de Atracción, Esther y Jerry Hicks
La edad de los milagros, Marianne Williamson
El fascinante poder de la intención deliberada, Esther y Jerry Hicks
Gratitud, Louise L. Hay
Guía diaria de sus ángeles, Doreen Virtue
Inspiración, Wayne W. Dyer, Ph.D.
La Ley de Atracción, Esther y Jerry Hicks
Meditaciones para sanar tu vida, Louise L. Hay
Un mensaje de García, Charles Patrick Garcia
En mis propias palabras, Su Santidad el Dalai Lama
La Matriz Divina, Gregg Braden
¡El mundo te está esperando!, Louise L. Hay
La oración y las cinco etapas de curación,
Ron Roth, Ph.D., y Peter Occhiogrosso
Pedid que ya se os ha dado, Esther y Jerry Hicks
Pensamientos del corazón, Louise L. Hay
El poder contra la fuerza, David R. Hawkins, M.D., Ph.D.
El poder está dentro de ti, Louise L. Hay
El poder de la intención, Wayne W. Dyer, Ph.D.
Respuestas, Louise L. Hay
Sana tu cuerpo, Louise L. Hay
Sana tu cuerpo A–Z, Louise L. Hay
10 Secretos para conseguir el éxito y la paz interior,
Wayne W. Dyer, Ph.D.
Sobrevivir para contarlo, Immaculée Ilibagiza
Usted puede sanar su vida, Louise L. Hay
La vida es corta: Póngase sus pantalones de fiesta, Loretta LaRoche
Vive tu vida, Carlos Warter, M.D., Ph.D.
Vivir en equilibrio, Wayne W. Dyer, Ph.D.
¡Vivir! Reflexiones sobre nuestro viaje por la vida, Louise L. Hay

((760) 431-7695 o al (800) 654-5126 • (760) 431-6948 (fax)
o al (800) 650-5115 (fax)
Hay House USA: **www.hayhouse.com**®

CAMBIE SUS PENSAMIENTOS, CAMBIE SU *Vida*

Vivir la sabiduría del Tao

Por el doctor
Wayne W. Dyer

HAY HOUSE, INC.
Carlsbad, California • New York City
London • Sydney • Johannesburg
Vancouver • Hong Kong • New Delhi

Derechos de autor © 2007 por Wayne W. Dyer

Publicado y distribuido en los Estados Unidos por: Hay House, Inc., P.O. Box 5100, Carlsbad, CA 92018-5100 USA • (760) 431-7695 o al (800) 654-5126 • (760) 431-6948 (fax) o al (800) 650-5115 (fax) • www.hayhouse.com®

Poema "Woman with Flower" de *Star by Star,* por Naomi Long Madgett (derechos de autor © 1965, 1970). Con permiso de la autora. Página de Internet: **www.naomilongmadgett.com**

"Wild Geese," por Mary Oliver, publicado en *Dream Work* (derechos de autor © 1986). Con permiso para reimpresión en todos los libros y programas de audio.

Supervisión de la editorial: Jill Kramer • *Diseño:* Amy Rose Grigoriou
Traducción al español: Adriana Miniño: **adriana@mincor.net**

Título del original en inglés: *CHANGE YOUR THOUGHTS—CHANGE YOUR LIFE: Living the Wisdom of the Tao*

ISBN: 978-1-4019-1974-0

Impresión #1: Junio 2009

Impreso en los Estados Unidos

Para mi padre, Melvin Lyle Dyer.
Aunque nunca te he conocido,
después de comprender a fondo el Tao,
¡finalmente me quedó claro!
Todo es y siempre ha sido perfecto. Te amo.

Contenido

$\mathcal{P}$refacio

El progreso es imposible sin cambios; y aquellos que
no pueden cambiar sus mentes, no pueden cambiar nada.

— **George Bernard Shaw**

Cambie sus pensamientos, cambie su vida es el producto final de una jornada de un año de investigaciones, contemplación y aplicación del Tao Te Ching, un libro de sabiduría que ha sido traducido más que cualquier otro volumen en el mundo, con excepción de la Biblia. Muchos eruditos consideran este clásico de la literatura china, la suprema disertación sobre la naturaleza de la existencia, y sigue siendo un recurso valioso para lograr una forma de vida que garantice integridad, alegría, paz y equilibrio. Hace poco leí acerca de alguien que había superado su conducta adictiva que estaba poniendo en riesgo su vida, leyendo una y otra vez los 81 versos de este texto antiguo. ¡Imagínense! En menos de cien cortos pasajes, se describe una forma de vivir equilibrada, moral y espiritual, y que funciona para todas las facetas de la vida en la Tierra.

La leyenda nos dice que el Tao Te Ching fue escrito por Lao-Tsé, un profeta que también era el guardián de los archivos imperiales de la antigua capital de Luoyang. Al ver el deterioro continuo durante un periodo beligerante, Lao-tzu decidió cabalgar hacia el occidente hasta el desierto. En el Cruce Hanku, un portero llamado Yin Hsi, conociendo la reputación de Lao-Tsé de hombre sabio, le imploró que registrara la esencia de sus enseñanzas. Así nació el Tao Te Ching usando 5,000 caracteres chinos.

Durante todo el tiempo que he leído acerca de los orígenes del Tao Te Ching, jamás he encontrado un registro histórico definitivo sobre su escritura... sin embargo, sigue sobreviviendo en miles de versiones en virtualmente todos los idiomas. De hecho, después de leer este texto clásico una mañana y luego de descubrir diferentes interpretaciones esa misma tarde, quedé fascinado. Conseguí más traducciones, cinco de las cuales eran bastante antiguas y cinco más modernas (sus títulos se encuentran en los Agradecimientos). Teniendo en cuenta que no existe certeza histórica respecto a Lao-Tsé, ni al origen de estos versos, quedé maravillado ante las diferentes formas en que fueron interpretados los 5,000 caracteres por los eruditos de las ediciones que estudié, especialmente cuando uno considera que muchos de estos símbolos antiguos ya no están en uso e invitan a diferentes traducciones de por sí.

Luego me sentí llamado a escribir un ensayo que demostrara la valiosa sabiduría de cada verso aplicada en el siglo XXI. De esas diez traducciones que repasé, reuní 81 pasajes en *Cambie sus pensamientos, cambie su vida*, según resonaban conmigo. Este libro es mi interpretación personal del Tao Te Ching: cada verso me enseñó una lección en cuanto a la vida y la naturaleza. Al leerlo, por favor tenga en cuenta que estas páginas han sido recopiladas según mis sentimientos *personales* respecto a los aspectos más útiles de esas diez traducciones diferentes que estudié, y me disculpo por cualquier exclusión (o si la inclusión no parece ajustarse perfectamente).*

Uno de los muchos regalos del Tao Te Ching es la calidad que tiene para expandir la mente, en especial en la forma en que Lao-Tsé usa la ironía y la paradoja para hacer que uno observe la vida. Si piensa que ser enérgico es la respuesta apropiada, Lao-Tsé le aconseja que observe el valor de ser humilde. Si se siente llamado a la acción, él le pide que considere la inercia. Si siente que la avidez lo ayudará a adquirir lo que necesita o desea, él le sugiere que suelte o fluya y sea paciente.

¿Qué es entonces eso que llamamos "el Tao"? Como nos dicen en el primer verso, nombrarlo es perderlo, así es que la mejor explicación que he podido encontrar es: el Tao es la realidad suprema, la Fuente que todo lo impregna y lo abarca. El Tao nunca comienza ni termina, no hace nada, y sin embargo, le da vida a todo en el mundo de la forma y de las fronteras, el cual es denominado: "el mundo de las 10,000 cosas."

Los comentarios en el Tao Te Ching generalmente interpretan las palabras *Tao* como "el Camino," *Te* como "la forma y el poder" (así es como el Tao manifiesta), y *Ching* como "libro." Todas las traducciones que leí se referían al Tao como el Camino con *C* mayúscula y Te como añadir luz o color al Camino. Pues bien, cuando observo el nombre que he llevado conmigo durante más de 65 años, *Way*ne Dyer, ¡comprendo lo que me atrajo a estudiar y escribir estos ensayos! Como pueden notar, las tres primeras letras de mi nombre forman la palabra *Way*, (N. de la T.: Way es camino en inglés) mientras que un *dyer* (N. de la T.: Dyer es tinte en inglés) añade luz y color. No me sorprende entonces que me haya fascinado con la lectura, la escritura y la interpretación, y lo más importante, con poner en práctica estos 81 versos.

En *The Wisdom of China and India*, el doctor Lin Yutang nos dice: "Si hay un libro de toda la literatura oriental que debería leerse por encima de todos, en mi opinión, debería ser el Libro del Tao [de Lao-Tsé]... Es uno de los libros más profundos de la filosofía mundial..." Cuando lea *Cambie sus pensamientos, cambie su vida*, descubrirá su camino a través de la filosofía mística y práctica de Lao-Tsé y la alegría de aplicarla en su vida en el mundo moderno de hoy en día.

Escribir este libro me hizo renunciar por completo a las ideas que no parecían siempre ajustarse a un enfoque lineal racional, y me ha transformado según el mismo Tao: inexplicable e innombrable. Una vez que supe que pasaría un año en este proyecto, su creación me llegó de la siguiente forma, la cual he documentado para ustedes:

Me despertaba antes de las cuatro de la mañana, meditaba, tomaba mis jugos y suplementos vitamínicos, y entraba en mi espacio sagrado en donde escribo. Sobre una mesa, tengo unas pinturas enmarcadas de Lao-Tsé; en una de ellas, él está revestido de ropajes sencillos, en otra está de pie con un báculo, y en la tercera está en horcajadas sobre un buey. Me dejo llevar por mi trabajo y leo un verso del Tao Te Ching, dejando que las palabras permanezcan en mí e incito las fuerzas externas e internas de la vida para que me informen.

Algunos de los pasajes contienen ideas que parecen ser dictadas a líderes políticos, aunque en todos los casos mantengo en mente al lector promedio. En otras palabras, trato de ver la sabiduría para <u>todos,</u> no solamente para aquellos en posiciones de mando o de negocios.

Tomo unas cuantas notas, y durante los tres días siguientes, pienso en lo que dice Lao-Tsé. Invito al Tao a que permanezca conmigo a lo largo del día en todas mis actividades, como un trasfondo al título de este libro. "Cambia tus pensamientos, Wayne," me digo a mí mismo, "y observa cómo cambia tu vida." Y mis pensamientos de <u>verdad</u> cambian.

Siento al Tao en mi vida, siempre presente, sin hacer nada, y sin dejar nada por hacer. Ahora <u>Veo</u> con <u>V</u> mayúscula: el paisaje luce diferente. Las personas que <u>Veo</u> son creaciones divinas que ignoran su verdadera naturaleza, o todavía más patético, interfiriendo miserablemente en los asuntos ajenos. Ahora tengo una perspectiva distinta: me siento más en paz y soy más paciente. Constantemente recuerdo la naturaleza cíclica del mundo de las 10,000 cosas y tengo visiones poderosas que cambian lo que veo. Sé que los humanos somos como el resto del mundo natural y que la tristeza, el miedo, la frustración, o cualquier sentimiento desagradable, no pueden perdurar. La naturaleza no crea una tormenta que jamás termina. En medio de la desgracia, se esconde la buena fortuna.

Después de mis días de reflexión, y luego aplicando la sabiduría de un verso en particular, observo los ojos en la pintura de Lao-Tsé temprano en la mañana y me pregunto: <u>¿Qué quisiste decir? ¿Cómo aplica esto aquí, hoy, para todos aquellos que deseamos vivir de acuerdo con estas enseñanzas majestuosas?</u>

Lo que ocurre enseguida es sorprendente en el sentido de que, sencillamente, llega. A lo largo del tiempo, a través de la atmósfera, por medio de mi pluma púrpura, y en cada página, fluye lo que solamente puedo llamar escritura automática. Sé que no soy dueño de lo que escribo. Sé que no puedo tocarlo, sentirlo, verlo, ni siquiera nombrarlo, pero las palabras llegan en el mundo de las 10,000 cosas. Me siento agradecido, fascinado, lleno de asombro y gozo desbordante. Al día siguiente, comienzo otra aventura de cuatro días con esta sabiduría: una obra maestra china registrada hace 2,500 años, sintiéndome enormemente bendito, honrado y completamente impactado por el profundo efecto de estas palabras en mi vida.

Es mi visión que en este siglo XXI, nuestro mundo debe reclutar futuros líderes que conozcan profundamente la importancia de las palabras de Lao-Tsé. Nuestra supervivencia depende de la comprensión de que los conceptos de "enemigos" y "guerra" pueden dejar de existir si vivimos nuestras vidas centrados en el Tao. El gobierno deberá dejar de regular nuestras vidas personales, de cobrarnos impuestos tan elevados y de invadir nuestra privacidad.

No obstante, las lecciones y las verdades del Tao deben ser descubiertas y aplicadas por los individuos. De esta manera, puede llevarlo a la increíble maravilla de su propio ser; sí, usted es el Tao en acción. Su ser proviene y regresará a la no-existencia. Entonces, para disfrutar al máximo este libro y sacarle el máximo provecho, haga que se convierta en su jornada personal. Primero, lea atentamente uno de los pasajes del Tao Te Ching y el ensayo a continuación. Enseguida, pase un tiempo aplicándolo, cambiando la forma en que ha sido condicionado para pensar y ábrase a una nueva forma de conceptualizar estas ideas. Finalmente, individualice el verso escribiendo, grabando, pintando o expresándose en cualquier forma que se sienta llamado a realizar. Y continúe con el siguiente verso al ritmo que se ajuste a su naturaleza.

El siguiente párrafo ha sido extraído del libro *365 Tao: Daily Meditations* por Deng Ming-Dao, el cual leo cada día. Léalo y vea como se hace vivo el Tao en usted:

Si pasas un largo periodo de tiempo estudiando y cultivándote, entrarás en el Tao. Al hacerlo, también entrarás en un mundo de percepciones extraordinarias. Experimentas cosas inimaginables, recibes pensamientos y aprendes de la nada, percibes cosas que podrían ser clasificadas como proféticas. Pero si tratas de comunicar lo que experimentas, nadie te entenderá, nadie te creerá. Cuanto más camines por esta senda, más lejos llegarás de las formas ordinarias de la sociedad. Puedes ver la verdad, pero descubrirás que las personas prefieren escuchar a los políticos, a los actores y a los charlatanes.

Si eres ahora un seguidor del Tao, puede ser que las personas te busquen, pero serán raras las ocasiones en que de verdad entiendan el Tao. Esas personas usan el Tao como una muleta. Hablar con ellos sobre las maravillas que has visto, a menudo es embarcarse en una contienda inútil. Por eso se dice que aquellos que saben, no hablan.

¿Por qué no sencillamente permanecer callado? Disfruta el Tao a tu voluntad. Deja que los demás piensen que eres un tonto. En tu interior, conocerás los misterios del gozo del Tao. Si te encuentras con alguien que puede beneficiarse de tus experiencias, debes compartir. Pero si eres apenas un peregrino en medio de una multitud de extraños, es sabio permanecer en silencio.

Quizá el mensaje primordial del Tao Te Ching es aprender a deleitarse en la simplicidad de este antiguo texto sagrado. Al poner sus ideas en práctica, descubrirán su profundidad, pero luego quedarán maravillados ante su sencillez y naturalidad. El consejo de este maestro antiguo es tan fácil de aplicar que no debe tratar de complicarse. Simplemente, permanezcan en armonía con su naturaleza, en la cual pueden confiar si solamente escuchan y actúan de acuerdo a ella.

Espero que se enamoren gozosamente de Lao-Tsé y de su asombroso Tao Te Ching, y que añadan así *su* luz y color al Gran Camino. Les ofrezco a todos mi amor, así como mi compromiso con un mundo centrado en el Tao. No se me ocurre una visión más grandiosa para ustedes, para nuestro planeta y para nuestro universo.

Wayne W. Dyer
Maui, Hawai

*Nota del autor: Me he basado en algunas versiones del Tao más que en otras, y me gustaría mencionar especialmente que la versión que usé más extensamente y la cual sentí que resonaba más con mi visión y con la interpretación del Tao fue la de Jonathan Star (*Tao Te Ching: the Definitive Edition*). (En particular, grandes porciones de los versos 6, 13, 18, 29, 30, 33, 38, 39, 44, 46, 49, 54, 56, 58, 62, 67, 69, 72, 74, 76 y 79 fueron citadas de la traducción de Star.)

Recomiendo a todo aquel que busque obtener mayores conocimientos de los versos del Tao Te Ching —lo cual podría ayudarlo a profundizar la comprensión de las ideas provistas en este libro— que consulte la versión de Jonathan Star. Su edición del Tao Te Ching es única en el sentido de que no solamente ofrece una traducción elegante de los versos, sino que, además, ofrece una traducción palabra por palabra de cada carácter chino encontrado en el texto original. Al usar esta traducción al pie de la letra, inclusive las personas que no saben chino antiguo pueden captar la profundidad del significado de la obra original.

De los pájaros que conozco que tienen alas para volar,
de los peces que tienen aletas para nadar,
de los animales que tienen patas para correr.
Para las patas hay trampas, para las
aletas redes, para las alas flechas.
Pero, ¿quién sabe cómo los dragones vencen
el viento y se remontan a los cielos?
Hoy he visto a [Lao-Tsé] y él es un dragón.

de *The Way of Life According to Lao-Tzu,*
traducido al inglés por Witter Bynner

(Esta cita es atribuida a Confucio, luego de visitar al anciano
Lao-Tsé buscando consejo referente a las normas de etiqueta ceremoniales.)

Verso 1

El Tao que puede nombrarse
no es el Tao eterno.
El nombre que puede nombrarse
no es el nombre eterno.

El Tao tiene y no tiene nombre.
Así como no tiene nombre el origen de todas las cosas;
y tiene nombre la Madre de las 10,000 cosas.

Sólo en la ausencia de deseo, uno puede ver el misterio;
sólo en el deseo, uno ve solamente las manifestaciones.
Y el misterio mismo es la puerta a
todo el conocimiento.

$\mathcal{V}$ivir el misterio

En este primer verso del Tao Te Ching, Lao-Tsé nos dice que el "Tao tiene y no tiene nombre." Esto suena paradójico para nuestro intelecto occidental, ¡y lo es! El razonamiento paradójico está integrado en conceptos orientales como yin *y* yang, o femenino *y* masculino, y donde las cosas son cómodamente descritas como esto *y* eso. Nosotros en occidente, por contraste, tendemos a ver los opuestos como conceptos incompatibles que se contradicen entre sí. Sin embargo, este libro nos está pidiendo que cambiemos nuestras ideas arraigadas y veamos cómo cambian nuestras vidas como resultado.

El Tao es un dominio inescrutable, invisible, en donde todo se origina; mientras que al mismo tiempo, el Tao está invisible en el interior de todas las cosas. Cuando deseamos ver esta invisibilidad (misterio), intentamos definirla en función del mundo externo de la forma: lo que Lao-Tsé llama "las 10,000 cosas." Él nos aconseja que abandonar la idea de tratar de ver el misterio nos permitirá en realidad verlo. O, como me gusta pensar: "Quítate del camino y deja entrar a Dios." Pero, ¿cómo podemos hacerlo? Una forma es permitirnos practicar más el razonamiento paradójico, reconociendo que el deseo (anhelar algo) y la carencia de deseo (permitirlo) son diferentes y lo mismo..., más bien como los extremos misteriosos del continuo.

El deseo es la expresión física de crear condiciones que nos permiten ser receptivos; es decir, es la preparación mundana para recibirlo. Según Lao-Tsé, desear conocer o ver el misterio del Tao nos revela su evidencia en una variedad de manifestaciones, pero no el misterio mismo. ¡Pero esto no es un callejón sin salida! Desde el terreno del deseo florece el misterioso Tao. Es como si el deseo se transformara en una aceptación natural. En el deseo, uno ve las manifestaciones; en la carencia del deseo, uno puede ver el misterio mismo.

Cuando nos sintonizamos con lo que Lao-Tsé nos está diciendo, se vuelve aparente que nuestro mundo produce ejemplos abundantes de este proceso paradójico. Piense en cultivar y desear apetitosos tomates caseros o narcisos en la primavera: lo que ocurre a fin de cuentas *es permitir* que ellos crezcan. Ahora piense en las cosas de la vida que involucran *desear* y cómo difieren de permitir: desear ir a dormir, por ejemplo, en vez de ir a dormir. Desear hacer dieta, en vez de hacer dieta. Desear amar, en vez de amar. En esta referencia al Tao, la carencia de deseo significa confiar, conceder y permitir. El deseo es el inicio y el terreno fértil para la carencia de deseo, no obstante, desear es también el comienzo y el suelo fértil para permitir. Son lo mismo y son diferentes.

Preste atención a las ocasiones en que puede sentir en su cuerpo dónde está en el proceso continuo entre desear y permitir (o tratar y hacer). *Tratar* de tocar el piano, conducir el auto, montar bicicleta, es lo mismo que, y diferente a, realmente tocar el piano, conducir el auto y montar bicicleta. Una vez que se desean y se aprenden esas actividades del mundo externo, llega el momento en que lo que usted hace es permitirlas. El punto clave es reconocer la diferencia en su cuerpo entre tratar y permitir, y luego hacerse consciente de la sensación natural de la última. Esta práctica también conlleva a una mayor conciencia del misterio invisible y de las 10,000 cosas, las cuales son el fenómeno visible de nuestro mundo.

Las 10,000 cosas a las que Lao-Tsé se refiere representan los objetos de la tierra categorizados, clasificados y denominados científicamente, lo cual nos ayuda a comunicarnos y a identificar lo que estamos diciendo y pensando. Sin embargo, a pesar de toda nuestra experiencia tecnológica y categorización científica, nunca podemos crear un ojo humano o un hígado, o de hecho, ni siquiera un grano de trigo. Cada una de estas cosas —así como el resto que comprende el mundo conocido o nombrado— emerge del misterio, el Tao eterno. Así como el mundo no es sus partes designadas, nosotros no somos exclusivamente piel, huesos y ríos de fluidos de los que estamos compuestos físicamente. Nosotros también somos el Tao eterno, animando invisiblemente nuestras lenguas para hablar, nuestros oídos para escuchar y nuestros ojos para ver y experimentar el manifiesto y el misterio. Permitir conscientemente este misterio sin nombre es la forma suprema de practicar el Tao.

¿Significa eso colocarse a sí mismo en una situación riesgosa? Por supuesto que no. ¿Significa esto confiar en el misterio, en el momento en que usted está siendo asaltado o maltratado? Probablemente no. ¿Significa no tratar nunca de cambiar las cosas? No. *Significa* cultivar la práctica de estar en el misterio y permitir que fluya a través de usted sin impedimentos. Significa permitir la paradoja de estar en la forma al mismo tiempo que permite la manifestación del misterio.

Practique el Tao; encuentre su forma personal de vivir en el misterio. Como dice Lao-Tsé en este verso 1: "Y el misterio mismo es la puerta a todo el conocimiento."

Este es mi consejo para convertir este pasaje en una práctica diaria en este siglo XXI:

Primero y ante todo, ¡disfrute el misterio!

Deje que el mundo se manifieste sin tratar siempre de entenderlo todo. Deje que las relaciones sean simplemente lo que son, por ejemplo, puesto que todo se va desenvolviendo según el orden divino. No intente con tanto esfuerzo hacer que algo funcione, simplemente permita que pase. No se afane siempre por tratar de entender a su pareja, sus hijos, sus padres, su jefe, o a alguien más, porque el Tao está funcionando en todo momento. Cuando se destruyen las expectativas, practique permitir que las cosas sean como son. Relájese, libérese, permita y reconozca que algunos de sus deseos son lo que usted cree que el mundo *debería* ser, en vez de cómo *es* en ese momento. Conviértase en un observador astuto..., juzgue menos y escuche más. Tómese el tiempo de abrir su mente al fascinante misterio y a la incertidumbre que todos experimentamos.

Practique dejar la costumbre de ponerle nombre y etiquetas a las cosas

A la mayoría de nosotros nos enseñan en la escuela el proceso de poner etiquetas. Estudiamos con intensidad para lograr definir las cosas correctamente, con el fin de obtener lo que llamamos "buenas calificaciones". La mayoría de las instituciones educativas insisten en identificarlo todo, en colocarnos una etiqueta que nos distingue como graduados en conocimientos de categorías específicas. Sin embargo, sabemos, sin que nadie nos diga, que no hay título, grado, o etiqueta distintiva que nos defina realmente. En la misma forma que el agua no es la palabra *agua* (ni tampoco es *water, Wasser* o H_2O) nada en este universo es lo que es llamado. A pesar de nuestras infinitas categorizaciones, ningún animal, flor, mineral y humano jamás puede ser verdaderamente descrito. En la misma forma, el Tao nos dice que: "el nombre que puede nombrarse no es el nombre eterno". Debemos deleitarnos en la magnificencia de lo que vemos y percibimos, en vez de memorizar y categorizar siempre.

Practique el Tao ahora

En algún punto del día de hoy, advierta un instante de molestia o irritación que sienta hacia otra persona o situación. Decida practicar el Tao (o el Camino) en ese momento, girando su atención hacia su interior con curiosidad respecto hacia donde está usted en la continuidad entre desear y permitir. Deje que se disuelva la paradoja de desear lo que lo irrita y permita que sea lo que es. Observe en su interior sus pensamientos y permítase sentirlos donde estén y como estén mientras recorren su cuerpo.

Gire toda su atención a convertirse en un ser de mente abierta, permitiendo que la tolerancia ampare el misterio en su interior. Advierta cómo el sentimiento se manifiesta por sí mismo: quizá haciendo "que le dé vueltas" en su estómago, sintiendo rigidez en sus huesos, haciendo que su corazón palpite muy fuerte o sintiendo un nudo en la garganta. Sea lo que sea, permítalo como un mensajero enigmático en su interior, y préstele atención sin juzgarlo. Advierta el deseo de que ese sentimiento desaparezca y permítase

vigilarlo con compasión. Acepte lo que llegue. Encuentre el misterio intrínseco sin etiquetar, explicar o defender. Al principio es
una distinción sutil, por la cual debe asumir la responsabilidad de
identificarlo. Solamente usted puede preparar el terreno de su ser
para la experiencia de vivir el misterio.

Verso 2

Bajo los cielos todos pueden ver la belleza como belleza,
sólo porque existe la fealdad.
Todos pueden conocer la bondad como tal, sólo porque existe maldad.

Ser y no ser se generan mutuamente.
La dificultad nace de la facilidad.
Lo largo se define por lo corto, lo alto por lo bajo.
Antes y después se entrelazan.

El sabio vive entonces abiertamente en la dualidad aparente
y en la unidad paradójica.
El sabio puede actuar sin esfuerzo
y enseñar sin palabras.
Apreciar las cosas sin poseerlas.
Trabaja, pero no por las recompensas;
compite, pero no por los resultados.

Una vez que el trabajo ha sido realizado, es olvidado.
Razón por la cual dura para siempre.

*V*ivir la unidad paradójica

El concepto de que algo o alguien es hermoso está enraizado en un sistema de creencias que promueve la dualidad y el juicio. Esta manera de pensar impera y es común para casi todas las personas en nuestra cultura, quizá incluso tiene algún valor en la sociedad. Lo exhorto para que explore el concepto de la unidad paradójica en el verso 2 del Tao Te Ching. Cambiando sus pensamientos, puede cambiar su vida, y vivir verdaderamente el éxtasis de la unicidad.

¿Se le ha ocurrido alguna vez que la belleza depende de algo identificado como feo? Por lo tanto la idea de la belleza produce la idea de la fealdad y viceversa. Piense solamente en cuántos conceptos en este "sistema de creencias de la dualidad" dependen de sus opuestos: una persona no es alta a menos que haya un sistema de creencias que incluya ser de baja estatura. Nuestra idea de la vida no podría existir sin la idea de la muerte. El día es lo opuesto a la noche. Lo masculino es la antítesis de lo femenino.

¿Qué tal si usted percibiera más bien el todo como una parte (o un atisbo) de la perfección de la unicidad? Creo que esto es lo que Lao-Tsé está sugiriendo en su descripción del sabio que "vive abiertamente en la dualidad aparente y en la unidad paradójica." Imagínese la unicidad perfecta coexistiendo en la dualidad aparente, en donde los opuestos son simplemente juicios realizados por mentes humanas en el mundo de las 10,000 cosas. Obviamente, el narciso no piensa que la margarita es más bonita o más fea de lo que es, y el águila y el ratón no tienen sentido de los opuestos que llamamos vida y muerte. Los árboles, flores y animales no conocen la fealdad o la belleza; ellos simplemente *están* en armonía con el Tao eterno desprovistos de juicio.

Cuando el sabio vive abiertamente con dualidad aparente, sintetiza el origen con la manifestación sin formarse una opinión al respecto. Vivir sin juicio y en perfecta unicidad es lo que Lao-Tsé invita a sus lectores a hacer. Él invita a nuestra sabiduría para que combine los opuestos percibidos y lleve una vida unificada. La perfección del Tao es permitir la dualidad aparente, mientras observa la unidad que es la realidad. La vida y la muerte son idénticas. La virtud y el pecado son juicios necesarios para identificarse mutuamente. Estas son las paradojas de una vida unificada; esto es vivir en el contexto del Tao eterno. Una vez que se trascienden las dicotomías o los pares de opuestos, o por lo menos vistos por lo que son, fluyen hacia dentro y hacia fuera como la marea.

Practique ser una paradoja viviente en todo momento de su vida. El cuerpo tiene límites físicos, comienza y termina y posee sustancias materiales. Pero también contiene algo que desafía los límites, no posee sustancia, y es infinito y amorfo. Usted es simultáneamente el Tao y las 10,000 cosas. Deje que las ideas contrastantes y opuestas permanezcan en su interior al mismo tiempo. Permítase tener esos pensamientos opuestos sin que se cancelen mutuamente. Crea firmemente en su libre albedrío y en su habilidad de influir su entorno y entréguese simultáneamente a la energía en su interior. Sepa que la bondad y la maldad son dos aspectos de una unión. En otras palabras, acepte la dualidad del mundo material permaneciendo en contacto constante con la unicidad del Tao eterno. Atenuará la necesidad agotadora de estar en lo correcto y hacer ver a los demás como incorrectos.

Creo que Lao-Tsé aplicaría el Tao Te Ching al mundo moderno sugiriendo lo siguiente:

Lleve una vida unificada

Entre al mundo de la unicidad con una percepción de la tendencia a catalogar todo como bueno o malo, correcto o incorrecto. La belleza y la fealdad son estándares del mundo físico, no del Tao. Contemple la revelación de que la dualidad es un juego mental. En otras palabras, las personas lucen como lucen, punto final, la crítica no es siempre necesaria o útil. Observe la manifestación del Tao en el interior de todos, incluyéndose usted, y permanezca en paz con lo que observa.

Sea un buen animal y viva libremente sin restricciones de ideas respecto a dónde *debería* estar y cómo *debería* actuar. Por ejemplo, imagínese que es una nutria llevando una "existencia de nutria." Usted no es bueno ni malo, hermoso ni feo, buen trabajador ni perezoso..., usted sencillamente es una nutria, nadando en el agua o moviéndose libremente sobre la tierra, en paz, juguetonamente y sin juicios. Cuando llega el momento de dejar su cuerpo, lo hace, reclamando su lugar en el misterio puro de la unicidad. Esto es a lo que se refiere Lao-Tsé: "Una vez que el trabajo ha sido realizado, es olvidado. Razón por la cual dura para siempre".

En otras palabras, usted no tiene que dejar su cuerpo para experimentar la eternidad; es posible conocer su ser eterno incluso en la condición encarnada. Cuando la dualidad y el juicio surjan, permítase ser parte de la unidad perfecta. Cuando otras personas creen dicotomías, usted puede siempre percibir la unicidad practicando el Tao.

Logre más intentando menos

El esfuerzo es una parte del todo; otra parte es el no-esfuerzo. Fusione estas dicotomías y la consecuencia es la acción natural sin apego al resultado. Así es precisamente como usted baila con alguien: hace un intento, asume una posición, escucha la música y libera todo al mismo tiempo, permitiéndose moverse fácilmente con su pareja. Combine los llamados opuestos en la unicidad del ser sin juicio ni temor. Etiquetar la acción como un "excelente esfuerzo," implica la creencia de que tratar arduamente es mejor que no tratar. Pero tratar de por sí, solamente existe debido a las creencias respecto a no tratar. Intentar recoger basura *no* es realmente recoger basura. Una vez recogida, tratar y no tratar es irrelevante.

Comprenda que puede actuar sin el juicio implicado de palabras tales como *esfuerzo* e *intento*. Usted puede competir sin enfocarse en el resultado. Eliminar los opuestos paradójicamente los unifica para que sea innecesario identificarse con una posición. Me imagino que en el lenguaje de hoy en día Lao-Tsé resumiría este verso 2 del Tao Te Ching en sólo dos palabras: *Sólo sea*.

Practique el Tao ahora

Practique el Tao ahora, advirtiendo una oportunidad para defenderse o justificarse y optando por no hacerlo. Más bien, gire hacia su interior y perciba la textura del malentendido, sintiéndolo a lo largo de todo su sistema corporal. Sólo sea con lo que es, en vez de optar por aliviarlo, atravesando el sendero del mundo exterior de la justificación y la defensa. No se deje atrapar en la dualidad aparente de estar en lo correcto o incorrecto. Felicítese por tomar la decisión de estar en la unidad paradójica, una unicidad en donde todo el espectro sencillamente es. Aprecie en silencio la oportunidad ¡Así como su voluntad de practicar su sabiduría!

Verso 3

Darle valor al estatus
crea hostilidad.
Si sobrevaloras tus posesiones,
la gente comienza a robar.
Al no ostentar lo deseable,
harás que los corazones de las personas permanezcan serenos.

El sabio gobierna
vaciando mentes y corazones,
debilitando ambiciones y fortaleciendo huesos.

Practica no hacer...
Cuando la acción es pura y desinteresada,
todo se acomoda en su propio lugar perfecto.

$\mathcal{V}$ivir en alegría

El verso 3 del Tao Te Ching nos aconseja reorganizar prioridades para asegurar la alegría. Enfocarnos en obtener más objetos de deseo estimula los factores externos que tienen control sobre nosotros. La búsqueda de estatus, ya sea monetario o de poder, enceguece nuestra relación con el Tao eterno, así como con la alegría de la vida que está disponible. Sobrevalorar posesiones y logros se deriva de la fijación de nuestro ego de tener *más*: riquezas, pertenencias, estatus, poder y similares. El Tao recomienda abstenernos de este tipo de estilo de vida insatisfecho, que conlleva al hurto, la hostilidad y la confusión. En vez de buscar tener más, la práctica de gratitud del Tao es lo que nos conduce a llevar una vida de alegría. Debemos reemplazar los deseos personales con la pregunta central del Tao: *¿Cómo puedo servir?* Simplemente, cambiando este tipo de ideas comenzaremos a ver que ocurren grandes cambios en nuestra vida.

El consejo de practicar "no hacer" y confiar que todo se acomodará en su lugar perfecto, puede sonar como una prescripción para la pereza y el fracaso de la sociedad, pero no creo que eso sea lo que Lao-Tsé ofrece aquí. No dice que hay ser holgazán o inactivo; más bien, sugiere que confiar en el Tao es la forma de ser dirigido por la Fuente de su creación y ser guiado por un principio más elevado que los deseos impulsados por su ego.

Los deseos apegados al ego pueden interponerse en el camino de la esencia divina, practique entonces dejar el ego fuera del camino y dejarse guiar por el Tao en todo lo que hace. ¿Está en un estado de pánico? Confíe en el Tao. Escuche lo que le incita a avanzar, libre del control del ego, y paradójicamente será más productivo. Permita que salga lo que está en su interior suspendiendo la determinación mundana. De esta forma, ya no será solamente usted quien conducirá esta orquestación que llama su vida.

La mayor parte del verso 3 contiene consejos de cómo gobernar. No veo esto como un consejo político o administrativo, sino como referente a nuestras propias vidas personales y las de aquellos en quienes estamos comisionados para guiar, es decir, nuestra familia cercana, y en un sentido más amplio, la familia humana que comprende todos aquellos con quienes estamos en contacto a diario.

Anime a sus parientes para que vacíen sus mentes de ideas referentes al estatus y a las adquisiciones, y piense más bien en servir a los demás y en contribuir a la salud y a la fortaleza de todos. Sea un modelo de armonía de esta actitud; después de todo, todos recibimos un llamado de inspiración. La Fuente de la creación no está interesada en posesiones materiales ni estatus. Ella proveerá lo necesario, lo guiará, lo motivará y lo influirá a usted y a todos los demás. El ego (y su inventario incesante de deseos) probablemente debe ser debilitado para sentir la belleza del Tao. Demuestre esto siendo un líder que deja atrás las tentaciones egocéntricas que fomentan la envidia, la ira y la competencia.

Si Lao-Tsé fuera capaz de observar nuestro mundo contemporáneo desde su perspectiva de 2500 años de antigüedad, creo que nos ofrecería el siguiente consejo basado en el verso 3 del Tao Te Ching:

Recuerde a diario que no existe un camino a la felicidad; más bien, la felicidad *es* el camino.

Puede ser que usted tenga una larga lista de metas que cree que una vez logradas le proveerán la alegría, sin embargo, si examina su estado de felicidad en este momento, advertirá que la realización de algunas ambiciones previas no crearon un sentido perdurable de alegría. Los deseos pueden producir ansiedad, estrés y competencia, y debe reconocer aquellos que lo hacen. Atraiga felicidad a cada encuentro en su vida, en vez de esperar que los eventos externos le produzcan alegría. Permaneciendo en armonía en el sendero del Tao, toda la alegría con la que ha soñado comenzará a fluir en su vida: aparecerán las personas adecuadas, los medios para financiar sus metas y los factores necesarios. "Deje de presionarse," diría Lao-Tsé, "y sienta gratitud y fascinación por lo que es. Su vida es controlada por algo mucho mayor y más significativo que los detalles banales de sus altivas aspiraciones."

Confíe en la perfección del Tao eterno, porque es la Fuente suprema de las 10,000 cosas

El Tao está trabajando *para* y *con* usted, no debe entonces recordarle lo que anhela o lo que cree que se le ha olvidado en su nombre. Confíe en la armonía del Tao. El Tao se encargó de todo lo necesario para su creación así como de sus primeros meses de vida sin su ayuda, y totalmente independiente de cualquier deseo que usted haya tenido. El Tao seguirá haciéndolo si usted confía en él y practica el no hacer.

Haga inventario de sus deseos y luego entrégueselos al innombrable. Sí, entrégueselos y no haga nada más que confiar. Al mismo tiempo, escuche y esté atento a la guía, y luego conéctese con la energía perfecta que envía todo lo necesario a su vida. Usted (o sea, su ego) no tiene que hacer nada. Más bien, permita que la perfección eterna del Tao trabaje a través suyo, este es el mensaje de Lao-Tsé para nuestro mundo actual.

Henry David Thoreau hizo la siguiente observación a mediados del siglo XIX cuando escribió en el Walden Pond, y creo que esto personifica el verso 3 del Tao Te Ching:

> Pasemos un día de forma tan deliberada como la Naturaleza, sin desviarnos del carril ante cada nuez y ala de mosquito que caiga sobre los rieles... Si la locomotora emite un silbato, dejémosla sonar hasta que quede ronca por sus esfuerzos. Si la campana suena ¿Por qué debemos correr?... Siempre me he lamentado de no haber sido tan sabio como el día en que nací.

Confíe en su sabiduría esencial. No permita que los deseos oscurezcan su conexión eterna con el Tao.

Practique el Tao ahora

Observe hoy una oportunidad para advertir que está planificando comprar algo. Decida practicar el Tao y escuche su guía. Agradezca que tiene la oportunidad de realizar la compra, luego practique escucharse a sí mismo y no hacer nada. A través de sus sentimientos, el Tao le revelará su camino en ese momento. Confíe. Puede ser guiado a comprar el objeto y apreciarlo con gratitud, donarlo, obtener uno para usted y otro para alguien más, dar el dinero a una institución de caridad en vez de comprarlo, o abstenerse por completo de comprarlo.

Practique el Tao en las situaciones diarias y conocerá la alegría en un sentido más profundo. Como dice este verso: "Cuando la acción es pura y desinteresada, todo se acomoda en su propio lugar perfecto." Ahora bien, ¡esa sí que es mi definición de alegría!

Verso 4

El Tao es vacío
pero inextinguible,
insondable,
es el progenitor de todo.

En su interior, los bordes afilados se suavizan;
se aflojan los nudos retorcidos;
el sol es atenuado por una nube;
el agua vuelve a su cauce.

Está escondido, pero siempre presente.
No sé quién lo engendró.
Parece ser el progenitor común de todo, el padre de las cosas.

Vivir por toda la infinidad

El Tao es la Fuente de toda la vida, sin embargo, es vacío e ilimitado y no puede ser restringido, cuantificado ni medido. Esta energía creadora, dadora de vida, provee una fuente profunda de alegría accesible en todo momento. Si usted vive desde una perspectiva infinita, renunciará a la idea de que su única identidad es el cuerpo físico en el que progresa desde el nacimiento hasta la muerte. En su totalidad, usted es un ser infinito disfrazado como una persona existente en el mundo de "bordes afilados" y "nudos retorcidos" al que se refiere este verso. Esta fuerza invisible dadora de vida del Tao se funde en su interior y a su alrededor en todo momento. Es inextinguible. Es insondable. No puede agotarse.

Este verso 4 del Tao lo invita a considerar que reformule sus ideas acerca de quién es usted. Parece decir que cultivar una conciencia del aspecto infinito de su ser es el camino de la conexión a su Fuente ilimitada de energía creativa, que fluye a través suyo. Por ejemplo, usted puede desear ayudar a personas menos afortunadas a mejorar su existencia diaria, pero no cree que tiene el tiempo o la energía para hacerlo debido a lo que usted es y a lo que hace en el presente. Al relajarse, se libera de la idea de que usted es el trabajo que realiza o la vida que lleva, y busca familiarizarse con la energía creativa e ilimitada que es parte suya, entonces el tiempo y la energía aparecerán.

Imaginarse ayudando a los demás, guiado por su aspecto infinito, generará conductas y acciones que complementarán su visión por medio del "ancestro común" del Tao. A fin de cuentas, usted cultivará la conciencia absoluta de que cualquier ayuda que necesite está aquí y ahora, al frente suyo, por detrás, por encima y por debajo. Es vacío, pero muy presente. Es, como nos recuerda Lao-Tsé: "inextinguible, insondable, el progenitor de todo."

La conciencia de la omnipresencia del Tao significa que las ideas de escasez o carencia no prevalecen. Cesan creencias como: "es imposible que esto pase", "no es mi destino" o "con mi suerte, las cosas nunca salen bien". Más bien, comienza a esperar que lo que imaginó para usted no solamente está en su camino, ¡ya está aquí! Este nuevo autorretrato, basado en la presencia cooperadora del Tao invisible, lo eleva hacia una vida de inspiración, es decir, un ser "en el Espíritu" o en contacto infinito con el Tao. Cuando vive eternamente, la recompensa es un sentido de alegría y paz originado en su certeza de que todo está en orden.

Esto es lo que imagino que significan las palabras antiguas de Lao-Tsé en nuestra era moderna:

Considere todas las cosas que parecen un problema desde la perspectiva del Tao eterno

Creer que hay escasez de prosperidad es una señal para pensar en función de la Fuente inagotable: el Tao. Como todas las cosas en nuestro planeta, el dinero está disponible en cantidades ilimitadas. Sea consciente de esto y conéctese con el suministro inagotable. Hágalo primero con sus pensamientos afirmando: *Todo lo que necesito está aquí.* Los pensamientos de prosperidad son instrucciones energéticas para tener acceso a su ser infinito, y las acciones le seguirán.

Asuma este mismo enfoque —permaneciendo en armonía con el Tao— en todos sus problemas, puesto que existe un suministro de bienestar que todo lo abarca con quien usted puede asociarse. Entonces, en vez de darle su energía a la enfermedad o a las desagracias percibidas, permanezca en el Tao. Permanezca con aquello que jamás puede agotarse. Permanezca con aquello que es el progenitor de todas las cosas, la Fuente creativa de todo. Trabajará *con* y *para* usted, pues usted lo tendrá en sus pensamientos, luego en sus sentimientos y finalmente en sus acciones.

Sea un observador infinito

Cuando se reconoce como una señal de cambio, la preocupación es transitoria, es parte simplemente del mundo del cambio. Si observa su vida desde una posición de observador infinito, las preocupaciones, ansiedades y luchas se combinan en una mezcla eterna. Desde esta perspectiva intemporal, observe la importancia que las cosas por las que se deprime ahora tendrán en cien, mil, un millón o un número indefinido de años. Recuerde que usted, como el Tao infinito del que se origina, son parte de una realidad eterna.

Reconfigure sus ideas para practicar pensamientos que estén en alineación con el Tao. Con la ayuda del Tao eterno, todos los bordes afilados de la vida se alisarán, los nudos se aflojarán y el agua volverá a su cauce. ¡Inténtelo!

Practique el Tao ahora

Escoja una situación hoy, (cualquiera es útil) y en vez de responder verbalmente, permanezca en silencio y escuche sus pensamientos. Por ejemplo, en una reunión social o de trabajo, escoja buscar la vacuidad que se encuentra en el silencio, con el fin de hacerse consciente de su ser infinito. Invítelo para que le deje saber cuándo debe o no responder. Si descubre que su ego mundano está interpretando o juzgando, observe sin críticas y sin cambiarlo. Comenzará a encontrar más y más situaciones en donde se siente en paz y alegría sin responder..., estando solamente en el infinito que se esconde pero está siempre presente.

Podría desear duplicar este consejo de mi maestro Nisargadatta Maharaj y colocarlo en distintos sitios notorios donde pueda leerlo a diario:

> *Sabiduría es saber que no soy nada,*
> *amor es saber que lo soy todo,*
> *y entre los dos se mueve mi vida.*

Y mientras viva, permanezca tan cerca del amor como pueda.

Verso 5

El cielo y la tierra son imparciales;
ven las 10,000 cosas como perros de paja.
El sabio no es sentimental;
trata a su pueblo como perros de paja.

El sabio es como el cielo y la tierra:
para él nadie es especialmente querido,
ni desfavorece a nadie.
Él da y da sin condición,
ofreciendo sus tesoros a todos.

Entre el cielo y la tierra
hay un espacio como un fuelle,
vacío e inagotable;
cuanto más se usa, más produce.

Mantente en el centro.
El hombre fue creado para permanecer tranquilo
y encontrar la verdad en su interior.

*V*ivir imparcialmente

El Tao no discrimina, ¡punto! Como el cielo y la tierra, es imparcial. El Tao es la Fuente de todo, el gran proveedor invisible. No demuestra preferencia dándole energía a unos y privando a otros; más bien, los componentes básicos de la vida como el aire, la luz del sol, la atmósfera y la lluvia son proveídos para *todos* en nuestro planeta. Al optar por armonizar nuestra conciencia interna y externa con esta característica poderosa del Tao, podemos comprender el verdadero ser que somos. El verdadero ser es nuestra faceta de sabio que no es sentimental y vive en armonía con el Tao. Esta faceta no ve la vida en una forma que merece más que otra y se rehúsa al favoritismo o, como señala Lao-Tsé: "Trata a todo su pueblo como perros de paja."

Lao-Tsé usa este término para describir cómo el Tao (al igual que los iluminados) trata las 10,000 cosas que comprenden el mundo de lo manifiesto. En su traducción del Tao Te Ching, Stephen Mitchell explica que "los perros de paja eran objetos de rituales, venerados antes de la ceremonia pero abandonados y pisoteados después." En otras palabras, el Taoísmo venera y respeta la existencia de forma imparcial; como el flujo y reflujo que se veneran y luego se liberan. Con conciencia imparcial, el sabio ve genuinamente lo sagrado de todos los perros de paja de esta ceremonia que llamamos vida.

El verso 5 nos anima a que estemos conscientes de esta Fuente imparcial y, como un bono adicional, disfrutemos de la naturaleza paradójica del Tao. Cuanto más nos relacionamos con la energía del Tao y cuanto más vivamos desde su perspectiva que todo lo crea, más estará disponible para nosotros. Es imposible agotarlo, si lo consumimos más, simplemente recibiremos más. Pero si tratamos de acapararlo, experimentaremos carencias, así como fracasaremos en el logro de siquiera un ápice de comprensión. El Tao y sus poderes inagotables desaparecen paradójicamente, cuando intentamos excluir a alguien de su naturaleza imparcial.

Las formas variadas de vida son ilusorias en cuanto al Tao le concierne, nadie es especial o mejor que nadie. Este sentimiento es replicado en las escrituras cristianas: "[Dios] envía la lluvia a los buenos y a pecadores" (Mateo. 5:45).

Practicar la imparcialidad es una manera de incorporar el verso 5 del Tao Te Ching en su vida y de practicar su sabiduría en el mundo moderno. Con este fin, esto es lo que creo que Lao-Tsé estaba tratando de enseñarnos desde su visión de 2,500 de antigüedad:

Permanezca en armonía con la esencia imparcial del Tao en todos sus pensamientos y en todas sus conductas

Cuando usted tiene un pensamiento que excluye a los demás, ha elegido verse a sí mismo como "especial" y por lo tanto merecedor de un favor excepcional de la Fuente de su ser. Al momento en que se promueve a esa categoría, ha elevado su importancia personal por encima de aquellos que ha decidido son menos merecedores. Pensando de esta manera, perderá el poder del Tao que todo lo abarca. Las organizaciones —incluyendo grupos religiosos— que designan algunos miembros como "privilegiados" no están centrados en el Tao. No importa lo mucho que traten de convencerse a sí mismos y a los demás de sus conexiones espirituales, el acto de exclusión y parcialidad elimina su función desde el verdadero ser. En otras palabras, si una idea o conducta nos divide, no proviene de Dios, si nos une *es* de Dios. Permanezca centrado en este Tao que reside en su interior, nos aconseja Lao-Tsé, y jamás tendrá un pensamiento que no esté en armonía con el Espíritu.

Ofrezca sus tesoros a *todo el mundo*

Esto es lo que el Tao hace en todo momento: le ofrece a todos el espectro entero de la creación. Piense en esto como un proceso de tres pasos:

1. Elimine tantos juicios respecto a los demás como le sea posible. La forma más natural y sencilla de lograrlo es verse en cada uno de los demás. Recuerde que usted y aquellos que juzga comparten algo en común: ¡el Tao! Entonces, en vez de ver las apariencias, lo cual no es más que perros de paja, vea cómo se manifiesta el Tao en aquellos que usted encuentra, y así se disolverán sus críticas y sus etiquetas.

2. Retire la palabra *especial* de su vocabulario cuando se refiere a usted o a los demás. Si alguien es especial entonces todos los somos. Y si todos somos excepcionales, entonces no necesitamos una palabra como tal que nos defina ¡puesto que implica claramente que algunos son más favorecidos que otros!

3. Finalmente, implemente el tercer paso de este proceso extendiendo la generosidad al vivir el Tao imparcialmente y conectándose con el espacio interior de ser el Tao. En este espacio, usted podrá ser imparcial respecto a sus posesiones, reconociendo que no son exclusivamente suyas, sino más bien parte de la totalidad. Compartiendo y dando de forma incondicional, sentirá la emoción de vivir en el Tao y de ser imparcial. El Tao es su verdad; reside en su interior. Permanezca en paz y en alegría al conectarse con el Tao inagotable.

Practique el Tao ahora

Tantas veces como le sea posible hoy, decida enfocar las relaciones o las situaciones que involucran a otras personas con una mente completamente justa, lo cual le permitirá confiar en la guía de sus respuestas. Haga esto tan a menudo como pueda durante un día, con individuos, grupos, amigos, familiares o extraños. Cree una frase corta para que la repita en silencio y recuerde continuamente que está enfocando esta situación con una actitud imparcial, como: *Guíame ahora mismo, Tao; Espíritu Santo, guíame ahora;* o *Espíritu Santo ayúdanos ahora.* Mantener esta breve oración repitiéndose en su mente evitará que el juicio salga a la superficie habitualmente; más atractivo aún, es el sentimiento de relajación y apertura hacia cualquier cosa que pueda ocurrir en esos momentos de imparcialidad.

Verso 6

El Espíritu que nunca muere,
es llamado el femenino misterioso.
Aunque se convierte en el universo entero,
su pureza inmaculada jamás se pierde.
Aunque asume formas innumerables,
su verdadera identidad permanece intacta.

La puerta de acceso a la mujer misteriosa
es llamada la raíz de la creación.

Escucha su voz y escucha su eco a través de la creación.
Sin excepción, ella revela su presencia.
Sin excepción, ella nos lleva a nuestra propia perfección.
Aunque es invisible, perdura;
jamás termina.

$\mathcal{V}$ivir creativamente

En este verso 6, Lao-Tsé se refiere a una fuerza eterna e indescriptible de creación que da origen continuamente a una nueva vida. Nos dice que esta energía "femenina y misteriosa" se revela a sí misma en perfección, y nos invita a darnos cuenta que esa voz de la creación resuena a través de la vida en una miríada de formas. "Vivir creativamente" es como describo el existir con una conciencia despierta de la presencia de este principio femenino.

Este femenino misterioso está siempre renovándose. Y el Tao Te Ching habla del acceso a ella como la "Fuente de la creación". Nos dice que tenemos la habilidad de conectarnos con este campo ilimitado y cocrear, o como he dicho: vivir creativamente a través del Tao. La energía formativa inmortal es nuestra herencia y nuestro destino, estemos o no conscientes de esto. Lo que logra la conciencia, a través de la práctica del Tao, es dejarnos participar en el proceso, lo que a la vez nos conduce a la integridad que es nuestra suprema labor terrenal.

Aunque estos textos datan de hace casi 3,000 años, Lao-Tsé nos ofrece aquí un consejo para el siglo XXI con un mensaje tan intemporal e interminable como el Tao mismo. Las palabras pueden cambiar, pero tenga la seguridad que la energía femenina puede llevarlo a su propia perfección y lo hará. Si usted opta por ·estar consciente de la creatividad inherente que resuena en lo más profundo de su ser, en donde el Tao invisible canta a toda su potencia, apoyará el surgimiento de nuevas ideas, nuevos logros, nuevos proyectos y nuevas formas de comprender su vida.

En el libro de Deng Ming-Dao titulado *365 Tao: Daily Meditations,* la energía femenina Divina equivale al sonido de las aves remóntandose en las alturas y planeando sobre un vasto paisaje:

> Puedes sentir esto en tu vida: los eventos llegan en el momento perfecto con una cadencia gloriosa. Puedes sentirlo en tu cuerpo: la energía se incrementa en ti como un crescendo estremecedor, dándole un nuevo brillo a tu ser. Puedes sentirlo en tu Espíritu: entrarás en un estado de gracia tan perfecto que retumbarás en el paisaje de la realidad como el canto efímero de un ave.
>
> Cuando el Tao llegue a ti de esta manera, déjate llevar por él con todas tus fuerzas. No interfieras. No te detengas... No trates de dirigirlo. Déjalo fluir y síguelo... Mientras dure la canción, síguela. Sólo síguela.

A continuación encontramos algunas ideas para vivir creativamente:

Comprenda que es una creación de la divinidad, no de sus padres, sino de la gran Madre Divina espiritual, el Tao.

Cuando está en contacto con la energía de su origen, le ofrece al mundo su inteligencia, talento y conductas auténticas. Está cocreando con su ser originado en el Tao, con la misma capacidad de su esencia.

El Tao no está confundido sobre qué crear y cómo hacerlo, pues es su legado del femenino misterioso. Escuche su llamado interior, ignore a aquellos que desean dirigir sus energías vitales, y permítase irradiar lo que siente tan profunda e intensamente en su interior. Hay una reserva de talento, habilidad e inteligencia en su interior, que es tan infinita e inagotable como el Tao mismo. Así debe ser, porque usted es su origen y su origen es la Madre Divina infinitamente creativa que todo lo abarca, el femenino misterioso del Tao.

Debe saber con certeza que la emoción del llamado en su interior que lo hace sentir vivo, es toda la evidencia que necesita para hacer realidad su pasión interna. Así es precisamente cómo funciona la creación, y es esa energía que armoniza con el Tao.

Sea creativo: en sus pensamientos, en sus sentimientos y en todas sus acciones. Aplique su originalidad en todas las cosas que emprenda

En cualquier cosa que se sienta llamado a hacer —ya sea componer música, diseñar programas informáticos, hacer arreglos florales, dedicarse a limpiezas dentales, o conducir un taxi— hágalo siguiendo su talento natural. Ser creativo significa confiar en su llamado interior, ignorar la crítica y el juicio, y dejar de resistir sus talentos naturales. Lea de nuevo este verso 6 prestando atención a estas palabras: "Sin excepción, ella revela su presencia. Sin excepción, ella nos lleva a nuestra propia perfección". Luego decida liberarse de la duda y el temor que ha albergado en su interior respecto a su capacidad de armonizar con el poder creativo, un poder que no es solamente mayor que su vida individual, sino que *es* su vida misma.

Cuando se conecte de nuevo con la Madre Divina, vivirá creativamente. De hecho ¡vivirá en el Tao!

Practique el Tao ahora

Hoy, fíjese en los bebés y en los niños pequeños. Busque la naturaleza del femenino misterioso en niños y niñas pequeños que todavía no se han adaptado a las exigencias culturales y sociales, hasta llegar a ocultar sus verdaderos seres ¿Puede ver a algunos cuya naturaleza inherente siga intacta? Advierta lo que parece ser su carácter natural o el don que han recibido del Tao. Luego intente recordar cuando usted era niño, cuando su ser natural originado en el Tao desconocía el ego mismo, antes de que usted creyera que las posesiones o el poder eran importantes. ¿Quién era usted? ¿Quién *es* usted?

Sí, hoy pase unos cuantos momentos con un niño o una niña y contemple su conexión con el Tao y cómo se manifiesta perfectamente sin interferencia.

Verso 7

El cielo es eterno, la tierra perdura.
¿Por qué el cielo y la tierra duran para siempre?
Ellos no viven sólo para ellos.
Este es el secreto de su durabilidad.

Por esta razón, el sabio se coloca de último
y termina de primero.
Permanece como testigo de la vida,
por eso perdura.

Sirve las necesidades de los demás,
y todas tus necesidades serán satisfechas.
A través de la acción desinteresada, se consigue la realización.

Vivir más allá del ego

La frase inicial de este verso 7 del Tao Te Ching nos recuerda que el Tao, la Fuente del cielo y de la tierra es eterno. Por extensión, la naturaleza original de la vida es imperecedera y perdurable. Sin embargo, hay una cualidad que apoya esta durabilidad y esta cualidad responde cuando vivimos centrados en nuestro Tao, en lugar de centrados en nuestro ego mundano. Identificarnos exclusivamente con el materialismo de la vida —y basar nuestra existencia en la adquisición y el logro de cosas— desdeña nuestra naturaleza infinita y limita nuestra percepción del Tao. Por lo tanto, en dicho sistema finito parece lógico esforzarse por conseguir posesiones y logros.

Ser civilizados en la mayoría de las culturas constituye principalmente estar absortos en la consecución de "éxitos", en la adquisición de *poder* y *cosas,* lo cual supuestamente nos brindará felicidad y evitará la infelicidad. La idea primaria es la de un ser separado en un cuerpo separado, con nombre y datos culturales y biológicos similares a otros en valores y patriotismo. El Tao, particularmente en este verso 7, está sugiriendo que actualicemos estos conceptos y decidamos existir para algo más que nosotros mismos o nuestra tribu; es decir, cambiar radicalmente nuestros pensamientos para así cambiar nuestras vidas.

Lao-Tsé dice que el secreto de la naturaleza inefable del Tao eterno es que no se identifica con posesiones, ni pide nada de sus creaciones infinitas. El Tao es una máquina generosa que nunca se queda sin dones para ofrecer y no pide nada a cambio. A razón de esta tendencia natural de vivir para los demás, el Tao enseña que nunca puede morir. La generosidad y la inmortalidad van entonces a la par.

El sabio que llega a comprender la naturaleza infinita del Tao, ha llegado más allá de la falsa identificación con el ego, y a cambio posee una conexión viva con el Tao. Esta persona pone a los demás primero, no pide nada a cambio, y sirve con dedicación. De esta forma, el sabio vive la suprema paradoja del Tao: dando sin pedir, atrae todo lo que es capaz de manejar o necesitar. Al ponerse de último, el sabio termina de primero. Al poner a los demás antes que a él, perdura al igual que el Tao. El sabio emula la filantropía natural del Tao, y todas sus necesidades quedan satisfechas en el proceso.

El ego es una fuerza exigente que nunca se satisface: requiere constantemente que busquemos más dinero, poder, adquisiciones, fama y prestigio para atraer los incentivos que cree que necesita. Llevar una vida centrados en el Tao en vez de centrados en el ego nos saca de la lucha por la supervivencia, y nos brinda paz interior y realización satisfactoria.

Esto es lo que creo que nos dice la sabiduría de este verso del Tao Te Ching para el siglo XXI:

> **Intente invertir el dominio del ego sobre**
> **usted practicando la enseñanza del Tao:**
> **"sirve las necesidades de los demás, y**
> **todas tus necesidades serán satisfechas"**

Cuando piensa generosamente y sirve a los demás concuerda sus conductas con el ritmo perpetuo del Tao, y así su poder fluye libremente, brindándole una vida satisfactoria. Sin embargo, el ego desea lo opuesto diciéndole que piense primero en usted y "consiga lo suyo" antes de que alguien se le adelante. El problema principal de escuchar al ego es que siempre estará atrapado en la competencia y nunca llegará a la meta. Por consiguiente, nunca se sentirá completo.

Cuando expande sus pensamientos y conductas, activa energía amorosa, sinónimo de generosidad. Ponga a los demás antes de usted en tantas formas como le sea posible, afirmando: *Veo la fuente invisible sagrada de todo en este estado eterno de dar y no pedir nada a cambio. Prometo ser así también en mis pensamientos y conductas.*

Cuando sienta la tentación de enfocarse en sus éxitos y fracasos personales, gire su atención en ese preciso momento hacia un individuo menos afortunado. Se sentirá más conectado con la vida, y más satisfecho que cuando está haciendo hincapié en sus propias circunstancias. Imagínese cómo sería si desechara el dominio que el ego tiene sobre usted. Sirva a los demás y observe como todo lo que da le regresa multiplicado.

Detenga la persecución y conviértase en testigo

Cuanto más persigue su deseo, más lo eludirá. Trate de dejar que la vida fluya y comience a advertir las señales de que lo que ansía está en camino. Usted está en un estado constante de recibir la generosidad incesante del Tao eterno. El aire que respira, el agua que bebe, los alimentos que ingiere, los rayos del sol que le brindan calidez, los nutrientes que mantienen vivo su cuerpo, e incluso los pensamientos que llenan su mente, son todos dones del Tao eterno. Manténgase en gratitud por todo lo que recibe, sabiendo que fluye de una Fuente que todo lo provee. Detenga la persecución y conviértase en testigo, apacigüe sus hábitos exigentes rehúsandose a continuar en busca de más. Se quita del camino y deja entrar a Dios; y todavía más importante, se asemeja más a Dios y menos al ego, el cual practica siempre dejar a Dios fuera.

Practique el Tao ahora

Esté alerta a las exigencias del ego durante todo un día. Decida desactivar tantas exigencias como pueda con comodidad, quizá asignándoles un "grado de intensidad". Las situaciones por encima del ego que son fáciles de lograr obtienen un número más bajo, mientras que aquellas demandas más difíciles de calmar obtienen un número más elevado.

Por ejemplo, digamos que su pareja lo ignora; o usted lo observa tomar una ruta diferente a la ordinaria. Sea testigo silencioso del grado de incomodidad ante su decisión de no decir nada. ¿Le dejó el ego conocer su preferencia?

O si usted tiene una oportunidad de conversar para manifestar su conocimiento especializado o de escribir una situación en donde usted fue el recipiente de honor o éxito, advierta qué tan incómodo se siente con su decisión de permanecer callado. De nuevo, ¿le dejó el ego conocer su preferencia? como dice Lao-Tsé en este verso: "A través de la acción desinteresada, se consigue la realización." Al reprimir las exigencias del ego, incluso por unos momentos, se sentirá más y más realizado.

Verso 8

El bien supremo es como el agua,
nutre todas las cosas sin tratar de hacerlo.
Fluye hasta los lugares más bajos y abominados por todos los hombres.
Por lo tanto, es como el Tao.

Vive de acuerdo con la naturaleza de las cosas.
En tu morada, vive cerca de la tierra.
En tu meditación, ve a lo profundo del corazón.
Al lidiar con los demás, sé amable y gentil.
Sé fiel a tu palabra.
Gobierna con equidad.
Sé oportuno al escoger el momento adecuado.

Aquel que vive de acuerdo con la naturaleza,
no va en contra de las cosas.
Transcurre en armonía con el momento presente,
sabiendo siempre la verdad de lo que tiene que hacer.

$\mathcal{V}$ivir en el flujo

El Tao y el agua son sinónimos de acuerdo a las enseñanzas de Lao-Tsé. Usted es el agua; el agua es usted. Piense en los primeros 9 meses de su vida después de la concepción: usted vivía y era alimentado por el líquido amniótico: amor verdadero e incondicional fluyendo hacia usted..., fluyendo *como* usted. Usted es 75% agua (y su cerebro es 85% agua) y el resto es simplemente agua musculosa.

Piense en la naturaleza mágica y misteriosa de esta energía líquida que damos por descontada. Intentamos estrujarla y nos elude; relajamos nuestras manos en ella, y la experimentamos de inmediato. Si permanece estacionaria, se estanca; si la dejamos fluir, permanece pura. No busca los lugares más elevados para estar por encima de todos, más bien se establece en los lugares más bajos. Se congrega en ríos, lagos y corrientes; dirige su curso hacia el mar y luego se evapora para caer entonces como lluvia. No segrega nada y no tiene favoritos; no tiene la *intención* de brindar sustento a los animales y las plantas. No tiene *planes* de irrigar los campos, de apaciguar nuestra sed; ni de ofrecer la oportunidad de nadar, navegar, esquiar y bucear. Estos son algunos de los beneficios que surgen naturalmente del agua haciendo simplemente lo que hace y siendo lo que es.

El Tao le pide claramente que vea los paralelos entre usted y esta sustancia que fluye naturalmente y permite que la vida se sustente. Viva como vive el agua, pues usted *es* agua. Sea tan complaciente como el fluido que lo anima y lo apoya. Deje que sus pensamientos y conductas se muevan suavemente de acuerdo con la naturaleza de todas las cosas. Es natural que usted sea gentil, que permita a los demás ser libres de ir donde se sientan inclinados a ir, y ser lo deben ser, sin que usted interfiera. Es natural confiar en el flujo eterno, ser fiel a sus inclinaciones internas, y ser fiel a su palabra. Es natural tratar a todo el mundo como un igual. Todas estas lecciones pueden derivarse de la observación del comportamiento del agua, la cual sustenta toda la vida. Sencillamente se mueve, y los beneficios que ofrece surgen de ser lo que es, en armonía con el momento presente y sabiendo la verdad de cómo conducirse con precisión.

Lo que sigue es lo que Lao-Tsé diría basado en el texto del verso 8 del Tao Te Ching:

> **Cuando eres libre para fluir como el agua,**
> **eres libre para comunicarte naturalmente.**
> **Se intercambia información y el conocimiento**
> **avanza de forma que beneficia a todos.**

Tenga cuidado de no asignarse un lugar de importancia por encima de los demás. Sea receptivo a todos, en especial a aquellos que no reciben respeto rutinariamente, como los miembros ignorantes, indigentes o perturbados de nuestra sociedad. Vaya a los "lugares bajos abominados por todos los hombres" y hágalo con la mente abierta. Busque el Tao en todo aquel que encuentre; y haga un esfuerzo especial para ofrecer aceptación, gentileza y amabilidad de su parte hacia los demás.

Cuando no se irrita, es recibido con respeto. Al hacer mucho esfuerzo por evitar controlar las vidas ajenas, estará en armonía y paz con el orden natural del Tao. Esta es la forma de darle cariño a los demás sin tratar de hacerlo. Sea como el agua, que crea oportunidades para nadar, pescar, surfear, beber, cruzar, rociar, flotar y una lista infinita de beneficios sin tratar de hacer nada más que simplemente fluir.

Deje que sus pensamientos floten libremente

Olvídese de luchar contra la vida o de tratar de ser algo más; más bien, permítase ser como el compuesto material que comprende cada aspecto de su ser físico. En el libro *Los mensajes ocultos del agua,* Masaru Emoto explica que somos agua y el agua desea ser libre. El autor ha explorado a cabalidad las formas en las que reacciona este componente, notando que respetándolo y amándolo, podemos literalmente cambiar su proceso de cristalización. Si colocamos agua en un envase con las palabras: *amor, gracias* o *eres hermosa,* el agua se convierte en cristales hermosos y radiantes. Pero si las palabras en el envase son: *eres un tonto, Satán* o *te mataré,* los cristales se hacen pedazos, se distorsionan y parecen confundidos.

Las implicaciones del trabajo de Emoto son enormes. Ya que la conciencia está localizada en nuestro interior y somos esencialmente agua, si estamos fuera de equilibrio en nuestras intenciones, es en el contexto del dominio de las posibilidades que éstas pueden impactar a todo el planeta (y más allá de él) de una forma destructiva. Como nuestro creador, el Tao eterno, diría: "Soy el agua de la vida, manando a raudales para los sedientos".

Practique el Tao ahora

Beba hoy agua en silencio, recordando con cada sorbo apoyar a los demás de la misma forma desenvuelta que los arroyos se ofrecen a los animales y la lluvia a las plantas. Advierta los muchos lugares en donde hay agua para usted, sirviéndole con su flujo natural. Diga una oración de gratitud por esta sustancia siempre fluyente que sustenta la vida.

Verso 9

Seguir llenando
no es tan bueno como detenerse.
Saturadas, las manos en forma de copa dejan escurrir el agua,
mejor dejar de verter.

Afila demasiado un cuchillo
y su filo pronto se perderá.
Llena tu casa de jade y oro
y atraerás inseguridad.
Hínchate de honor y orgullo
y nadie podrá salvarte de una caída.

Retírate cuando el trabajo haya terminado;
éste es el camino al cielo.

$\mathcal{V}$ivir con humildad

Ya que el Tao eterno está en un estado continuo de creación, sabe perfectamente que todo tiene su límite. En lo más profundo de nuestro ser, sentimos que este principio organizador de suministro incondicional sabe cuándo detenerse; no debemos entonces cuestionar las cantidades que el Tao pone de manifiesto. La Fuente creativa está hermosamente balanceada en el principio de humildad ilustrado en este verso 9 del Tao Te Ching.

El Tao tiene la capacidad de generar todo en cantidades que dejarían estupefacto a un observador; no obstante, su humildad afable parece saber cuándo hay suficientes árboles, flores, abejas, hipopótamos y todo ser viviente. El Tao se abstiene del exceso. No necesita presumir de su capacidad ilimitada de creación, sabe exactamente cuándo detenerse. Este verso nos invita a estar en relación espiritual con esta característica del Tao.

Atiborrar la vida con posesiones, placeres, orgullo y actividades cuando hemos obviamente alcanzado un punto donde tener más es menos, indica estar en armonía con el ego, ¡no con el Tao! Cuando uno vive en humildad, sabe cuándo detenerse, dejar ir y disfrutar los frutos de nuestra labor. Este verso compara claramente que la búsqueda de mayor estatus, más dinero, poder, más aprobación, *más* cosas, es una tontería equivalente a afilar un cuchillo después que ha alcanzado su máximo filo. Está claro que continuar sólo crearía debilidad, y es evidente que un filo cortante representa perfección.

Lao-Tsé nos aconseja que tengamos cuidado al acumular grandes fortunas y guardarlas. Esta práctica contribuye a una vida desperdiciada en mantener nuestra fortuna segura y garantizada, mientras que al mismo tiempo sentimos la necesidad de conseguir más. Nos recomienda que estemos satisfechos en un nivel que propicia vivir con humildad. Si deseamos fortuna y fama, debemos saber cuándo jubilarnos de nuestro trabajo monótono y ser como el Tao. Este es el camino al cielo, en contradicción con el mundo en que vivimos, que es adicto a tener *más*.

Podemos elevar nuestra conciencia de que la publicidad está diseñada en principio para vender productos y servicios, convenciéndonos de que necesitamos algo para ser felices. Los analistas podrían decirnos que la economía está decayendo si no está creciendo continuamente, pero podemos comprender que el crecimiento excesivo, como el cáncer, terminará destruyéndose a sí mismo. Podemos ser testigos de los resultados de la superproducción, en la parálisis total del tránsito de vehículos en la mayoría de las carreteras: ¡ahora se toma más tiempo llegar de un extremo de Londres a otro que lo que se tomaba antes de inventar el automóvil! También vemos este principio en funcionamiento cuando hacemos compras. Yo llamo a esto "sobrecarga de opciones": calmantes para dolores de espalda, cólicos menstruales, dolores de cabeza, dolores en las articulaciones, en la mañana o en la noche, ¿En cápsulas, en líquido o en polvo? Y esto es cierto ya sea que estemos comprando papel higiénico, jugo de naranja o cualquier otra cosa.

Creo que Lao-Tsé nos envía el siguiente consejo moderno desde su antigua perspectiva:

¡Acepte el concepto radical de que "todo tiene su límite"!

Comprométase con esto aunque viva en un mundo adicto a la idea de que uno nunca puede tener suficiente de algo. Parafraseando a Lao-Tsé, realice su trabajo y luego retírese. Practique la humildad en vez de la ostentación y el consumismo incontrolado. La crisis de obesidad en el mundo occidental, particularmente en los Estados Unidos, es un resultado directo de no comprender (y vivir) la sencilla sabiduría del verso 9 del Tao Te Ching. Coma y deténgase cuando esté lleno, seguir llenando de comida un cuerpo satisfecho, es quedar atrapado en la creencia de que más de algo es la causa de la felicidad. Y esto es verdad al sobrecargarse de cualquier símbolo artificial de éxito. Piense, más bien, en la sabiduría infinita del Tao que dice: "Seguir llenando no es tan bueno como detenerse." Reconocer que todo tiene sus límites está en alineación con la perfección del Tao eterno.

Busque la alegría en sus actividades en vez de enfocarse en los intereses del ego

El ego desea que usted acumule más y más recompensas por sus acciones. Si usted está en un estado de gratitud amorosa en cada uno de sus momentos presentes, abandone la idea absurda de que está aquí para acumular recompensas y medallas por sus esfuerzos. Busque el placer en lo que está haciendo, en vez de cómo podría beneficiarse luego. Comience a confiar en esa sabiduría infinita que lo engendró en este mundo material. Después de todo, esa sabiduría conocía el momento exacto de su llegada. No dijo: "Si nueve meses van a crear un bebé tan hermoso, voy a extender el periodo de gestación a cinco años. ¡Ahora vamos a tener una creación incluso más perfecta!" Nada de eso, el Tao dice que nueve meses es perfecto, es lo que usted obtiene, y no necesita más tiempo.

La próxima vez que se sienta atascado en un deseo de tener más, deténgase y piense en el Tao. Este principio de creación acepta por completo la idea de que cuando el trabajo ha sido realizado, por el amor de Dios, ¡es tiempo de detenerse! Como nos dice Lao-Tsé: "Este es el camino al cielo." ¿Por qué escogeríamos estar en conflicto con esta idea?

Practique el Tao ahora

En su siguiente comida, practique controlar las porciones preguntándose después de varios bocados si sigue sintiendo hambre, si no, sólo deténgase y espere. Si no siente hambre, dé su comida por terminada. En esta comida, habrá practicado la última frase del verso 9 del Tao Te Ching: "Retírate cuando la [comida] haya terminado; éste es el camino al cielo."

Verso 10

Portando el cuerpo y el alma
y aceptando la unidad,
¿puedes evitar la separación?

¿Puedes dejar que tu cuerpo se vuelva
tan flexible como el de un recién nacido?
Al abrirse y cerrarse las puertas del cielo,
¿puedes representar el papel femenino?

¿Puedes amar a tu pueblo
y gobernar tu domino
sin altivez?

Dar a luz y alimentar;
tener sin poseer;
trabajar sin atribuirte el mérito;
guiar sin controlar ni dominar.

Aquel que observa este poder
atrae el Tao a esta tierra.
Esta es la virtud fundamental.

$\mathcal{V}$ivir la unicidad

Este verso del Tao Te Ching examina la naturaleza paradójica de la vida sobre la Tierra. Lao-Tsé nos exhorta al logro de la comodidad con los opuestos aparentemente incompatibles de cuerpo y alma, que forman la base de nuestra vida diaria. Estamos conectados con el poder del Tao eterno, mientras que estamos simultáneamente en forma física mortal. Cuando tomamos esta postura aparentemente ambigua, comenzamos a ver el mundo que se revela impecable. Todo aquello que parece ser absoluto, es una oportunidad para reconocer su realidad paradójica.

Esta enseñanza asume la forma de una serie de preguntas: *¿Puede el cuerpo de un adulto con todas las condiciones inherentes en el proceso de envejecimiento —rigidez, dolencias, limitaciones causadas por articulaciones dolorosas y similares— ser tan flexible como el de un recién nacido? ¿Es posible ser alguien que trabaje y se esfuerce, y seguir siendo la creación engendrada del Espíritu femenino? ¿Puede uno tener éxito en esta y otras formas similares y, aún así, estar libre de altivez? ¿Es posible ser fiel al Tao sin permitir el dominio del ego, y no obstante funcionar exitosamente en un mundo dominado por el ego?*

Este verso 10 promueve una forma de vida guiada por el poder de "adoptar la unidad" cuando la ilusión de la dualidad parece más poderosa.

Nuestro origen no puede ser dividido, y sin embargo, estamos en un mundo que demasiado a menudo parece rechazar la unicidad perfecta que es el Tao. Podemos vivir personalmente el Tao descontinuando nuestra creencia en los opuestos y reactivando nuestra conciencia de su unidad; es decir, podemos renunciar al ego y estar *en* este mundo sin pertenecer *a* él.

Esta es mi interpretación del consejo de Lao-Tsé de su perspectiva de 2,500 años de antigüedad:

Adopte la unicidad viéndose en todo aquel que encuentre

En vez de tener pensamientos de juicio respecto a quienes considera separados o diferentes, vea a los demás como una extensión de sí mismo. Esto disminuirá su altivez y lo unirá con lo que Lao-Tsé llama: "la virtud fundamental". Renunciar a los pensamientos dominados por el ego le permite sentir la unicidad que comparte con los demás, por consiguiente, se da la oportunidad de sentir una parte del Tao que todo lo abarca.

Practique la percepción interior cada vez que esté a punto de criticar a alguien o a un grupo. Los informes de los noticieros designados para incitar en usted un sentido de separación o superioridad con relación a los demás, pueden ser un momento perfecto para hacer esto: véase como uno de ellos. En situaciones donde se supone que deba odiar a un supuesto enemigo, detenga sus juicios y póngase en los zapatos de su enemigo por un buen tiempo. Haga esto con todas las formas de vida, incluso con el mundo de las plantas. Véase en todos y en todas las creaciones, notando el Tao en esta sencilla observación: *Somos el mundo.*

Disfrute de sus posesiones sin apegarse a estas cosas

Libérese de su identificación con sus cosas y con sus logros. Intente disfrutar de lo que hace y de todas las cosas que fluyen en su vida sencillamente por el placer de hacerlas y de observar el flujo mismo. Usted, literalmente, no posee nada ni a nadie: todo lo que está compuesto se descompone; y todo lo que es suyo será de alguien más. Retroceda entonces un poco y permítase ser un observador de este mundo de la forma. Conviértase en un testigo desapegado y llegará a un estado de gloria, renunciando al intenso control sobre todas sus posesiones. Es en este proceso de liberación que obtendrá la libertad de vivir, lo que el Tao está siempre enseñando con su ejemplo.

Practique el Tao ahora

Hoy, practique ver la unicidad en donde había visto antes la "dualidad" (separación). Sienta la energía invisible que hace palpitar su corazón y luego advierta el palpitar del corazón de todas las criaturas vivientes al mismo tiempo. Ahora, sienta la energía invisible que hace que usted piense y siéntala haciendo lo mismo para cada ser viviente en la actualidad.

Reflexione en estas palabras del evangelio de Tomás: "Sus discípulos le dijeron: '¿Cuándo llegará el reino de los cielos?' Jesús dijo: 'No llegará buscándolo en el exterior. No dirá 'Busca en este lado' o 'Busca en este otro.' Más bien, el Reino del Padre se extiende sobre la tierra, y los hombres no lo ven.'" Hoy debe saber que practicar la unicidad lo ayudará a ver ese Reino.

Verso 11

Treinta radios convergen en el centro de una rueda;
es del agujero del centro que
depende el uso de la carreta.

Moldea la arcilla en una vasija;
es el espacio en su interior que la rinde útil.
Talla puertas y ventanas finas,
pero la utilidad de la habitación está en su espacio vacío.

La utilidad de lo que es
depende de lo que no es.

Vivir desde el vacío

En este verso 11 del Tao Te Ching que nos invita a la reflexión, Lao-Tsé cita el valor del vacío que a veces pasa inadvertido. Explica esta idea con imágenes del agujero en el centro de una rueda, el espacio en una vasija de arcilla, y el área interior de una habitación, concluyendo que "la utilidad de lo que es depende de lo que no es." En otras palabras, las partes separadas carecen de la utilidad que el centro proporciona. Este pasaje nos invita a vivir desde el vacío invisible que está en el núcleo de nuestro ser; es decir, cambiar nuestra idea al respecto.

Considere el término paradójico del *no-ser* cuando medite en su propia existencia. Usted está compuesto de huesos, órganos y ríos de flujos que están encapsulados en una enorme sábana de piel moldeada para mantener todo junto. Definitivamente, existe una cualidad distintiva que es "usted" en este arreglo de partes corporales, sin embargo, si fuera posible separar todas sus piezas y desplegar sobre una manta todos sus componentes físicos todavía en funcionamiento, eso no constituiría un usted. Aunque todas las partes estarían ahí, su utilidad depende de la calidad del no-ser, o en palabras de Lao-Tsé: "lo que no es."

Imagínese que cubre las paredes de la habitación en la que usted está en este momento con todos los elementos presentes:

sin el espacio del centro, ya no es una habitación, aunque todo lo demás sea lo mismo. Una vasija de arcilla no es una vasija sin el vacío que la arcilla encapsula. Una casa no es una casa si no hay espacio interior que el exterior contenga.

Un compositor me dijo en una ocasión que el silencio de donde surge cada nota es más importante que la nota misma. Dijo que el espacio vacío entre las notas es el que permite literalmente que la música sea música; si no hubiera vacío, sólo habría un sonido continuo. Usted puede aplicar esta percepción sutil en todas las cosas que experimenta en su vida diaria. Pregúntese qué hace que un árbol sea un árbol. ¿La corteza? ¿Las ramas? ¿Las raíces? ¿Las hojas? Todas esas cosas son *lo que son*. Todas ellas no constituyen un árbol. Lo indispensable para tener un árbol *es lo que no es*. Una fuerza vital imperceptible e invisible que evade sus cinco sentidos. Usted puede cortar y tallar y buscar las células de un árbol infinitamente y jamás lo capturará.

En la primera línea de este verso, el agujero en el centro necesario para el movimiento de la rueda puede asemejarse al vacío vital para que usted se mueva a través de la vida. Usted tiene un estado interior de no-ser en su centro; advierta entonces lo que es visible (su cuerpo), así como la esencia invisible de la cual depende su existencia...: la parte suya que es el Tao.

La frase siguiente es lo que escucho a Lao-Tsé diciéndole respecto a este concepto de vivir en el vacío en el mundo de hoy:

Su centro imperceptible es su esencia vital

Tómese el tiempo de girar su atención hacia la denominada inexistencia que es su esencia. ¿Hacia dónde se siente llamado? El espacio emana de la invisibilidad responsable de toda la creación, y los pensamientos que emergen de su ser interior son puro amor y bondad.

Su inexistencia interior no es una parte separada de usted, busque entonces ese centro misterioso y explórelo. Quizá piense en él como un espacio contenido por su ser físico, desde el cual todos los pensamientos y percepciones fluyen en el mundo. En vez de tratar de tener conceptos positivos y amorosos, sencillamente sea sensible a la esencia de su existencia. El camino del Tao *es permitir* en vez de *tratar*. Por consiguiente, permita que ese centro esencial de amor puro, active su utilidad única y original. Permita que las ideas que surgen, entren en su ser físico y luego salgan. Permita y deje ir, al igual que su respiración. Haga el compromiso de pasar un poco de tiempo cada día prestando atención al sorprendente poder de su esencia vital imperceptible.

Practique a diario el poder del silencio

Hay muchas formas individuales de hacerlo. Por ejemplo, la meditación es una herramienta maravillosa para ayudarlo a sentir la gloria que acompaña su conexión con su vacío interior, ese lugar en donde usted experimenta el camino del Tao. Comprométase a estar más perceptivo del "lugar fuera de lugar" en su interior, en donde todos sus pensamientos fluyen hacia el exterior. Encuentre una forma de entrar en su espacio interior que es limpio, puro y está en armonía con el amor.

La diferencia entre los santos y el resto de nosotros no es que ellos tengan creencias amorosas y puras y nosotros no. Más bien, ellos funcionan puramente desde su esencia, en donde el camino del Tao fluye de forma invisible a través de su ser físico. Este es el propósito primario de aprender a meditar, o de estar en el silencio, invitando su esencia para que se revele a sí misma y permitiéndole vivir en el vacío.

Practique el Tao ahora

Pase hoy por lo menos 15 minutos viviendo en el vacío que es usted. Ignore su cuerpo y su entorno; libérese de identificaciones materiales como su nombre, edad, raza, cargo laboral y similares; y quédese en ese espacio en el medio: el vacío que es absolutamente crucial para su propia existencia. Busque en su mundo aquello "que no es" y aprecie que su propia utilidad como ser material depende por completo de este vacío. Trabaje hoy en fraternizar con esta parte suya "que no es".

Verso 12

Los cinco colores enceguecen la vista.
Los cinco tonos ensordecen el oído.
Los cinco sabores embotan el gusto.
La persecución y la cacería desquician las mentes de las personas.

Desperdiciar energía para obtener objetos raros,
solamente impide el crecimiento personal.

El maestro observa el mundo,
pero confía en su visión interior.
Él permite que las cosas lleguen y se vayan.
Prefiere lo interior a lo exterior.

$\mathcal{V}$ivir con convicción interior

En este pasaje del Tao Te Ching, Lao-Tsé nos recuerda que le prestamos demasiada atención a los placeres y a las experiencias de los sentidos a expensas de nuestra visión interior. Enfocarnos exclusivamente en los datos sensoriales crea un mundo de apariencias, que son a fin de cuentas ilusiones. Puesto que todo llega y se va, la naturaleza del mundo material está obviamente restringida a un estado transitorio. Cuando nuestros ojos solamente ven, los colores que se presentan ante ellos están destinados a volverse ciegos a todo aquello que queda por fuera del mundo de las apariencias. No podemos conocer al creador si nos enfocamos exclusivamente en lo que ha sido creado. De igual manera, perdemos nuestra propia creatividad cuando no percibimos lo que está más allá de todos los actos de la creación.

La vista, el olfato, el oído, el tacto y el gusto son los dominios de los sentidos. Si usted se queda estancado en la creencia de que la persecución de la satisfacción sensorial es el enfoque de la vida, quedará consumido en lo que Lao-Tsé llama "la persecución". Esta búsqueda de adoración, dinero y poder es un desperdicio de energía porque nunca nos satisface, y la lucha por tener más define su conducta diaria. Usted no puede llegar a un lugar de paz y de satisfacción interior cuando toda su existencia está motivada por la insuficiencia. De hecho, Lao-Tsé declara que la persecución implacable es una fórmula hacia la locura.

La persona que vive de acuerdo al camino del Tao es llamada sabio o maestro, un ser iluminado que observa al mundo pero no se identifica exclusivamente con lo que es visible; está *en* el mundo, pero al mismo tiempo está consciente de no ser *de* este mundo. El maestro va al interior donde las convicciones interiores reemplazan la persecución. En silencio, disfruta del sustento más allá de los dictados del paladar. Desde una perspectiva interior no necesita nada más. Consciente de su naturaleza infinita, el sabio comprende que este es un mundo temporal de apariencias físicas, que incluye el cuerpo en el que él o ella llegó y en el cual se irá. El maestro ve el absurdo de las apariencias y evita el señuelo seductor de las adquisiciones y la fama.

Creo que nuestro amigo y maestro antiguo, Lao-Tsé, deseaba transmitirnos estas simples verdades cuando escribió el verso 12 del Tao Te Ching:

Extienda su perspectiva más allá del nivel sensorial

Su convicción interior sabe que una rosa es más que una flor, pues ofrece una fragancia agradable y tiene pétalos aterciopelados. Use ese conocimiento para percibir la fuerza creadora e invisible que atrae un milagro floreciente y complejo de *la nada* a *aquí y ahora*. Experimente la esencia del creador que permitió que esta obra de arte floreciente surgiera de una pequeña semilla. Advierta que la semilla llega de lo que solamente podemos llamar el mundo de la inexistencia amorfa o el espíritu. Observe ese espíritu animando los colores, aromas y texturas; y observe toda la vida desde una perspectiva trascendental. Se sentirá menos inclinado a unirse a la persecución y más inclinado a vivir desde la convicción interior que su verdadera esencia no es de este mundo.

Cese de ejercer presión sobre sí mismo para acumular perpetuamente *más*

Deje que los demás se consuman en su persecución si así deciden hacerlo, mientras usted aprende a relajarse. En vez de enfocarse en lo exterior, dé un giro hacia lo interior. Cultive un estado de admiración y aprecio como su criterio interior, en vez de una determinación externa de más adoración y acumulación. Cuando vea algo hermoso, escuche un sonido encantador, o pruebe un manjar suculento, permítase pensar en el milagro que yace en el interior de estos placeres sensoriales. Sea como el maestro que "prefiere lo interior a lo exterior." Permita que las cosas lleguen, y se vayan sin necesidad imperiosa de apegarse a este mundo efímero de vaivenes.

Practique el Tao ahora

Plante una semilla y cultívela; observe su naturaleza interior durante su vida. Observe con atención el interior del capullo, contemple y maravíllese ante el hecho de que lo que se encuentra en esa semilla se convertirá un día en flor. Maravíllese también ante usted y la semilla que *usted* contenía en su interior. Use esto como un recordatorio de su ser interior invisible, que es el Tao en funcionamiento.

Verso 13

Favorecer y oprobiar parecen preocupantes.
El prestigio social elevado te aflige enormemente.

¿Por qué favorecer y oprobiar son preocupantes?
Solicitar aprobación es degradante:
preocupante cuando se obtiene,
preocupante cuando se pierde.

¿Por qué el prestigio social elevado te aflige enormemente?
La razón de tantas aflicciones
es que tenemos egos.
Si no tuviéramos egos,
¿qué aflicción podríamos tener?

El verdadero ser del hombre es eterno,
pero el hombre piensa: <u>soy este cuerpo y pronto moriré.</u>
Si no tenemos cuerpo, ¿qué calamidades podemos tener?
Aquel que se ve a sí mismo como todo
es apto para ser el guardián del mundo.
Aquel que se ama a sí mismo al igual que a los demás
está apto para ser el maestro del mundo.

60

$\mathcal{V}$ivir con una mente independiente

El mensaje esencial de este verso 13 del Tao Te Ching parece ser que es crucial permanecer independientes de las opiniones ajenas, tanto positivas como negativas. Independientemente de que nos amen o nos desprecien, sufriremos mucho si dejamos que sus juicios sean más importantes que los nuestros.

Solicitar la aprobación de los demás no es el camino del Tao. Buscar el prestigio detiene el flujo natural de la energía Divina hacia su mente independiente. Usted posee una naturaleza básica que es exclusivamente suya; aprenda a confiar en esa naturaleza del Tao y permanezca libre de las opiniones ajenas. Permítase ser guiado por su existencia esencial: su "ser natural," que nutre su mente independiente. En contraste, perseguir prestigio y privilegios o títulos encumbrados para desplegar altivez, son ejemplos de vivir desde una mente que depende de las señales exteriores en vez de la voz interior natural.

El Tao no presiona ni interfiere con las cosas; deja que funcionen a su propia manera para producir resultados de forma natural. Cualquier aprobación que esté supuesta a llegar a su camino, lo hará en alineación perfecta. Cualquier desaprobación que se manifieste también es parte de esta alineación perfecta. Lao-Tsé señala irónicamente que perseguir aprobación es preocupante, sin importar el resultado. Si obtiene la aprobación, se convertirá en esclavo de mensajes exteriores de elogios; las opiniones ajenas dirigirán su vida. Si obtiene desaprobación, hará lo posible por cambiar las ideas *ajenas,* y de todas maneras estará siendo dirigido por fuerzas externas a su ser. Ambos resultados redundan en el dominio de la mente dependiente; lo cual se opone al camino del Tao, en donde la mente independiente fluye en libertad.

Este verso 13 insiste en que el ego y la necesidad de importancia sólo crean conflictos que son energizados por su ser mundano. El camino del Tao es ser consciente de su naturaleza eterna y apartarse de su *individualidad* o cuerpo. No tener ego significa no tener problemas; tener un gran ego equivale a tener graves problemas; el Tao Te Ching indaga de forma retórica: "Si no tenemos cuerpo, ¿qué calamidades podemos tener?" Si *usted* se formula esta pregunta, descubrirá un alma Divina e invisible que es independiente de las opiniones de todos los buscadores afligidos que habitan el mundo. En el espíritu del Tao, su verdadera naturaleza reemplazará la búsqueda de favores externos, con el conocimiento de que lo que los demás piensen de usted ¡no es de su incumbencia!

Practique los siguientes principios del mensaje de Lao-Tsé y obtenga una paz interior inmensurable. Estará en equilibrio con la ley natural del universo, viviendo con una mente independiente en el espíritu del Tao:

Practique confiar en su naturaleza interior

Cada pensamiento apasionado que tiene respecto a cómo desea conducir su vida, es evidencia de que está en armonía con su propia naturaleza única: su creencia ferviente es todo lo que necesita. Si se siente tentado a sentirse inseguro porque otros no estén de acuerdo con usted, recuerde que Lao-Tsé nos aconseja que "buscar aprobación es degradante" y lo apartará del contacto con su verdadero ser.

Permítase recordar que usted no es solamente su cuerpo, y que las opiniones ajenas respecto a lo que debería o no debería hacer, probablemente no están teniendo en consideración su ser verdadero y eterno. Esas personas tampoco son solamente sus cuerpos, buscar entonces su aprobación duplica la ilusión de que solamente somos seres físicos.

Su ser terrenal no es su verdadera identidad, confíe entonces en que su ser eterno se comunicará con usted. Lo hará a través de su naturaleza interior, en donde usted lo honra por medio de una mente independiente; respete su visión y confíe en sus pensamientos naturales y apasionados que están en alineación con la esencia amorosa del Tao.

Practique ser la persona que Lao-Tsé describe en el verso 13

Afirme lo siguiente: *Soy un guardián del mundo y soy apto para ser el maestro del mundo.* ¿Por qué? Porque usted reconoce su conexión con todo y con todos a través de una mente independiente cuya Fuente es amor. Viviendo desde su ser eterno, se convertirá en un maestro místico y en un guardián. La aprobación que su ser terrenal buscaba se sentirá como lo que era: la lucha de la mente dependiente para asumir la vida como si dependiera de la aprobación externa.

Practique el Tao ahora

Pregúntese ahora: *¿Cuál es mi propia naturaleza si no tengo fuerzas externas diciéndome quién o qué debo ser?* Luego intente pasar todo un día en total armonía con su propia naturaleza, ignorando las presiones para actuar opuestamente. Si, por ejemplo, su naturaleza interior es paz, amor y armonía como la de un genio musical pues, en el día de hoy, actúe como tal.

Verso 14

Aquello que no puede ser visto es llamado invisible.
Aquello que no puede ser oído es llamado inaudible.
Aquello que no puede ser sujetado es llamado intangible.
Estos tres no pueden ser definidos;
por lo tanto, se funden en uno.

Cada uno de estos tres es susceptible de ser descrito.
Por intuición puedes verlo,
escucharlo
y sentirlo.
Luego, lo nunca visto,
nunca oído
y nunca sujetado
está presente como uno.

Se esboza sin alborada,
se oculta sin oscuridad;
prosigue, inidentificable,
regresando a la inexistencia.

Acércate a él y no hay comienzo;
síguelo y no hay final.
No puedes conocerlo, pero puedes serlo
con facilidad en tu propia vida.

Descubrir cómo han sido siempre las cosas
nos lleva a la armonía con el Camino.

Vivir más allá de la forma

Intente pensar en la idea de la eternidad: aquello que nunca ha cambiado, que no tiene comienzo ni final. No puede ser visto, oído ni tocado..., pero usted sabe que es y siempre ha sido. Piense en aquello que, incluso en este preciso momento mientras lee estas palabras, es la conciencia exacta de lo que está en su interior: esa esencia que lo impregna a usted y a los demás, pero que siempre elude su dominio.

Este principio primordial ha gobernado —y sigue gobernando— a todos los seres; todo lo que es o ha sido es un resultado de su manifestación. Lao-Tsé insiste en que se haga consciente de este precepto amorfo, no confiando en sus sentidos para experimentar esta unicidad. Al comienzo de este verso, Lao-Tsé le pide que vea sin sus ojos, escuche sin sus oídos, sujete sin su tacto. Estas tres maneras de vivir más allá de la forma deben ser parte de su conciencia; estos dominios carentes de forma convergen en el mundo del espíritu (el Tao), el cual crea y gobierna toda la vida. Lo exhorta para que viva con conciencia total de este principio que todo lo abarca.

Algunos eruditos han señalado este verso 14 del Tao Te Ching como el más significativo de los 81, ya que enfatiza la trascendencia del principio original que es el fundamento de toda la existencia. Conectarse con esta fuerza invisible, intocable e inmensurable, le permite obtener la armonía que llega al conectarse con la unicidad, y la armonía es su objetivo supremo al decidir vivir una vida "en el Espíritu". Usted desea aprender a abandonar su ego que se identifica con el mundo de las cosas, posesiones y logros, y entrar de nuevo al lugar fuera de lugar de donde usted y todos los demás se originaron. Al hacerlo, recupera los poderes místicos casi mágicos de su Fuente eterna del ser. Aquí, usted vive más allá del mundo de la forma.

Cuando vive exclusivamente "en la forma," se concentra en acumular "información." Este verso 14 del Tao le pide que se sumerja en la inspiración en vez de la información, para convertirse en uno con aquel que siempre ha sido. Y este verso del Tao concluye de forma reveladora: "Descubrir cómo han sido siempre las cosas nos lleva a la armonía con el Camino."

En el Camino no hay conflictos. ¿Cómo podría haberlos? Solamente hay unicidad, mezcla de lo invisible, inaudible e intangible. Imagínese un mundo en donde el conflicto es imposible, en donde Lao-Tsé dice que no hay ni oscuridad ni luz. La Fuente que no tiene nombre, que siempre ha existido, solamente le ofrece la paz y la armonía que desea, reconozca entonces esta unicidad infinita y sea conciente de ella. Usted sabrá que el Camino es simplemente el Camino, ¡cuando deje de cuestionarse por qué las cosas han sido siempre como han sido! Libre de los miedos que sólo prestan atención a la identificación con este mundo de la forma, puede adoptar su naturaleza infinita. Es decir, puede amar su calidad de ser eterno, en vez de temer que la vida termine con la muerte de su cuerpo. Usted, su cuerpo y toda su vida, son el resultado de la manifestación de esta eternidad.

Esto es lo que Lao-Tsé está describiendo en este verso 14 del Tao Te Ching, de su perspectiva de 2,500 años de antigüedad:

Use la técnica de la caminata meditativa
para obtener conocimiento de lo absoluto

Manténgase en un estado persistente de la conciencia del principio eterno que anima toda la vida. Al ver la manifestación de Dios en todo aquel que encuentre —y en todas sus identificaciones con su mundo basado en el ego— llegará a ser más como Él y menos como eso que ha empañado su conexión con Él. Esta es la alineación que lo llevará de regreso al equilibrio y restaurará la armonía que es su verdadera naturaleza carente de ego.

Mejore su visión viendo más allá de lo que ven sus ojos

Donde quiera que se posen sus ojos, formúlese la pregunta: *¿Cuál es la verdadera esencia de lo que mis ojos me revelan?* Admire ese algo mágico que despierta a un árbol en la primavera y hace florecer ramas que estaban congeladas sólo unas cuantas semanas antes. Indague: *¿Cuál es la energía detrás de la creación de este mosquito, o para el caso, detrás de cualquiera de mis pensamientos?* Haga lo mismo con todo lo que escucha. Estos sonidos emergen de y regresan a un mundo silencioso; mejore su oído escuchando estos "sonidos quedos."

Su asombro y gratitud crecerán cuando adopte este principio eterno; pero incluso más que esto, despertará nuevas posibilidades que incluyen su propia magnificencia Divina. Su mente se liberará de una falsa identificación con el mundo transitorio y verá lo eterno en todas las cosas. Sí, Lao-Tsé le dice que transformará su vida al estar en el Espíritu. Aquí, usted reconocerá las palabras que el poeta Rumi nos ofreció unos 1,500 años después de las poderosas palabras de Lao-Tsé:

> *Todos los árboles y las plantas de la pradera parecían danzar,*
> *aquellos con ojos ordinarios sólo los verían fijos y quietos.*

Lo exhorto para que vea la danza de "cómo han sido siempre las cosas" en el presente nunca visto, nunca oído y nunca tocado.

Practique el Tao ahora

Advierta toda la invisibilidad que le sea posible cuando contemple un árbol, una estrella distante, una montaña, una nube o cualquier otra cosa en el mundo de la naturaleza. Adopte el principio que permite que todo sea, y luego gire hacia su interior y haga lo mismo para su propia existencia física. Es el principio que expande sus pulmones, hace palpitar su corazón y hace crecer sus uñas; viva en este principio por diez minutos el día de hoy y advierta cómo se siente conectado con su Fuente del Ser.

Verso 15

Los maestros antiguos eran profundos y sutiles.
Su sabiduría era incalculable.
No hay forma de describirla.
Uno sólo puede describirlos vagamente según su apariencia.

Vigilantes, como hombres cruzando un arroyo en invierno.
Alertas, como hombres conscientes del peligro.
Sencillos como madera sin tallar.
Huecos como cavernas.
Maleables, como hielo a punto de derretirse
Carentes de forma como agua turbia.

Pero el agua más turbia se aclara
cuando se calma.
Y de la calma
surge la vida.

Aquel que sigue el Tao no desea estar lleno.
Pero precisamente porque nunca está lleno,
puede permanecer como un retoño escondido
y no se apresura a madurar antes de tiempo.

Vivir una vida sin afanes

Este verso 15 habla de los maestros antiguos que disfrutaron un nivel indescriptiblemente profundo de cooperación con su mundo. Lao-Tsé usa analogías para dramatizar las vidas flexibles y pacíficas de estos sabios: imagínese cruzar un arroyo congelado en el invierno que podría agrietarse en cualquier momento, permaneciendo cauteloso y vigilante, y al mismo tiempo alerta ante el peligro inminente. Estas descripciones dibujan un panorama de aquellos que viven sin afanes, pero también en un estado profundamente consciente.

Considere las dos formas de estar presente en este verso del Tao Te Ching: primero fusionarse, y por lo tanto, convertirse en uno con su entorno inmediato; y luego, permanecer simultáneamente tan relajado que su calma permite que todas las cosas a su alrededor se asienten, dando como resultado una profunda claridad. Manténgase alerta y sutilmente presente, y al mismo tiempo permanezca calmado en su interior, sin afanes ni exigencias, totalmente a cargo de su mundo interior. Este pasaje del Tao me recuerda estas palabras de la Biblia: "Permanece en quietud, y reconoce que soy Dios" (Salmos. 46:10).

El lugar de su origen es la quietud, de donde proviene toda la creación. Permanezca en el estado creativo y sencillo que Lao-

Tsé describe como "madera sin tallar," simbolizando la mente del principiante y del potencial ilimitado. Tenga una mente dispuesta a fluir con la vida y a dejarse moldear por las fuerzas eternas del Tao. Véase igual a todas estas cosas mencionadas en el verso 15 del Tao: vigilante, pero relajado y en paz; alerta pero sin afanes y confiado; flexible, pero dispuesto a estar en calma y a esperar que las aguas se aclaren.

Este verso le recuerda, que a través de la naturaleza, todo termina por aclararse. Su propósito es permanecer en armonía con la naturaleza como el retoño escondido bajo la superficie de la tierra. Esperando surgir sin afanes y cumplir con su destino. No puede ser apresurado al igual que no puede serlo nada en la naturaleza. La creación toma lugar a su propio ritmo. La metáfora está clara aquí también usted se está manifestando en orden Divino. Todo lo que requiere le será suministrado sin afanes. Abandone sus exigencias y confíe en la manifestación perfecta del Tao. Permanezca en un estado de gratitud alerta y alineación con el Camino.

Con el fin de acceder a la mente y a las intenciones de Lao-Tsé a través de la meditación y del estudio del Tao Te Ching, esto es lo que creo que él nos diría hoy:

Deje de perseguir sus sueños

Permítales que lleguen en orden perfecto a un ritmo incuestionable. Reduzca su frenetismo y practique estar hueco como la caverna y abierto a todas las posibilidades como la madera sin tallar. Haga que la quietud sea parte normal de su práctica diaria. Visualice todo lo que desea experimentar en la vida y luego déjelo ir. Confíe en que el Tao trabaja en perfección Divina, y así lo hace con todo en el planeta. No tiene que apresurar ni forzar nada, sea un observador y un receptor en vez del director arremetedor de su vida. Es por medio de esta manifestación pausada que aprende el autodominio de su existencia en el camino del Tao.

Fluya con la vida y permítase
avanzar gentilmente a favor de la corriente

Renuncie a luchar y comience a confiar en la sabiduría del Tao. Lo que es suyo le llegará cuando deje de luchar contra la corriente.

Es probable que toda su vida le hayan dicho que debe orientarse activamente y perseguir sus deseos... Ahora es el momento de confiar en la sabiduría eterna que fluye a través suyo.

The Way of Life According to Lao Tzu, traducido por Witter Bynner en 1944, resume poéticamente el verso 15 del Tao de esta manera:

> *¿Cómo puede la vida de un hombre mantener su curso*
> *si él no la deja fluir?*
> *Aquellos que fluyen como fluye la vida,*
> *saben que no necesitan de ninguna otra fuerza:*
> *No sienten desgaste, no sienten dolor,*
> *No necesitan arreglos, ni remiendos.*

Gran consejo para vivir una vida sin afanes.

Practique el Tao ahora

Deje este libro ahora mismo. Pase diez minutos sentado en calma mientras contempla todo lo que tiene y todo lo que está fluyendo en su vida a un ritmo orquestado Divinamente. Permanezca en paz y agradezca lo que está permitiendo en su vida manifestarse de forma tan perfecta. Abandone todos los demás pensamientos de afán.

Verso 16

Vacíate por completo.
Permanece en paz en tu corazón.
En medio del afán de los vaivenes mundanos,
observa cómo los finales se convierten en principios.

Las cosas florecen, una por una,
solamente para regresar a la Fuente...
a lo que es y lo que será.

Regresar a la raíz es encontrar paz.
Encontrar paz es realizar nuestro destino.
Realizar nuestro destino es ser constantes.
Conocer la constancia es lo que llamamos revelación.
No conocer este ciclo
conlleva al desastre eterno.

Conocer la constancia te brinda perspectiva.
Esta perspectiva es imparcial.
La imparcialidad es la nobleza más elevada;
la nobleza más elevada es Divina.

Cuando eres Divino eres uno con el Tao.
Cuando eres uno con el Tao, eres eterno.
Este camino es perpetuo,
la muerte física no lo pone en peligro.

$\mathcal{V}$ivir con constancia

El verso 16 del Tao Te Ching describe el valor de estar supremamente consciente del ciclo constante de las cosas. En vez de ver el cambio como una ocurrencia destructiva e indeseada, puede optar por observar las variaciones en su mundo como influencias valiosas en el ciclo de una existencia centrada en el Tao.

Cuando ve el cambio como la única constante que existe, comienza a reconocerlo como una expresión de la vida continua, que es una señal que está a su disposición para su propio propósito y significado. De esta manera, usted regresa a la experiencia de su Fuente y a la paz de una perspectiva imparcial. Comience este proceso cambiando sus ideas basadas en el ego y permitiéndose sentir la gloria de ser uno con el Tao. Luego, conviértase en un agudo observador del verdadero funcionamiento de su mundo y permítase estar en armonía con la naturaleza cíclica de todas las cosas vivas.

Hay un ciclo inmutable de "no vida, vida, no vida" al cual todos pertenecemos. Todas las cosas llegan y luego se van. La vida se materializa en una variedad de formas: está aquí, y luego en un punto dado termina en lo que llamamos muerte. Este vaivén puede parecer una condición temporal, pero en realidad, es la máxima constante porque jamás cesa. Acepte esta naturaleza del cambio cíclico y su vida prosperará.

Un final puede sentirse como una razón para lamentarse, ya sea cerrar un ciclo en su vida, terminar un proyecto, acabar con una relación o la muerte misma. Pero Lao-Tsé lo invita a comprender que después que las cosas florecen, "regresan a la Fuente... a lo que es y lo que será." La constancia de los ciclos de la vida es una oportunidad para regresar a sus raíces en donde lo que es y lo que será están localizados. El lugar supremo de paz e iluminación está en este regreso continuo al lugar sin nombre y sin lugar que es su origen.

Lao-Tsé le dice que un sentido de paz interior proviene de regresar a la Fuente, en donde todos los ciclos comienzan y terminan. Esta es la realización de su destino personal; es decir, usted está aquí para conocer y ser el Tao, la constante más allá de los vaivenes de la vida. Usted ya ha estado en muchos cuerpos antes, y está en uno nuevo cada día. Ha tenido muchas relaciones, sin embargo, su ser eterno sobrevive a pesar de las transiciones de los comienzos a los finales. Ahora es exhortado para que se considere a sí mismo una creación física *y* una parte del Tao eterno.

El Tao que anima toda la existencia, incluyendo la suya, es totalmente imparcial. No tiene favoritos: envía al invierno sin importar si usted lo desea o no. Envía a aquellos que usted ama hacia otras personas y luego los regresa, sin consideración a sus deseos opuestos. Toda la vida debe regresar a él; no hay excepciones ni excusas.

Cuando usted no es consciente de esta influencia interrumpida, se apega a un elemento de un ciclo en la vida, provocando lo que Lao-Tsé llama "desastre eterno." Cuando una persona lo abandona, se siente como si fuera el fin del mundo. Cuando un negocio fracasa, es expulsado de la escuela, tiene una enfermedad o una herida dolorosa, se siente deprimido. Si se queda atrapado en esos finales emocionales, no les está permitiendo ser también una parte natural de la vida, llevándolo a sentirse desconectado de su Fuente. Se queda estancado en los "afanes de los vaivenes mundanos," incapaz de recordar la constancia en donde los "finales se convierten en principios."

La realidad es que los comienzos a menudo están disfrazados de finales dolorosos. Entonces, cuando sabe que hay una constante más allá que la desilusión del momento presente, puede comprender que "esto también pasará": siempre ha sido así y siempre será.

Cuando cambia la manera de ver las cosas ¡cambian las cosas que usted ve!

Esto es lo que Lao-Tsé parece decirle en este capítulo 16 del Tao Te Ching:

**Tómese el tiempo para ser un observador
imparcial de la vida, en particular
cuando un final le esté causando dolor**

Recuerde que su Fuente está detrás de este evento, y luego tome la decisión de conectar sus pensamientos con esa Fuente. Todos los finales son parte del proceso cíclico; usted está apenas regresando a una vida de constancia, que Lao-Tsé enseña en este pasaje. No tiene que aprender nada nuevo, cambiar ninguna conducta, ni adoptar ninguna estrategia nueva; solamente piense en la palabra *regresar,* y busque consuelo en el Tao siempre constante, que le brinda paz al desesperado. El Tao nunca abandona ni desilusiona, y siempre es imparcial. Dondequiera que esté en el ciclo emocional, no está siendo juzgado. Más bien, está aprendiendo a estar en todas las fases, libre de juicio y viviendo con constancia.

**Escriba estas palabras y colóquelas en un lugar
claramente visible de su entorno: *Esto también pasará***

Esta frase le recordará que el cambio es la única constante en la vida. Todo lo que usted percibe está en un vaivén continuo. ¡Todo! No hay excepciones. Compréndalo y permita que sus pensamientos fluyan en la constancia del cambio. Esta es la raíz, la Fuente de todos los sucesos cíclicos. Es perfecta. Es Divina. Es algo en lo que usted puede confiar por completo. Nos brinda las flores en la primavera, nos brinda el proceso de envejecimiento, nos brinda el renacimiento, nos brinda nuevas relaciones: es el Tao y es constante. Regrese a él y experimente su esencia eterna aquí y ahora en el contenedor temporal que usted llama su cuerpo, con todo y sus dramas. *Esto también pasará...* ¡puede contar con eso!

Practique el Tao ahora

Dedique un día a buscar conscientemente la observación imparcial de finales como principios, desafiándose para encontrar un número específico antes del mediodía. Comience en la mañana comprendiendo que el final del sueño es el comienzo de la vigilia. Divida en secciones su tiempo de vigilia, advirtiendo sin juicios los finales que abren espacio a los comienzos. Comience a vivir conscientemente con constancia abriendo su mente al hecho de que el cambio es lo único seguro. Recuerde incluir todos sus sentimientos en este ciclo, por ejemplo, observando con imparcialidad la *tristeza*, permitiendo que su final natural se transforme en un comienzo. ¡Así practica usted el Tao!

Verso 17

Con el gran líder a su cabecera,
la gente apenas percibe que uno existe.
Luego llega uno a quien aman y elogian.
Luego llega uno a quien temen.
Luego llega uno a quien desprecian y desafían.

Cuando un líder no confía en nadie,
nadie confía en él.

El gran líder habla poco.
Nunca habla de forma imprudente.
Trabaja sin egoísmo
y no deja rastro.
Cuando todo ha terminado, el pueblo dice:
"Lo hicimos nosotros."

Vivir como
un líder iluminado

Reflexionar en la lección de este verso del Tao Te Ching significa cambiar la forma en que usted percibe la autoridad: observar líderes grandiosos o iluminados ¡como seres que en realidad no *dirigen* a nadie! A través de la perspectiva del Tao, dichos individuos crean un ambiente en donde todos sienten que tienen una responsabilidad personal hacia, y son parte del proceso. Adoptando este modelo de un líder iluminado, es muy probable que usted altere la forma en que critica y admira los líderes de la industria, el gobierno y la religión, al igual que la forma en que *usted* guía a los demás.

El consejo de este verso 17 está dirigido a los líderes de todo tipo. De hecho, usted puede personalizarlo sustituyendo las palabras *padre* o *maestro* por *líder*. Examine las formas en que ha visto sus propias tácticas, y luego realice los cambios necesarios con el fin de ser alguien que ofrece iluminación en las vidas de los demás. Primero, debe permanecer tras bastidores y convertirse en un observador astuto de lo que está ocurriendo; luego al preguntarse cómo, sin interferir, puede crear un ambiente que ayudará a los demás a actuar de forma responsable.

El Tao aconseja que se haga tan invisible como le sea posible si desea verdaderamente ser un líder efectivo. Por consiguiente, quizá su mejor estrategia sería en realidad abandonar la habitación y dejar que todos los demás actúen sin sentir que necesitan impresionarlo. Quizá usted debería ofrecer una sutil sugerencia y luego partir de inmediato. Una sonrisa o un gesto sagaz que le transmite al grupo su confianza en la habilidad que ellos tienen para solucionar las cosas puede que sea lo mejor. Es posible que sea necesario que les cuente una pequeña historia de cómo otras personas han resuelto asuntos similares. O usted puede sencillamente meditar y enviar energía positiva, para resolver conflictos a todos los individuos presentes.

Cualquiera que sea su decisión, usted estará muy consciente de la necesidad de crear un ambiente en donde todos sean capaces de decir: "Lo resolvimos nosotros sin necesidad de interferencia ajena; realmente, no necesitamos un supervisor." Este enfoque, por supuesto, involucra suspender su deseo de ser visto como una fuerte figura autoritaria.

Los líderes que inspiran verdaderamente obtienen resultado a través de su propio ejemplo: estimulan a los demás para que sean responsables y actúen de forma correcta, pero no proclaman ni alardean de su conducta impecable. Crean espacio para que los demás se inspiren y alcancen su propia grandeza. Llegado el momento de recibir homenajes, desaparecen tras bastidores, deseando que todos los demás sientan que sus logros fueron la consecuencia de sus propias cualidades de liderazgo. El líder supremo taoísta siempre deja que las personas escojan y sigan su propia forma de vida, su propio concepto de la bondad. La visión de un autoritario autodesignado no es como los líderes iluminados se ven a sí mismos; más bien, ellos elevan la energía de un ambiente a través de una visión que eleva las inclinaciones más bajas.

Este verso del Tao ofrece otras tres formas de escoger ser un líder. Una opción es marcar la diferencia en las vidas de los demás, resolviendo conflictos a través del amor. Al ser un instrumento de amor y realizar un esfuerzo para enaltecer a los demás, este líder permanece en armonía con el Tao. Aquellos que son enaltecidos se inclinan a sentir más amor por ellos mismos y a actuar de manera cooperativa en vez de forma competitiva. La desventaja es que usar la aprobación y el afecto de un líder como método de motivación, significa entregarle el control de su vida a ese líder. Pero si usted ve que la opción es entre amor o miedo, el Tao siempre ve el amor como superior.

La ineficacia del miedo como estilo de liderazgo es obvia: si puedo lograr que usted haga lo que yo deseo usando esta arma, entonces sólo se comportará de esa manera siempre y cuando yo tenga el poder de amenazarlo. Cuando me vaya, también terminará mi influencia sobre usted. Algunos estudios han medido la efectividad de maestros que fueron considerados partidarios de la disciplina férrea. Los estudiantes en este ambiente se comportaban bien cuando temían que el individuo estuviera en la habitación, no obstante, cuando él o ella partían el salón de clase se volvía caótico.

Lo opuesto también era cierto en el caso de instructores que veían la educación como una oportunidad para enaltecer y estimular a los estudiantes: su presencia o ausencia de la habitación no tenía un impacto notable. Esto es algo muy importante de tener en cuenta si usted es una madre o un padre. Es decir, ¿desea que sus hijos se comporten bien solamente cuando está cerca o desea que ellos tengan autodisciplina y se conduzcan de forma correcta esté o no presente? Siempre he creído que los padres no son para apoyarse en ellos, sino que más bien existen para que sea innecesario buscar alguien en quien apoyarse.

El medio menos efectivo de liderar, es usar tácticas que estimulen a los demás para que lo desprecien, porque en el momento en que usted los pierde de vista, ellos desafiarán todo lo que usted ha dicho y enseñado. Los dictadores casi siempre descubren esto de la peor forma: cuando se subleva el pueblo del que ellos han abusado, para amenazarlos de la misma forma intolerable en que fueron tratados. Los hijos que desprecian a un padre tienden también a emular las tácticas aborrecibles a las cuales fueron sometidos, o se desprenden por completo de ese adulto dictatorial y pasan años tratando de sanar las heridas infringidas por éste.

El líder iluminado confía en quienes están en posición de gobernar. Esta visión produce confianza, pues aquel que tiene fe en su pueblo, recibirá confianza a cambio de su parte. En consecuencia, ellos serán capaces de decir: "Lo hicimos nosotros." Críe a sus hijos entonces para que sean independientes, para que tomen sus propias decisiones tan pronto sean capaces de hacerlo, y sientan orgullo por las decisiones tomadas. Véase como un líder iluminado, y muéstrele al mundo un nuevo tipo de liderazgo. Los niños que crecen con dicha visión serán la siguiente generación de grandes líderes que describe Lao-Tsé.

Esto es lo que creo que el apreciado maestro Lao-Tsé le está ofreciendo hoy:

En vez de creer que usted sabe lo que es mejor para los demás, confíe en que ellos saben lo que es mejor para sí mismos

Permita que otras personas compartan sus ideas respecto al sendero que ellos ven para sí mismos. Déjeles saber su posición, pero también dígales que confía en ellos para tomar la decisión correcta. Luego retroceda y confíe tranquilamente en que la forma en que usted ve esta situación cambiará. Enaltezca a aquellos que están bajo su cargo cuando toman sus propias decisiones, incluso cuando la conducta de ellos pueda estar en conflicto con la suya. Confíe en usted para ofrecerles la mejor respuesta al no verse como el dueño de la verdad. Recuerde esta frase del Tao Te Ching: "Cuando un líder no confía en nadie, nadie confía en él." La forma más segura de ganar la confianza de aquellos que gobierna o supervisa es permitir que ellos tomen todas las decisiones posibles.

Enorgullézcase al rehusar atribuirse el mérito por los logros de los demás

Si usted observa los logros ajenos como una razón para recibir recompensas, promociones o elogios, cambie su punto de vista. Deje que alaben a aquellos que son los beneficiarios de su liderazgo. Hable con menos frecuencia y abandone su egoísmo; más bien permita que todos aquellos a su cargo hablen por sí mismos. Cambie su visión del desempeño ajeno de percibirlo como un honor a sus habilidades a la emoción que ellos manifiestan ante sus logros. Usted dejará de desear el mérito. Y por otra parte, sentirá la felicidad y el orgullo que ellos están experimentando.

Ame a aquellos que confían en su guía, así como el sol ama a nuestro planeta. Simplemente, esté ahí para servirles, nunca pida nada a cambio.

Practique el Tao ahora

Escoja algunas situaciones con sus hijos (o alguien que usted supervise) para convertirse en un observador activo. Asienta, sonría, frunza el ceño, o haga gestos sin decir una palabra, en donde usted previamente habría interferido de buena gana. Advierta cómo su observación activa impacta a aquellos que dirige.

Verso 18

Cuando la grandeza del Tao está presente,
la acción surge del corazón propio.
Cuando la grandeza del Tao está ausente,
la acción proviene de las reglas
de "bondad y justicia."

Si usted necesita reglas para ser bondadoso y justo,
si usted <u>actúa</u> de forma virtuosa,
es señal segura que la virtud está ausente.
De tal manera que vemos gran hipocresía.

Cuando las familias entran en discordia,
surgen la piedad y los ritos de devoción.
Cuando el país entra en caos,
aparecen los partidarios del régimen;
nace el patriotismo.

Vivir sin reglas

Imagínese un mundo donde no existen reglas ni leyes, en donde todo el mundo vive en paz y armonía. No hay anarquía, robos, ni odio ni guerra; las personas simplemente viven, trabajan, aman y juegan sin necesidad de ser gobernadas. ¿Puede imaginarse un planeta en donde la necesidad de códigos de conducta y decretos para gobernar al pueblo sea sencillamente innecesaria? Esta es la clase de divagación mental idealista que llevó a Lao-Tsé a crear este verso 18 del Tao Te Ching, en donde señala claramente que uno no necesita reglas para ser bondadoso y justo.

Estoy sugiriendo que cuando cambie la forma de ver las razones fundamentales para la regulación, las organizaciones que controlan la sociedad, los políticos y el sistema de justicia criminal terminarán cambiando. (¿Debo añadir "para bien"?) Cuando altera su visión hacia una visión orientada por el Tao, deja de ver su razón dominante del ser y hacer como dictada por su nación, ciudad, escuela, religión, ¡e incluso la asociación de vecinos de su condominio! Las leyes o reglas son vistas por muchos como las únicas responsables para producir bondad, justicia y amor; pero usted puede escoger vivir desde su corazón, considerar estas virtudes como responsabilidades individuales a las que usted se adhiere sin que se lo diga un decreto o una norma. A esto es a lo que me refiero por vivir sin reglas: puede optar por verse en armonía con las regulaciones y las leyes de su empresa, gobierno, familia y religión, en vez de *debido* a ellas. Le prometo que cuando ajuste sus ideas basadas en reglas a una actitud basada en el corazón, ¡su vida cambiará!

En la orientación hacia el Tao, fluyen la alegría ilimitada, la bondad, la abundancia y el bienestar; ver la vida de esta manera convierte a las reglas en irrelevantes. Usted puede actuar de acuerdo con este humanitarismo y beneficencia, esencia del Tao. Haga del amor la piedra fundamental de la motivación de su familia para ser amorosos mutuamente, en vez de sentir que están obligados a ser amables. Esto no quiere decir que no haya que seguir cierta etiqueta o conducta; significa que la razón para hacerlo es que el amor y la bondad fluyan a través de los individuos. Y *si* existe algún "crimen," este es detener o entorpecer la energía del Tao.

Usted y sus hijos pueden aprender a cambiar su visión de los decretos y las leyes. Cuando se pierde la armonía, una regla puede parecer útil, pero asegúrese que todo el mundo en la familia comprenda ¡que usted los está invitando a vivir sin esa regla! La existencia de códigos de conducta es prueba de que no estamos permitiendo que el Tao fluya libremente a través de nuestras vidas. Aprender que vivir sin gobierno es la responsabilidad personal de cada individuo, demostrará finalmente que cuando usted cambie sus pensamientos, cambia su vida.

La idea se extiende todavía más: pregúntese si las leyes crean una sociedad sana, y si el patriotismo tiene algún valor. ¿O parece que es necesario implementar leyes y códigos relacionados con el patriotismo cuando un país ha entrado en caos o en alguna forma de guerra civil? Las reglas se crean para imponer penalidades y controlar o gobernar personas, que no han aprendido su responsabilidad individual como parte de la totalidad del grupo. No obstante, un sentido de unidad nacional no debe controlar un sentido universal, porque la unicidad del Tao es mayor que cualquier grupo sobre la tierra.

Tenemos entonces un resumen de lo que ocurre cuando se abandona el Gran Camino: surge la necesidad de justicia. La falsedad entre las personas crea la necesidad de reglas, y las reglas son necesarias para restaurar el orden. Los ministros políticos aparecen para llevar luz al desorden y a la oscuridad. Sabiendo todo esto, creo que es esencial retroceder a ese escenario en donde le pido que visualice y aplique lo que Lao-Tsé está diciendo en este verso profundo del Tao Te Ching:

Permita que sus acciones surjan desde su corazón centrado en el Tao

Cuando está centrado en el Tao, no necesita reglas, tampoco está sujeto a lo que es declarado legal o ilegal. Su razón para no robar no es porque esté en contra de la ley; más bien, usted asume responsabilidad personal por sus acciones. Su vida no está basada en vivir según las reglas; su razón para no robar es que usted respeta el derecho ajeno de vivir libres de hurtos porque eso resuena con el Tao. En el Tao, nadie roba porque todo pertenece a todos. Nadie es dueño de la tierra ni de propiedades: solamente existe la voluntad de respetar y amar a todos y a todas las cosas. Las leyes que hacen que robar, hacer daño o pelear sea ilegal, surgieron en raíz a la desconexión del Tao.

No actúe de forma virtuosa; *sea* la virtud

Actuar de forma virtuosa no es lo mismo que *ser* virtuoso, de manera que el Tao lo instruye para que sea auténtico en todas sus relaciones. Sea piadoso porque su propio corazón siente que la piedad es el gran Tao. Sea generoso espontáneamente porque su llamado interior se lo exige, no porque los demás han determinado en sus decretos que así se debe comportar. No espere que brote el caos antes de ser generoso y amable hacia los demás. Un desastre natural puede estimular su deseo de acercarse y ayudar a sus semejantes; no obstante, puede cambiar la forma de ver un desastre natural como si fuera un recordatorio para permitir que el Tao sea el espíritu que lo guíe siempre. Esto inspiraría en usted un sentimiento de patriotismo hacia toda la humanidad, en vez de estar confinado a la tierra en donde dio la casualidad que naciera.

Practique el Tao ahora

Enfatice *por qué* hoy está obedeciendo los preceptos creados por los hombres. Pase un tiempo conectándose con las razones subyacentes por las que se detiene en un semáforo en rojo, posee licencia de conducir, usa el cinturón de seguridad, paga la entrada al cine, o no bebe alcohol cuando conduce. Vea si su ego disfruta de "romper" las reglas en su propio interés, listando todas las reglas y leyes que usted obedece y desobedece en un día y luego, identificando sus "reglas del corazón" más importantes.

Verso 19

Desiste de la santidad, renuncia a la sabiduría,
y será cien veces mejor para todos.
Desecha la moralidad y la justicia,
y la gente hará lo correcto.
Desecha la industria y las ganancias,
y no habrá ladrones.

Todo esto son sólo formas exteriores;
no son suficientes por sí mismas.

Es más importante
ver la simplicidad,
para comprender la naturaleza verdadera,
desterrar el egoísmo
y moderar tu deseo.

Vivir sin apegos

Cuando se lee por primera vez este verso 19 del Tao Te Ching, parece que Lao-Tsé nos está aconsejando que abandonemos los principios más elevados del Tao. Renuncie a la santidad, sabiduría, moral, justicia, trabajo y ganancias, dice el gran sabio, y todo estará bien. Lao-Tsé nos dice que "todo esto son sólo formas exteriores" y es insuficiente para vivir de acuerdo al Camino más elevado.

La primera de estas categorías representa la educación y la forma en que usted ve sus fuentes de aprendizaje. Este verso le aconseja que altere su concepto de vivir en santidad sólo porque siga las enseñanzas de una religión organizada, y que cambie su visión de altivez según los títulos que haya obtenido de una institución educativa. Lao-Tsé le dice con gentileza que es mucho más valioso cultivar su verdadera naturaleza.

Igual con virtualmente todas las enseñanzas del Tao, la mayor verdad se encuentra cuando usted accede a su centro sagrado del Tao. En su interior yace una parte de Dios que sabe instintivamente qué hacer y cómo ser. Confíe en usted aconseja Lao-Tsé, y revalúe la verdadera importancia de las instituciones educativas y religiosas. Cuando modifica su forma de verlas, advierte que la verdadera esencia de su ser es "cien veces mejor para todos." Lao-Tsé podría decir que una verdad es una verdad hasta que usted la organiza, y luego se convierte en una mentira. ¿Por qué? Porque los propósitos de la organización comienzan a tener prioridad sobre lo que intento primero mantener en orden.

"Deseche la moralidad y la justicia," nos exhorta este verso, "y las personas harán lo correcto." Aquí, en la segunda de las formas exteriores, Lao-Tsé revela un sistema legal que tiene prioridad sobre su integridad natural interna. Cuando usted sabe que nació de una Fuente impecable de honor y equidad, no tiene que confiar en un sistema de justicia. Lao-Tsé le recuerda que es muy importante que no se vea a sí mismo relegado a una posición inferior, debido a las leyes de moralidad que le dicen quién es usted en "realidad". Véase centrado en la perfección del Tao, que es su naturaleza, en vez de tener que consultar un libro de leyes, una corte judicial, un juez, para determinar su posición ética. Estos complicados sistemas diseñados para determinar todas las cuestiones correctas e incorrectas, son la evidencia de que nos hemos distanciado de la simplicidad de nuestra naturaleza innata.

La última de las formas externas es el mundo entero de los negocios. "Renuncie a buscar ganancias, desista de la ingenuidad y descarte la gestión de registros, y los ladrones desaparecerán por completo," podría ser una interpretación. Lao-Tsé le aconseja que permanezca centrado en la integridad del Tao que todo lo abarca, y libere su visión de ganancias financieras como indicadores de su nivel de éxito. Cuando ve su vida a través de la perspectiva de las enseñanzas del Tao, no tiene que acumular grandes sumas de dinero. Más bien, descubre el placer de servir a los demás en un espíritu de generosidad infinita. O, como dice esta traducción del Tao Te Ching, usted "descartará el egoísmo y moderará el deseo."

Estas son entonces las tres formas externas: educación, justicia y negocios. Se le está pidiendo que actualice la forma en que ve las razones, los métodos y la manera en que personas bien intencionadas le han enseñado a valorar esos aspectos de la vida. Cuando cambie su visión de ellos, advertirá la simplicidad y el carácter sagrado de un principio más elevado, el cual enriquecerá esas instituciones con el flujo libre del Tao. Comprenderá su verdadera naturaleza, desterrará el egoísmo y moderará su deseo. Debe estar *en* el mundo de la educación, la justicia y los negocios —pero no ser parte *de* él— y verá el mundo interior en donde está centrado en el Tao.

Esto es lo que Lao-Tsé le está diciendo, a través de mí, desde su posición de hace 2,500 años:

Observe su relación con los sistemas de educación, justicia y negocios

Advierta sus intentos de catalogarse: ¿depende usted de un sistema de aprobación basado en recompensas y castigos? ¿Las reglas y los códigos de conducta que usted sigue provienen de un espacio centrado en el corazón, o están diseñados para crear una etiqueta de "individualismo"? No luche contra estas presiones institucionales, ni siquiera contra el hecho de que existen, simplemente renuncie a todos sus apegos. Usted no es piadoso (una buena persona) porque una organización lo dice, sino más bien porque permanece conectado con la divinidad de su origen. Usted no es inteligente porque un documento así lo dice, usted es la misma inteligencia, lo que no necesita confirmación externa. Usted no es ético porque obedece las leyes; usted es la ética misma porque es igual a su Fuente.

Decida ver las formas externas como sustituciones deficientes de su verdadera naturaleza y comenzará a vivir sin apegos a esas formas. Verá sus propias leyes interiores, que nunca requieren ser codificadas; vivirá con libertad y simplicidad. Confíe ante todo en sí mismo.

Viva sin apegos siendo generoso

Deje de evaluarse según cuánto ha acumulado y lo que hay en su cartera de valores. Deje de colocarle valor monetario a todo lo que tiene y hace. Libérese de su necesidad de obtener un "buen negocio" y decida más bien ser un ser que comparta. Se sorprenderá felizmente al ver lo agradable que se siente el simple hecho de cambiar su creencia de que sólo tendrá éxito si está ganando dinero. Cuanto menos se enfoque en obtener ganancias —cambiando más bien su energía para vivir su propósito en armonía con todos— más dinero fluirá y más oportunidades de generosidad estarán disponibles para usted.

El mundo de las presiones institucionales está basado en una lista infinita de normas humanas. Lao-Tsé propugna que usted descubra el deseo verdadero de su corazón, recordando al mismo tiempo que nadie puede decirle cuál es.

Practique el Tao ahora

Coloque la siguiente afirmación en donde pueda prestarle atención constante: *Soy una persona ética, productiva, y soy un genio extraordinario sin considerar lo que diga un documento institucional o el extracto de mi cuenta bancaria.* Repita este mantra hasta que se convierta en su forma de ser. Sentirá paz interior cuando se libere de su yugo a las formas externas.

Verso 20

Renuncia a aprender y serás libre
de toda preocupación.
¿Cuál es la diferencia entre sí y no?
¿Cuál es la diferencia entre el bien y el mal?

¿Debo temer lo que otros temen?
¿Debo temer la desolación
cuando hay abundancia?
¿Debo temer la oscuridad
cuando esa luz está brillando por doquier?

En primavera, algunos van al parque y escalan la colina,
pero yo voy a la deriva, sin saber donde estoy.
Como un recién nacido antes de aprender a sonreír,
estoy solo sin lugar adónde ir.

La mayoría de la gente tiene demasiado;
Yo sólo aparento faltante de algo.
Mi mente es de hecho la de un perfecto ignorante
en su simplicidad inalterada.
Sólo soy un invitado en este mundo.
Mientras los demás se afanan por hacer las cosas,
yo acepto lo que me ofrecen.
Yo sólo parezco un necio,
ganando poco, gastando menos.

Otros se esfuerzan por conseguir la fama;
Yo evito la atención pública,
prefiero que me dejen solo.
De hecho, parezco un idiota:
sin ideas, sin preocupaciones.

A la deriva como una ola en el océano.
Soplo sin mira, como el viento.

Todos los hombres se instalan en sus rutinas;
Yo sólo soy terco y permanezco afuera.
Pero en donde soy más diferente de los demás
¡es en mi sabiduría para obtener sustento de la gran Madre!

$\mathcal{V}$ivir sin esforzarse

En este verso del Tao Te Ching, se le exhorta que experimente su vida libre de la competencia mundana. Lao-Tsé le aconseja que reduzca sus exigencias incesantes de tener más, y calme sus esfuerzos de llenar cada momento deseando estar en otro lugar. Se le invita a que viva de una forma que puede ser resumida en el título del libro de Ram Dass *Aquí y ahora*.

Esté aquí en su mente, así como en su cuerpo, en estado de gratitud y ausencia de anhelos. Deje de pensar en hacer lo correcto. Libere las condiciones y metas del futuro, reemplazándolas con el poder de este instante. Viva en el presente, y recuerde hacerlo ahora, pues pensar en estar en otro sitio consume sus preciosos momentos presentes. El sabio iluminado practica siempre sumergirse por completo en el presente actual de su vida.

Vivir aquí y ahora se logra adoptando la aceptación de la vida tal cual la presenta la gran Madre o el Tao. Es un proceso de entrega, si simplemente permite que esta Fuente grandiosa, creadora de todo, sustento de la vida, lo lleve donde desee. Usted renuncia a la idea de tener que obtener más o de estar en otro sitio en el futuro, y más bien se ve como íntegro y completo tal cual es. Este proceso de entrega le permite ser testigo de la abundancia ilimitada y de la luz eterna que siempre está presente. Si se entrena para renunciar a sus creencias de carencias y escasez, confía en la gran Fuente que le provee lo que usted necesita, como siempre lo ha hecho para todos los seres.

Lao-Tsé enfatiza que esto no era un estándar socialmente aceptado ni siquiera hace 2,500 años, pues se refiere a sí mismo como un ser extraño diferente a la mayoría de las personas. La lucha por la satisfacción era considerada en esa época un papel apropiado en la vida, así como lo es hoy. El narrador de este verso admite que está a la deriva, sin saber dónde está, pero su tono es irónico. Es como si estuviera diciendo: "Nadie realmente sabe donde está en este universo infinito sin comienzo y sin final, Entonces ¿por qué no admitirlo y permitir que lo dirija el Tao que lo trajo aquí de la nada?"

Se le aconseja que simplifique su vida dejando de buscar más. Sí, otros pueden juzgarlo como carente de motivación y llamarlo ignorante, pero su recompensa será el intenso sentido de paz interior, que proviene del conocimiento directo de que usted está aquí como un invitado que siempre recibe todo lo necesario. Sí, puede ser que sienta que le hace falta algo, pero ese algo es realmente sólo una ilusión. Ya no estará viviendo en su interior con un deseo de ser alguien más o de obtener algo que parece estar omnipresente en todos aquellos a su alrededor: habrá intercambiado *luchar* por *llegar*.

"Acepto lo que me ofrecen," dice el narrador de este provocativo verso del Tao Te Ching. Continúa expresando que esto puede parecer una necedad, quizá resonando con sus pensamientos cuando usted contempla la idea de renunciar a esforzarse. Lao-Tsé le dice que cambie la forma en que ve lo que está aquí y ahora en su vida, pues se convertirá exactamente en lo que necesita para ser feliz. En otras palabras, puede cambiar su percepción de la lucha y sentir alegría sin ansiedad ni miedo.

Cuando vive según los principios explicados en este verso, comienza a llevar una existencia libre de preocupaciones. ¡Imagínese eso! Sin preocupaciones ni miedo, solamente un sentimiento de conexión con la Fuente de todo, sabiendo que todo será dirigido para usted por la misma fuerza que siempre está dirigiendo. Lao-Tsé le está enseñando a liberar su mente de su acoso persistente. El Tao siempre se ha ocupado del mundo y de todo lo que hay en él..., siempre ha sido así y siempre lo será.

Su mente le suplica continuamente que se esfuerce a pesar de la perfección del Tao que todo lo provee; lo incita a perseguir la fama, a buscar un sentido o un propósito. Lao-Tsé le aconseja que haga precisamente lo contrario: sálgase de la competencia por la supervivencia y deje que su mente esté en armonía y paz con el Tao en vez de estar preocupándose y luchando. La línea de cierre de este pasaje del Tao Te Ching lo dice todo, instruyéndolo para cambiar su forma de ver la vida "¡sabiendo tomar sustento de la gran Madre!"

Las siguientes son sugerencias de Lao-Tsé son para usted en el verso 20 del Tao:

Practique dejar ir las ideas que no están en el aquí y en el ahora

Permítase fundirse en la perfección del universo en que vive. Usted no necesita nada más para ser feliz; todo le está siendo provisto aquí y ahora mismo. Permanezca en el presente y libérese de tener que luchar por algo más o alguien más. Este es un ejercicio de la mente que lo pone en contacto con la paz del Tao. Afirme: *Todo es perfecto. El amor de Dios está en todas partes y no olvida a nadie. Confío en esta fuerza para guiarme y no permito que el ego entre ahora.* Advierta lo libre que se siente cuando se relaja en esta actitud sin miedos ni preocupaciones.

Tómese el tiempo todos los días para "dejar ir y dejar entrar a Dios"

Pronuncie las palabras una y otra vez hasta que pueda sentir verdaderamente la diferencia. Dejar ir es una experiencia física y psicológica notablemente distinta, muy diferente a esforzarse. Deje ir sus exigencias, así como sus creencias de que no puede ser feliz por algo que le está haciendo falta en su vida. ¡Insistir en que necesita lo que no tiene es una locura! El hecho de que está bien sin lo que cree que necesita es el cambio que desea ver. Luego puede darse cuenta que ya tiene todo lo que necesita para estar en paz, ser feliz y estar alegre ¡Aquí y ahora! Relájese ante dicha revelación y afirme una y otra vez: *Dejo ir y dejo entrar a Dios. Soy un recién nacido gozoso amamantando del seno de la gran Madre que todo lo provee.*

Practique el Tao ahora

Comience a advertir situaciones en donde no está en el presente, porque está esforzándose por completar o lograr algo para un beneficio futuro. Puede no comprender con qué frecuencia se conduce con el fin de lograr todo tipo de cosas, creyendo que una vez que lo haga, finalmente tendrá tiempo para hacer lo que *realmente* desea. Esta es una de las formas más perjudiciales en que la mayoría de nosotros impide inconscientemente (o pospone perpetuamente) una vida libre de esfuerzos. Es difícil darse cuenta de esto, y puede ser más fácil verlo cuando su tiempo libre queda absorbido por parientes o emergencias de negocios.

Aquí vemos un ejemplo: usted trabaja horas extras toda la semana para tener un día deliciosamente libre que se ha imaginado haciendo [llene el espacio en blanco], cuando descubre que su pareja ha invitado el amigo de un amigo que nunca había estado antes en esta parte del país —y que usted no conoce— para que se quede en su casa.

Hay dos oportunidades de practicar vivir sin sufrir en esta situación. La primera por supuesto es verse atrapado en la lucha por un beneficio futuro, advertir lo que está haciendo y enfocarse en el ahora. La segunda surge del ejemplo anterior, el cual es un ejercicio difícil pero increíblemente gratificante. Practique el Tao ahora aceptando lo que le es ofrecido, es decir, sepa que esta situación, que su ego doliente rechaza, es en verdad sustento de la Gran Madre.

Verso 21

La virtud mayor es seguir el Tao y sólo el Tao.

El Tao es evasivo e intangible.
Aunque amorfo e intangible,
da origen a la forma.
Aunque vago y evasivo,
da origen a las figuras.
Aunque oscuro y opaco,
es el espíritu, la esencia,
el aliento vital de todas las cosas.

A través de los tiempos, su nombre ha sido preservado,
para recordar el comienzo de todas las cosas.
¿Cómo conozco la forma de todas las cosas al comienzo?
Busco en mi interior y veo lo que hay dentro de mí.

Vivir la paradoja evasiva

Este verso 21 del Tao Te Ching, Lao-Tsé nos lleva de regreso a la primera premisa del libro: vivir el misterio. Nos regresa a la definición y la virtud de la idea, y la reafirma con mayor claridad y precisión. En esta lección, no sólo nos pide que seamos más conscientes de la naturaleza evasiva del Tao, un principio que sencillamente no puede ser identificado o experimentado con los sentidos, sino que también validemos esta percepción reconociéndonos como ejemplos de esta paradoja evasiva.

Lea de nuevo las líneas finales de este importante verso: "¿Cómo conozco la forma de todas las cosas al comienzo? Busco en mi interior y veo lo que hay dentro de mí." Ahora, retroceda por completo a su propio comienzo: ¿Cómo llegó aquí? No me refiero a una pequeña gota o a una partícula de protoplasma humano; remóntese más lejos. Los físicos cuánticos enseñan que las partículas surgen de un campo de energía invisible y amorfo. Toda la creación entonces, incluyendo la suya, es una función de movimiento: de la energía sin forma a la forma, de espíritu a cuerpo, del Tao innombrable a un objeto designado. El proceso de la creación, así como el tema de la comprensión de la condición eterna del carácter anónimo, fluye por todo el Tao Te Ching. Esta es la paradoja evasiva que él lo invita a contemplar, permitir y experimentar. Puede conocerla examinando su propia naturaleza y reconociendo que el mismo principio que crea todas las cosas, está animando cada uno de sus pensamientos y acciones.

Ahora mismo tome la simple decisión de mover su dedo índice. Mueva los dedos de sus pies. Enseguida alce sus brazos. Finalmente, pregúntese: *¿Qué es lo que me permite realizar esos movimientos?* En otras palabras, ¿qué es lo que le permite ver formas y colores? ¿Qué fuerza tras sus ojos hace de forma invisible que usted procese el cielo como azul o un árbol como alto? ¿Cuál es la energía amorfa que adapta una vibración en algún lugar de su oído para dar origen a un sonido? Lo que es, es amorfo e innombrable. Sí, es vago. Sí, es oscuro. Y cuando comienza a ver el mundo de esta manera, comienza a conocer ese aspecto suyo. Esto es lo que Lao-Tsé describe como "el aliento vital de todas las cosas", y no tiene que seguir siendo un misterio. Usted posee el mismo Tao eterno en su interior y lo aplica un millón de veces al día. Está en su interior..., *es* usted.

Este verso trascendental del Tao Te Ching le pide que deje de buscar resultados en dinero, logros, adquisiciones, fama y similares, más bien gire su atención hacia la energía del comienzo de las cosas: el evasivo e intangible Tao. La virtud mayor es encontrar esta fuerza innombrable y amorfa en su interior. Conózcala buscando en su interior, y viéndola en funcionamiento en todos sus pensamientos y acciones.

Esto es lo que Lao-Tsé le estaba transmitiendo hace más de 2,500 años antes de que usted naciera:

Sienta una sed insaciable por la fuerza intangible y enigmática que sostiene a toda vida

Comuníquese con regularidad con la Fuente: pídale que lo guíe y medite en su carácter sagrado. Cuando más practique la reverencia benévola hacia el Tao invisible, más se sentirá conectado con él. La presencia de una conexión conocida con el Tao lo liberará de preocupaciones, estrés y ansiedad, visiones del mundo del ego. Mientras que aquellos a su alrededor permanecen enfocados en su búsqueda de riquezas, fama y poder, usted lo notará y sonreirá lleno de compasión mientras practica permanecer en estado de gratitud hacia "el aliento vital de todas las cosas", incluyéndose a sí mismo. Se sentirá seguro y tranquilo sabiendo que está en una sociedad divina con el sapiente Tao que todo lo provee.

Le sugiero que sencillamente se tome un momento o dos varias veces al día para decir en voz alta: "Gracias por todo Dios mío". Haga de esto su propio ritual personal y venerado. De hecho, hace sólo un momento dije estas mismas palabras: "Gracias Dios mío por permitir que estas palabras aparezcan presuntamente a través de mi lapicero. Sé que la Fuente de todo, incluyendo estas palabras, es el evasivo e intangible Tao".

**Memorice las dos líneas finales de este
verso y recítelas en silencio cuando sea necesario**

Repita estas dos frases: "¿Cómo conozco la forma de todas las cosas al comienzo? Busco en mi interior y veo lo que hay dentro." Hacer esto le recordará que el Tao proviene de la verdad que está dentro de usted siempre. Deje de tratar de persuadir a los demás de que su visión es la correcta; cuando ellos estén listos con seguridad aparecerán sus propios maestros.

Practique el Tao ahora

Hoy, hágase consciente de la fuerza que le permite realizar cada movimiento. Por cinco minutos en su meditación, permanezca en "el espacio" entre sus pensamientos y advierta la Fuente evasiva, pero omnipresente e invisible, que le permite hablar, escuchar, tocar y moverse (He creado una meditación que puede asistirlo en este proceso y está incluida en mi libro *Getting in the Gap*.)

Verso 22

Aquellos que son flexibles se conservan inquebrantables.
Aquellos que están torcidos se enderezan.
Los vacíos se llenan.
Los agobiados se renuevan.
Los pobres se enriquecen.
Los ricos se desorientan.

Así el sabio adopta la unidad.
Porque no se exhibe,
la gente puede ver su luz.
Porque no tiene nada que probar,
la gente puede confiar en sus palabras.
Porque él no sabe quién es,
las personas se reconocen en él.
Porque no tiene una meta en mente,
tiene éxito en todo lo que hace.

El antiguo adagio que dice que aquellos que son flexibles se conservan
inquebrantables,
¡es absolutamente correcto!
Si en verdad has alcanzado la totalidad,
todo te llegará a raudales.

Vivir con flexibilidad

Habiendo vivido al lado del mar durante muchos años, he observado la belleza y la majestuosidad de las grandes palmeras que crecen a la orilla del agua, a menudo de 9 a 12 metros de altura. Estos imponentes gigantes logran resistir la enorme presión que los vientos huracanados producen a velocidades de hasta 320 kilómetros por hora. Miles de otros árboles en el enorme trayecto de las tormentas son arrancados de raíz y destruidos, mientras que las imponentes palmeras permanecen fijas en sus raíces, prevaleciendo orgullosamente sobre su dominio masacrado. ¿Cuál es entonces el secreto de las palmeras para permanecer de pie? La respuesta es la flexibilidad. Se doblan a veces hasta el suelo, y es precisamente esa habilidad que les permite permanecer inquebrantables.

En este verso 22 del Tao Te Ching, Lao-Tsé lo invita a adoptar una cualidad similar de elasticidad. Comience a percibir la unicidad que es el Tao suministrándole resistencia y conexión con la tierra, ayudándole a soportar las tormentas de su vida de forma tan flexible como la ágil palmera. Cuando aparezcan en su vida energías destructoras, permítase resistir inquebrantable siendo flexible. Busque ocasiones en que pueda tomar la decisión de capear una tormenta, permitiéndole que sople sin ofrecer resistencia. Al no luchar contra ella, sino más bien relajarse y aceptar todo lo que está enfrentando, entra en "el tiempo del Tao".

Este verso implica un beneficio adicional de integridad que atrae todo hacia usted. Es decir, si desea abundancia, conocimiento, salud, amor y todos los demás atributos que personifican el Tao, debe estar receptivo a ellos. Lao-Tsé le instruye que debe vaciarse para llenarse, pues los apegos lo mantienen tan restringido que nada puede entrar en su ser cuando está lleno. Vaciarse en este sentido, significa no estar lleno de creencias, posesiones o ideas del ego, sino más bien permanecer abierto a *todas* las posibilidades. Esto es estar en consonancia con el Tao innombrable: no se restringe a un punto de vista particular o a una manera singular de hacer las cosas; lo anima todo. De igual manera, la persona flexible está abierta a todas las posibilidades, no tiene que probar nada porque el Tao, y no el ego, está a cargo.

La percepción del Tao incrementa la flexibilidad y elimina su rigidez creando una atmósfera de confianza. Cuando vive desde la perspectiva de tener la capacidad de decir: "No estoy seguro, pero estoy dispuesto a escuchar", se convierte en una persona con la que los demás se identifican. ¿Por qué? Porque su flexibilidad permite que los demás vean que sus puntos de vista son bienvenidos. Al abrirse a todas las posibilidades, todos aquellos que se relacionan con usted sienten que sus ideas son valiosas y que no hay necesidad de conflicto.

Cuando se conecta más y más con su naturaleza del Tao, comienza a advertir que este principio está presente eternamente, disponible en todo momento. En otras palabras, el Tao no está tratando de llegar a un lugar distinto de donde está, no tiene metas, deseos, ni juicios; fluye en todas partes porque es la energía de la creación. Estar en armonía con el Tao es estar libre de metas, sumergido en todo lo que está haciendo sin preocuparse por el resultado, sólo advirtiendo cada momento, y permitiéndose fluir con la Fuente creativa que está proporcionándole energía a todos y a todo en el universo. Cuando vive de esta manera, el fracaso se convierte en un imposible. ¿Cómo puede fracasar en ser usted mismo y en confiar por completo en la sabiduría de la Fuente de todo? Con el fracaso eliminado de su vida, comprende lo que Lao-Tsé quiso decir con "tiene éxito en todo lo que realiza".

A continuación vemos los mensajes que Lao-Tsé escribió en este verso 22 del Tao Te Ching hace dos siglos y medio:

Cambie su visión de las tormentas de su vida

Practique eliminar el ego como su influencia dominante. Libere la necesidad de atención de los demás y observe cómo las personas se sienten atraídas a usted de forma natural. Deje la necesidad de ganar una discusión y de estar en lo correcto cambiando el ambiente con frases como: "Es muy probable que estés en lo cierto. Gracias por ofrecerme una nueva perspectiva". Este tipo de declaración le otorga permiso a todos para relajar su rigidez, porque usted no siente la necesidad de probarse a sí mismo ni a los demás. Si cambia su forma de pensar, su vida cambiará, esté entonces dispuesto a decir: "no sé" o "ni siquiera estoy seguro de por qué hice lo que hice". Como le recuerda Lao-Tsé, cuando elimina su pomposidad y rigidez, los demás se reconocen a sí mismos en su naturaleza flexible, y confiarán en usted.

Imagínese como una palmera majestuosa e imponente

Sea un organismo sin metas ni objetivos, más bien adopte una postura fuerte y victoriosa capaz de ajustarse a las fuerzas de la naturaleza. Esté dispuesto a adaptarse a cualquier cosa que llegue a su camino permitiéndose experimentar inicialmente esa energía, de forma muy similar al árbol que se dobla ante vientos huracanados. Cuando lo critiquen, escuche. Cuando fuerzas poderosas lo impulsen en cualquier dirección, inclínese antes que luchar, dóblese antes que romperse, y permítase ser libre de normas rígidas. Al hacer esto se conservará inquebrantable. Mantenga una visión interior del viento que simboliza situaciones difíciles, mientras afirma: *No hay rigidez en mí. Me puedo doblar ante cualquier viento y permanecer inquebrantable. Usaré la fuerza del viento para fortalecerme aún más y conservarme mejor.*

Esta sencilla enseñanza es tan agradable, que se preguntará cómo no se dio cuenta de esto antes. En el tiempo del Tao, reconozca la "tormenta" y luego permítase sentirla en su cuerpo, obsérvela sin juicio, así como el árbol se dobla ante el viento. Cuando la rigidez aparezca de nuevo, adviértala también, permitiendo que los vientos soplen ¡mientras ejercita el Tao en lugar del ego! Busque descubrir la raíz de su inflexibilidad y logre mayor flexibilidad en las tormentas de la vida. Cuando se ven como una oportunidad para abrir la energía del Tao, las tormentas pueden ser transformadas en eventos estimulantes que descubren más de su verdadera naturaleza de amor.

Practique el Tao ahora

Escuche a alguien expresar una opinión opuesta a la suya en el día de hoy. Puede ser respecto a cualquier variedad de temas, como: política, medio ambiente, religión, drogas, guerra, la pena de muerte, o lo que sea. Rehúse imponer su posición, y más bien, comente: "Nunca había considerado ese punto de vista. Gracias por compartir tus ideas conmigo." Al permitir escuchar una posición contraria, anula la actitud del ego y le da la bienvenida a la flexibilidad del Tao.

Verso 23

Hablar poco es natural:
los vientos impetuosos no soplan toda la mañana;
un aguacero recio no dura todo el día.
¿Quién hace esto? El cielo y la tierra.

Pero estos son efectos forzados y exagerados,
razón por la que no pueden ser duraderos.
Si el cielo y la tierra no pueden mantener una acción forzada,
¿Cuánto menos será capaz de hacer un hombre?

Aquellos que siguen el Camino
se convierten en uno con el Camino.
Aquellos que siguen la bondad
se convierten en uno con la bondad.
Aquellos que se alejan del Camino y de la bondad
se convierten en uno con el fracaso.

Si te adaptas al Camino,
su poder fluye a través de ti.
Tus acciones se igualan a las de la naturaleza,
tus métodos a los del cielo.

Ábrete al Tao
y confía en sus respuestas naturales...
todo lo demás caerá en su lugar.

Vivir naturalmente

Toda *cosa* que está compuesta, eventualmente se descompone. Note que he enfatizado en la palabra *cosa* debido a que todas las cosas sobre la Tierra son temporales y están en un estado constante de cambio. Puesto que usted está en este planeta, también es parte de este principio siempre cambiante y siempre en descomposición. Este verso 23 del Tao Te Ching, le pide que observe las formas en que actúa la naturaleza y luego tome la decisión de vivir armoniosamente con ellas.

La naturaleza no tiene que insistir, empujar ni forzar nada; después de todo, las tormentas no duran para siempre. Los vientos soplan con intensidad, pero luego se aplacan. El Tao crea desde una perspectiva eterna, pero todo está de regreso a casa desde el momento en que nace. Lao-Tsé le enseña entonces que si vive en armonía con este sencillo principio estará en sintonía con la naturaleza. Deje ir su deseo de forzar a algo o a alguien, y decida más bien ser parte consciente del patrón cíclico de la naturaleza. Lao-Tsé le recuerda que ni siquiera el cielo puede mantener una acción forzada. En su existencia inherente, toda acción es temporal y regresa a un estado de más calma. En lenguaje contemporáneo, diríamos que "todo pasa al olvido."

Las enseñanzas de este pasaje, le invitan a que haga una pausa en medio del conflicto o la tensión, y recuerde que la serenidad y la paz están en camino. Este verso señala enfáticamente ¡que usted siempre tiene una opción! En cada situación, puede escoger observar energía exagerada y forzada. Puede ser intentando controlar verbalmente una situación o maldiciendo los eventos que se están desarrollando en su vida; no obstante, estos momentos pueden ser invitaciones para abrirse al Tao incluso en medio del caos y la angustia. Esta es la forma de "seguir el Camino": recuerde que la naturaleza sopla fuerte y luego regresa a la calma. Siga la bondad del Tao y se convertirá en bondad. Aléjese de la bondad y se convertirá en fracaso.

Usted forma parte de las leyes de la forma en el tiempo y el espacio, de la composición y la descomposición. Todo en la naturaleza está regresando a su Fuente... La pregunta es: ¿desea usted participar conscientemente de esta bondad natural, o prefiere pasar su vida en la ansiedad y en el fracaso? La respuesta del Tao a esta pregunta crucial no está en el interior de su ego, pues éste cree firmemente en su habilidad de forzar las cosas, de hacer que las cosas pasen o de ser la persona a cargo. El Tao señala que el Camino es responsable de todo, con una naturalidad que no es forzada. Le recuerda que lo que parece tan devastador en el momento, es perfección benévola en otro momento. Cuando se conforma con la naturalidad del universo, coopera con este poder creador que fluye a través de usted. Suspenda los planes de su ego y más bien participe en el poder que lo ha creado: permítale ser la fuerza directriz de su vida.

Esto es lo que Lao-Tsé le dice a través de mí, desde su perspectiva de hace 2,500 años en este verso del Tao Te Ching:

Cambie su vida observando
activamente los métodos de la naturaleza

Observe cómo las tormentas o los vientos impetuosos son condiciones temporales, en vez de verlos como eventos destructivos o inconvenientes. Cuando observe lo que parezca una situación forzada e inconfortable, busque el ciclo natural. Afirme: *Este es un contratiempo temporal. Voy a liberarme de tener que ser la persona en control.* Luego observe lo que está sintiendo, con una mente abierta a lo que es en este momento. Recuerde que este es el método de la naturaleza. Centre su mente de forma natural, en perfecta relación con la paciencia del Tao universal.

Cambie su vida confiando en su habilidad para responder de forma natural a las circunstancias

Al principio esto puede involucrar observarse a sí mismo de forma amistosa en vez de responder de inmediato. Cuando sienta inclinación a expresar su opinión, deje que esta ansia le diga en silencio lo que desea *en verdad.* Su cuerpo sabe cómo estar en paz y espera a que pasen las tormentas de la vida, pero debe permitirle sentir que le está dando la bienvenida a sus señales. Permanezca en calma y permítase estar en armonía con el Tao creativo, abriéndose a su poder.

T. S. Eliot evoca el ciclo natural en su poema "Miércoles de ceniza":

> *Puesto que sé que el tiempo es siempre el tiempo*
> *y un lugar es siempre y únicamente un lugar*
> *y lo que es real, es real solamente una vez,*
> *y solamente en un lugar,*
> *me alegro de que las cosas sean como son...*

Esa es la idea: *alégrese* en la calma del Tao.

Practique el Tao ahora

Pase todo un día advirtiendo la naturaleza y los innumerables ejemplos en que se recicla orgánicamente. Busque por lo menos tres formas en que le gustaría ser más natural en su respuesta a la vida. El gato que se estira lánguidamente ante la luz del sol puede simbolizar lo que a usted le gustaría hacer. O quizá es el alba iluminando lentamente la oscuridad sin afanes. Quizá prefiera enfocarse en la marea que sube y baja confortablemente, aparentemente sin juicios. Encuentre imágenes simbólicas, cualesquiera que sean, e invite a sus equivalentes en el Tao para que florezcan en su interior.

Verso 24

Si andas de puntillas, no puedes pararte con firmeza.
Si das grandes pasos, no puedes llegar lejos.

Presumir no revela iluminación.
Alardear no conduce a logros.
Aquel que se cree justo no es respetado.
El que ostenta no perdura.

Todos estas formas de actuar son odiosas y desagradables.
Son excesos superfluos.
Son como un dolor de vientre,
como un tumor en el cuerpo.

Cuando estás en el sendero del Tao,
esto es lo primero que debes
desarraigar, erradicar y dejar atrás.

Vivir sin excesos

En este verso, Lao-Tsé nos aconseja que el sendero del Tao debe ser despejado de toda cizaña, de excesiva importancia personal. Después de todo, nuestros méritos se derivan de la Fuente que todo lo ha creado y que Lao-Tsé llama "el Tao". Todo lo que ve, toca o posee, es un regalo del Tao; por consiguiente, es su deber suspender su ego y buscar una actitud de gratitud y generosidad por la creatividad del Tao. De esta manera, va por el sendero del Tao convirtiéndose en lo que es, lo que siempre existe cuando está en un estado de generosidad infinita. Es a este estado que el verso 24 del Tao Te Ching le implora que regrese.

Advierta cómo funciona el flujo natural del Tao: no le pide nada y le provee a usted y a todos con suministros ilimitados de alimentos, aire, agua, luz solar, tierras y belleza. Siempre está creando para el beneficio de todos, y no necesita presumir orgullosamente, ni exigir nada a cambio.

El sol simboliza el Tao en funcionamiento: ofrece su calidez, luz y energía dadora de vida a todos, iluminando el globo sin ninguna exigencia de reconocimiento. Imagínese si el sol necesitara atención y exigiera alabanzas por sus esfuerzos; ¡solamente brillaría donde se sintiera más apreciado o donde recibiera un pago por esa energía dadora de vida! Muy pronto el mundo estaría parcialmente desconectado de la magnificencia del sol, y todo el planeta terminaría cubierto por la oscuridad mientras surgirían guerras sobre maneras de apaciguar al "dios sol." Es fácil ver por qué Lao-Tsé se refiere a inclinaciones tales como la jactancia y creerse justo como "odioso" y comparable a "un tumor en el cuerpo".

Camine el sendero del Tao dando en vez de recibiendo, proveyendo a los demás y sin pedir nada a cambio. Luego, observe su deseo de alardear y de buscar aprobación como cizaña que aparece en su jornada. Verse como importante y especial debido a su talento artístico, por ejemplo, es ir por el sendero del ego. Caminar el sendero del Tao significa expresar gratitud por las manos que le permiten crear una escultura.

Así es como Lao-Tsé le aconseja que vaya por el sendero del Tao, libre de deseos impulsados por su ego de ser reconocido por todos sus esfuerzos y logros:

Cambie su vida decidiendo conscientemente estar en estado de gratitud

La jornada de su vida cambiará cuando enfatice la gratitud por todo lo que usted es, por todo lo que ha logrado y ha recibido. Practique repetir en silencio: *Te doy las gracias* durante sus horas de vigilia, antes de dormir y cuando se despierte. En realidad no tiene importancia si le está dando las gracias a Dios, al Espíritu, a Alá, al Tao, a Krisna, a Buda, a la Fuente, o a sí mismo, porque todos esos nombres representan las tradiciones de las grandes sabidurías. Agradezca a los rayos del sol, a la lluvia y a su cuerpo, incluyendo todos sus componentes. ¡Viva un día de gratitud por su cerebro, corazón, hígado y hasta las uñas de sus pies! Su práctica de gratitud le ayuda a enfocarse en la Fuente real de todo, y a advertir cuando está dejando que su ego lo domine. Practique a diario y en silencio: agradezca su cama, las sábanas, las almohadas y la habitación en donde duerme por la noche; y en la mañana, diga: *Te doy gracias* por lo que viene en camino. Luego, comience su hermoso día haciendo algo amable por otro ser humano en algún lugar del planeta.

Cambie su vida examinando su necesidad de presumir y probar lo justo que es

Cuando esté a punto de hacer alarde de sus credenciales o logros, sienta momentáneamente su necesidad y recuerde el consejo de Lao-Tsé que dice: "Esto es lo primero que debe desarraigar, erradicar y dejar atrás". En el sendero del Tao la aprobación interior es sana y pura, mientras que la jactancia arrogante es simplemente superflua. Cuando advierta su hábito de regocijarse ante el infortunio ajeno, puede optar por regresar al sendero del Tao recordando este verso 24 del Tao Te Ching. La pomposidad y los comentarios pedantes pueden entonces ser vistos como una cizaña no necesaria. Regresando a la humildad radical y viendo la grandeza de todos, limpiará su vida de la vanidad excesiva...; este es el camino al Tao.

Practique el Tao ahora

Mañana por la mañana, haga algo por expresar su bondad con alguien que quedará totalmente sorprendido por sus acciones. Envíe un mensaje electrónico a alguien, expresando su amor y gratitud. Llame a su abuelo o abuela que puede estar sintiéndose solo o sola en un ancianato. Envíele flores a un ser querido que esté solo, o incluso a un extraño si es necesario. Advierta cómo su gratitud por otro ser, en verdad alimenta su sendero en el Tao, y no en su ego.

Verso 25

Había algo sin forma y perfecto
antes de que el universo naciera.
Es sereno. Vacío.
Solitario. Inalterable.
Infinito. Eternamente presente.
Es la Madre del universo.
A falta de un mejor nombre,
lo llamo el Tao.

Lo llamo grandioso.
La grandeza es inmensurable;
lo inmensurable está fluyendo eternamente;
siempre fluyendo, está regresando a cada instante.

Por ende, el Camino es grandioso
el cielo es grandioso,
la tierra es grandiosa,
la gente es grandiosa.

De tal manera, para conocer la humanidad,
comprende la tierra.
Para conocer la tierra,
comprende al cielo.
Para conocer el cielo,
comprende el Camino.
Para conocer el Camino,
comprende la grandeza en tu interior.

Vivir desde la grandeza

La mayoría de los intelectuales que han escrito sobre el Tao Te Ching a lo largo de los siglos, considera este verso 25 una de las lecciones más significativas de todo el manuscrito. En mis investigaciones, todas las traducciones de este pasaje de hecho incluyen la palabra *grandioso* para describirlo.

Este verso nos cuenta la historia que existía incluso antes del comienzo: "Algo sin forma y perfecto". Sigue diciendo que esta perfección sin forma es la "Madre del universo." Aunque no tiene nombre, es llamada el "Tao", y es sinónimo de grandeza. Es decir, no hay nada en el Tao opuesto a la grandeza; no hay nada que sea trivial, insignificante, débil, intrascendente, ni siquiera ordinario.

La historia parece desear que el lector comprenda que hay una energía pura e infinita en el interior de todas las cosas del planeta, y que permanece incontaminada por la apariencia sólida de la forma. La conclusión es una pauta para el estudiante, usted, el lector. Para conocer esta perfección sin forma, debe "conocer la grandeza en su interior." ¡Usted es el personaje central de esta maravillosa epopeya!

Puesto que usted está animado por el Tao eterno, el mensaje de grandeza de este cuento lo invita a cambiar la forma en que vive para que vea cómo cambia su vida. Puede comenzar a hacerlo examinando pensamientos e ideas que sean inconsistentes con esta colosal observación de Lao-Tsé, que ha sido transmitida también por muchos otros a través de la historia. En su libro *The Journey*, publicado en 1954, Lillian Smith lo describe de la siguiente forma:

> La necesidad que uno siente a diario por su propia vida, aunque uno no lo reconozca. Relacionarse con algo mayor que uno mismo, algo más vivo que uno mismo, algo más antiguo y algo que todavía no ha nacido, que perdure a través del tiempo.

Ese "algo" que perdure, confirma su grandeza, su conexión absoluta con el infinito. Hay una sensación de estar alineado permanentemente con una especie de socio principal que es la grandeza misma.

Lao-Tsé le aconseja que observe al planeta, su gente y los cielos, y vea su grandeza. Enseguida, se observe a sí mismo y vea que usted es un componente de todos ellos. Es decir, compenétrese con lo que parece ser el misterio mayor de la creación descubriendo la grandeza en su interior, luego deléitese en la alegría de advertir la grandeza que comparte con el cielo, la Tierra y toda su gente. Al aferrarse persistentemente a su propia "herencia de grandeza", se asegura que el Tao omnipresente esté disponible conscientemente. Desde una perspectiva de grandeza, solamente la grandeza puede surgir de usted; desde una perspectiva interna de inferioridad, solamente puede traer eventos que se alineen con esas creencias.

Su grandeza no se encuentra en un salón de clase; un entrenamiento; un maestro; comentarios halagadores de parientes, amigos o enamorados bien intencionados. Está en su interior. Es crucial que se haga consciente de la grandeza que fluye constantemente a través suyo; para hacerlo, descúbrala durante su meditación de gratitud, y deje de influenciarse por puntos de vista opuestos.

En particular, observe y escuche los comentarios críticos que se originan de su propio diálogo interior. Cuando dichos pensamientos surjan en su mente, permítales decirle lo que desean. Si permite que hablen esas nociones no tan grandiosas, descubrirá que lo que realmente desean es sentirse bien. Deles el tiempo que necesitan para confiar en que su existencia no tiene razón de ser, y ellas se fundirán alegremente en la grandeza de su interior. Tener acceso a esta cualidad le permite participar en la totalidad mayor, en donde el poder del Tao fluye sin impedimentos originados por juicios personales basados en el miedo. Cambie la forma en que vive conectándose con esta grandeza y su vida cambiará literalmente.

A continuación, vemos las ideas que a Lao-Tsé le gustaría que adoptara cuando redactó este verso del Tao Te Ching hace 25 siglos:

Confíe en su propia grandeza

Usted no es este cuerpo temporal que ocupa, el cual está camino de regreso a la nada de donde se originó. Usted es grandeza pura..., precisamente la misma grandeza que creó toda la vida. Mantenga en su mente este concepto supremo y atraerá a sí mismo estos mismos poderes de la creación: las personas apropiadas aparecerán. Los eventos exactos que desea llegarán. El dinero aparecerá. Esto es porque la grandeza atrae más de su propio ser *hacia* sí misma, así como los pensamientos de incompetencia influyen sobre unas creencias que aseguran que la deficiencia se convertirá en su realidad. Afirme lo siguiente una y otra vez, hasta que se convierta en su respuesta interna y automática al mundo: *Provengo de la grandeza. Atraigo la grandeza. Soy la grandeza.*

Busque creencias que contradigan su estado como un ser grandioso

Sorpréndase en medio de cualquier declaración que refleje su creencia de que usted es un ser ordinario. Hable en silencio y con calidez con esa creencia y pregúntele qué desea. Puede pensar que debe protegerlo del desengaño y el dolor, como probablemente lo hizo con anterioridad en su existencia. Pero con atención y aceptación continuas, el sentimiento admitirá a la larga que desea sentirse grandioso. ¡Déjelo! Usted es lo suficientemente bueno como para soportar los desengaños y el dolor pasajero que aquejan su vida en este planeta; pero es muy aniquilador tratar de protegerse creyendo que no personifica la grandeza.

Busque esas falsas creencias y ofrézcales la oportunidad de transformarse en lo que ellas (y usted) realmente quieren. Sea lo que sea en que usted desee convertirse o atraer a su vida, realice el cambio interno de *es probable que eso no me suceda* a *¡viene en camino!* Luego comience el proceso de buscar cada minuto de evidencia de que su deseo, de hecho, viene en camino. Es crucial mantener en mente este principio antiguo: *Obtengo lo que pienso, lo desee o no.* Piense entonces en lo afortunado que es de que la grandeza resida en su interior. Ahora puede vivir la paradoja fundamental: puede ser grandioso y ser nadie al mismo tiempo.

Practique el Tao ahora

Copie las siguientes palabras y aplíquelas para sí mismo: *Provengo de la grandeza. Debo ser semejante a mi origen. Jamás abandonaré la creencia en mi grandeza y en la grandeza de los demás.* Lea estas palabras a diario, colocándolas visiblemente donde pueda verlas. Le servirán para recordarle la verdad de su propia grandeza. Medite hoy por diez minutos, enfocándose en su grandeza interior.

Verso 26

La pesadez es la raíz de la liviandad.
La quietud es maestra de la inquietud.

Al comprender esto,
el vencedor está
equilibrado y centrado
en medio de todas las actividades;
aún rodeado de opulencia,
no se tambalea.

¿Por qué debería el señor de la comarca
revolotear como un necio?
Si te dejas bambolear de aquí para allá,
pierdes contacto con tus raíces.
Estar inquieto es perder el dominio de sí mismo.

$\mathcal{V}$ivir en calma

Este capítulo del Tao Te Ching le aconseja que mantenga un sentido de serenidad sin importar lo que esté ocurriendo a su alrededor. Además, dice que el verdadero maestro sabe que la habilidad de permanecer en calma reside siempre en su interior. Desde esta perspectiva, no hay necesidad de asignar responsabilidad a los demás por la forma en que usted se siente. Aunque viva en un mundo en donde el reproche y la manía de criticar sean ampliamente generalizados, será el dueño de sus sentimientos y acciones. Sabrá que las circunstancias no determinan su estado mental porque ese poder reside en usted. Cuando mantiene una postura interna de paz, cambia su vida incluso en medio del caos.

La sabiduría de este verso del Tao Te Ching lo motiva a que tenga la certeza de que puede elegir. ¿Desea estar en un estado de confusión o tener un panorama de tranquilidad interior? ¡Usted elige! Dotado con esta revelación, el maestro del Tao no permite que un evento externo lo perturbe. Lao-Tsé dice que reprocharle a alguien por su falta de tranquilidad jamás le brindará el estado del ser que se está esforzando por lograr. El autodominio sólo florece cuando practica estar consciente y ser responsable de sus sentimientos.

Es probable que desee sumergirse con regularidad en este punto particular del Tao Te Ching. Después de todo, ¿qué puede ser mejor que la libertad de pasar una vida sin sentir que las personas y las circunstancias lo controlan sin su permiso? ¿Está deprimido? ¿irritado? ¿frustrado? ¿alborozado? ¿gloriosamente enamorado? Cualquiera que sea su estado actual, si cree que un cambio en su panorama económico o un retapizado de los eventos en su entorno son los responsables —y luego usa estos factores externos para explicar su estado mental interno— ha perdido contacto con sus raíces. ¿Por qué? Porque está permitiendo ser bamboleado de aquí para allá por los vientos cambiantes de las circunstancias.

La solución para una vida intranquila es optar por la quietud. La calma del Tao es indiferente a cualquier disturbio en el mundo de las 10,000 cosas. Sea como el Tao, le aconseja Lao-Tsé: "La quietud es maestra de la inquietud." Tiene la opción en todo momento, puede optar por ser *anfitrión* de Dios y llevar consigo la calma del Tao, o *rehén* de su ego, que le insiste que no puede evitar sentirse alterado ante las circunstancias que lucen caóticas.

Esto es lo que Lao-Tsé le ofrece en este pasaje profundamente sencillo, desde la vida profundamente sencilla que escogió vivir 2,500 años antes que usted:

Comprométase a buscar una respuesta serena interna a las circunstancias de su vida

En medio de cualquier tipo de perturbación, ya sea una discusión, una congestión de trafico, una crisis financiera o cualquier cosa, tome la decisión inmediata de encontrar el centro de serenidad en su interior. Al no pensar en lo que está ocurriendo, y más bien respirar profundamente unas cuantas veces, opta por vaciar su mente de juicios, se vuelve imposible mentalmente "revolotear como un necio". Usted tiene la habilidad innata de optar por la serenidad ante situaciones que conducen a la locura a otras personas. Su voluntad de hacerlo, especialmente cuando el caos y la ira han sido sus elecciones previas, lo pone en contacto con "el maestro de la inquietud." Hubo un momento en que pensé que esto era imposible. Ahora sé, que incluso en los momentos más difíciles, mi reacción es elegir la serenidad..., el camino del Tao.

No pierda contacto con sus raíces

Con una declaración escrita o un dibujo colocado estratégicamente en su casa u oficina, recuerde que nadie puede hacer que usted pierda el contacto con sus raíces sin su consentimiento. Afirme a menudo lo siguiente: *Tengo la habilidad de permanecer en calma y centrado, sin importar lo que ocurra ante mí.* Luego comprométase a poner en práctica esta nueva manera de ser la próxima vez que una situación de inquietud surja en su vida. Realice el trabajo mental con anticipación y logrará el autodominio al que se refiere Lao-Tsé en este verso. Aún más significativo, estará en armonía con el Tao: su llamado decisivo.

Practique el Tao ahora

Siéntese en un lugar tranquilo y visualice una persona ante usted con quien lleve un conflicto desde hace mucho tiempo. Ahora diga en voz alta, dirigiéndose a esa persona: "Te perdono. Te rodeo con amor y luz y hago lo mismo conmigo." Esto pone en obra para usted el mensaje del verso 26 del Tao Te Ching brindándole un sentido de tranquilidad.

Verso 27

Un conocedor de la verdad
viaja sin dejar rastro,
habla sin hacer daño,
da sin llevar inventario.
La puerta que cierra, aunque sin cerradura,
no puede abrirse.
El nudo que ata, aunque sin cuerda,
no puede ser deshecho.

Sé sabio y ayuda a todos por igual,
sin abandonar a nadie.
No desperdicies oportunidades.
A esto se le llama seguir la luz.

¿Qué es un buen hombre sino el maestro de un mal hombre?
¿Qué es un mal hombre sino la obra de un buen hombre?
Si el maestro no es respetado
y el estudiante no es cuidado,
surge la confusión por muy astuto que uno sea.
Este es el gran secreto.

Vivir según su luz interior

Durante solo un momento, imagínese sus posesiones más valiosas, incluyendo una gran reserva de dinero, sobre una mesa de su habitación y a la vista plena de todo el que pueda entrar. Ahora imagínese que esa pila de joyas preciosas, dinero y documentos importantes está completamente a salvo; no hay necesidad de asegurarla, y nadie podría robarle su tesoro jamás. ¿Es posible este estado de confianza total? Así lo creo, especialmente desde que este verso 27 del Tao Te Ching nos alienta: "La puerta... aunque sin cerradura, no puede abrirse."

El "conocedor de la verdad" vive según una luz interior. Esta iluminación resalta el hecho de que robar no es el camino de la verdad, siendo entonces innecesario cerrar con llave cualquier cosa. Las posesiones están seguras entre aquellos que viven según una luz interior que refleja la perfección del Tao. Es la Fuente que le exhorta que lleve consigo y que consulte cuando sienta la necesidad de asistencia o guía.

Lao-Tsé le aconseja que dé sin llevar inventario y sin esperar nada a cambio, pues esta es la naturaleza del Tao, y usted es el Tao. Dar es sinónimo de recibir cuando vive según esta iluminación. Confíe en la guía de la luz interior, pues es su legado. Su origen es más del Tao que de sus padres, cultura o país.

También es más importante que viva más espontáneamente: no tiene que tener programado con exactitud cada detalle de su vida. Comprenda esto y puede viajar sin aferrarse a un plan que cubra todos los escenarios posibles. Su luz interior es más confiable que cualquier guía turística, y le señalará la dirección más propicia para usted y para todos aquellos con quienes se relaciona. Cuando desarrolla confianza en el Tao, cambia la forma de ver la vida. Se maravilla ante el brillo y la claridad de lo que comienza a ver: el miedo, la ansiedad, el estrés y el desasosiego simplemente se vuelven facetas de su ser observadas bajo el brillo del Tao, como velas señalándole el camino y ayudándole a amar a todo el mundo como parte suya.

Lao-Tsé le aconseja que "sea sabio y ayude a todos los seres por igual, sin abandonar a nadie", es decir: usted no necesita las reglas ajenas para servir a los demás. Darse a sí mismo se convierte en su respuesta natural porque está siguiendo la luz interior del Tao. Usted y el dar son uno mismo; usted y el recibir son uno mismo. En dicho acuerdo, no hay nadie que no sea usted.

Las líneas más reveladoras de este verso le recuerdan que un buen hombre no es sino el maestro de un mal hombre; y un mal hombre no es sino la obra de un buen hombre. Esto es una forma en extremo empoderadora de ver la vida y elimina el estrés y la ira: si se percibe como una "buena" persona, a los que llama "malos" —incluyendo convictos o enemigos del otro lado del mundo— ¡son su trabajo! Ensaye la perspectiva de que está aquí para enseñarse y enseñar a los demás de alguna manera, y que el trabajo consiste en elevar la energía colectiva de todo nuestro universo. Cultive la conciencia de la luz interior que está en el interior de todos. ¡*Sea* el Tao!

Prácticamente, todas las traducciones que he examinado del Tao Te Ching se refieren a nosotros como un solo ser, y a que todos necesitamos apoyarnos mutuamente. El gran secreto es este: no desperdiciar ninguna oportunidad, no abandonar a nadie, respetar a los maestros y cuidar al estudiante. Dos mil quinientos años después, el Tao permanece esquivo para la mayoría de nosotros en razón de que es practicado con muy poca frecuencia. No obstante, debemos infundirlo en nuestro interior si deseamos llegar a caminar verdaderamente en la luminosidad del Gran Camino.

Conviértase en "un conocedor de la verdad," como sugiere Lao-Tsé, olvídese de cerraduras, cadenas, mapas y planes. Viaje sin dejar rastro, confíe en la bondad que es la raíz de todo, y en vez de maldecir la oscuridad que parece incontrolada, acérquese con su luz interior y déjela billar sobre aquellos que no están viendo su propio legado en el Tao.

Desde su trono espiritual antiguo, Lao-Tsé le está diciendo que practique estas nuevas formas:

Confíe en sí mismo

Desarrolle un código interior de conducta basado exclusivamente en su conexión irreversible con el Tao. Cuando confía en esta sabiduría que lo ha creado, está confiando en sí mismo. Sepa que nada puede alejarlo jamás de su código interior de honestidad, y viva según este estándar. Si encuentra una oportunidad fácil de ser deshonesto, por ejemplo en el caso de un cajero apurado que le entrega demasiado dinero de cambio, tome la decisión de ser honesto hasta el último centavo. Más aún, tenga fe en sí mismo y vaya de viaje planificando lo mínimo. Permítase confiar en la energía del Tao para guiarlo, en vez de confiar en los planes coordinados por alguien más.

No se juzgue ni juzgue a los demás

No critique la conducta ni la apariencia de aquellos que considera "malas personas." Más bien, cambie sus pensamientos hacia algo similar a: *Soy mi propio estudiante y tengo esta oportunidad para aprender que estoy instruyendo en vez de juzgando. Dejaré de criticarme o de criticar a los demás y enseñaré siendo el Tao.* Si el mundo entero de las 10,000 cosas supiera la simple verdad que somos uno, entonces en mi opinión, cesarían guerras, hostilidades, confusión e incluso enfermedades.

¿Por qué no ser un individuo que elige respetarse a sí mismo y a los demás como maestros *y* como estudiantes? Cuando ve el mundo como un conglomerado de oportunidades para ayudar, un pensamiento y una acción a la vez, estará viviendo según su luz interior.

Practique el Tao ahora

Encuentre una persona catalogada como "mala", y use esa oportunidad para realizar su trabajo. Sea un maestro acercándose a él o a ella enviándole un mensaje amoroso, quizá enviándole un libro, un mensaje electrónico o una carta, o llamando por teléfono. Haga una sola cosa hoy como una "buena" persona, incluso si es por un extraño en una prisión. Su tarea ahora mismo es esa persona.

Verso 28

Conoce la fortaleza del hombre,
¡pero mantente bajo el cuidado de la mujer!
Sé un valle bajo el cielo;
si lo haces, la virtud constante
no se desvanecerá.
Uno se convierte de nuevo en niño.

Conoce el blanco,
sigue al negro,
y sé el patrón del mundo.
Ser el patrón del mundo es
moverse constantemente en el sendero de la virtud
sin fallar un solo paso,
y regresar de nuevo al infinito.

Aquel que comprende el esplendor
manteniendo su humildad,
actúa de acuerdo con el poder eterno.
Ser el manantial del mundo es
vivir la vida abundante de la virtud.

Cuando lo amorfo se forma en objetos,
se pierden sus cualidades originales.
Si preservas tus cualidades originales,
puedes gobernar cualquier cosa.
En verdad, el mejor gobernante gobierna menos.

$\mathcal{V}$ivir en la virtud

En este verso, *virtud* es sinónimo de "naturaleza" o "el Tao." Al ser uno con la naturaleza, el sabio está en coordinación con el Tao y es una persona virtuosa en la vida diaria. Aquí, Lao-Tsé habla de su sendero personal, y también de una forma de gobernar a otros orientada por el Tao. Estos otros pueden ser sus familiares, colegas, socios, amigos y el proceso entero de gobierno si usted está en una posición política. De hecho, la mayoría del Tao Te Ching está enfocado en enseñarnos cómo crear una administración que esté de acuerdo con estos principios elevados del Tao. Es mi más ferviente intención extender estas enseñanzas a lo largo del mundo, de tal manera que puedan facilitar una transformación de aquellos que se llaman a sí mismos "líderes" y están destinados a posiciones de poder o las ocupan en la actualidad.

Toda persona tiene la capacidad inherente de originar cambios masivos que puedan inducir a la tranquilidad, armonía y paz que son nuestro legado. Lao-Tsé llama a esto preservar nuestras "cualidades originales." Dichas cualidades requieren la mínima cantidad de gobierno, parece entonces natural ver que gobernamos mejor permitiendo nuestra naturaleza del Tao, que gobierna menos, ¡para progresar!

Vivir virtuosamente es lo que hace cuando permite que el Tao lo guíe. El consejo que Lao-Tsé nos da para hacer esto, está contenido en cuatro imágenes distintas en este verso:

1. "Sé un valle bajo en cielo" es la número uno. Permita que el río de la vida fluya a través suyo. Como un valle bajo el cielo, usted es tierra fértil de gracia en donde todo es recibido y permitido. Usted podría ver esto como el área más baja del espectro de las 10, 000 cosas, o como el punto en donde puede ver todas las cosas fluyendo sobre usted. En este lugar de humildad, la virtud constante del Tao jamás se disolverá. Para mí esto significa vivir desde la humildad radical. Descienda entonces (si puede) al nivel de los ojos de un niño pequeño, observe hacia arriba, y vea si las "cualidades originales" son más visibles. Sea como el valle bajo el cielo, listo para acoger y cuidar de las semillas que soplan a su paso.

2. "Sé el patrón del mundo" es la segunda imagen que lo invita a vivir virtuosamente. Observe la naturaleza no estropeada por la cultura, como en la perfección de un pedazo de madera sin tallar. El patrón del mundo, que no ha sido tocado por humanos, es un diseño del Tao. En vez entonces de insistir en cambiar o resistirse, se le pide que reme su bote y su vida *a favor* de la corriente. Confíe en la perfección del Tao para llevarlo alegremente a su lugar perfecto de origen. Lao-Tsé le está diciendo básicamente que deje ir y deje actuar al Tao. Deseche el ego, creado por usted, y permítase estar *en* el mundo cambiando su forma de ver *al* mundo.

3. "[Actúa] de acuerdo con tu poder eterno" es la tercera imagen para vivir virtuosamente. Sólo contemple por un momento la idea de ser un manantial del mundo, que jamás desaparece, jamás termina, y va más allá de los vaivenes de las 10,000 cosas. Este tipo de poder crea y luego se retrae, forma y luego se rinde amorfo. Siempre está ahí, como un géiser brotando a borbotones la vida abundante de la virtud.

Usted está de acuerdo con el poder eterno cuando elimina su ego y se hace consciente del Tao, fluyendo en este manantial que es usted. Imagínese brotando a borbotones, no de sus ideas de altivez y de su necesidad de poder externo sobre los demás, sino de una Fuente incesante de bondad y virtud que está en armonía con su naturaleza infinita. Cambie la imagen de sí mismo hacia un ser que está de acuerdo con el poder eterno, y la vida virtuosa que desea ver se volverá visible.

4. "Preserva tus cualidades originales" es la cuarta imagen de vivir virtuosamente, y precisamente, esta me encanta. Sus cualidades originales son aquellas que le pertenecían antes de que *hubiera* ¡un usted! Esto es lo que Jesús quiso decir cuando dijo: "Y ahora, Padre, glorifícame en ti al lado tuyo, con aquella gloria que tuve contigo antes que el mundo comenzara" (Juan 17:5). Imagínese si puede, lo que significa "antes que el mundo comenzara." Las cualidades originales a las que se refiere Lao-Tsé son el amor, la bondad y la belleza que definían su esencia antes que usted se formara en una partícula y luego en un ser humano. En otras palabras, vivir virtuosamente no tiene nada que ver con obedecer leyes, ser un buen ciudadano, o realizar algunas ideas inspiradas externamente de quien se supone que usted llegaría a ser.

Este revelador verso del Tao Te Ching le dice cómo vivir virtuosamente. Sea un valle bajo el cielo siendo humilde y permitiendo que los opuestos aparentes fluyan a través suyo. Sea el patrón del mundo *viendo* el patrón de su mundo, y viviendo en armonía sin imponer su ego sobre los demás. De acuerdo con el poder eterno, sea un manantial del planeta brotando conscientemente a borbotones desde el océano infinito de la bondad y la virtud, que son sus derechos de nacimiento. Preserve sus cualidades originales reclamando y familiarizándose con la esencia del Tao, la que precedió su nacimiento en la forma y es su cualidad original.

Aquí vemos lo que Lao-Tsé le ofrece desde su perspectiva de hace 2,500 años en este verso 28 del Tao Te Ching:

Cultive la exacta antítesis de lo que ha estado condicionado a creer

En vez de esforzarse por verse superior a los demás, quizá sea mejor elegir verse como un valle. Desde esta posición receptiva, fértil y arraigada, esté dispuesto a escuchar y recibir. Escuche atentamente cuando se sienta inclinado a ofrecer consejos. Sea una fuente terrenal humilde en vez de una persona altiva inspirada en el ego. En la última línea del verso 28, Lao-Tsé es muy claro en esto: "En verdad, el mejor gobernador gobierna menos." Esto no es un consejo para que piense menos de sí mismo, sino más bien para que se vea tan fuertemente conectado a la Fuente de su ser, que sepa y confíe en que es parte de ella.

Reemplace con amor todo negativismo

Kahlil Gibran, poeta espiritual libanés, nos sugirió en una ocasión que "si no puedes trabajar con amor sino sólo con disgusto, es mejor que dejes tu trabajo y te sientes en la puerta del templo a pedir limosna a aquellos que trabajan con alegría". Comience activamente el proceso de preservar sus cualidades originales siendo un instrumento del Espíritu, particularmente en lugares en donde sea fácil para usted olvidar su ser verdaderamente virtuoso.

Practique el Tao ahora

Sea igual que un niño por lo menos una vez al día. Seleccione deliberadamente una situación típicamente estresante y conviértase en un valle celestial. En lugar de trabajar, juegue ¡aunque esté en su trabajo! Ríase en vez de mantener un aire solemne. Sorpréndase en uno o dos momentos. Por ejemplo, busque una telaraña y contemple el milagro que se posa ante usted: una minúscula criatura hilando una red perfecta más grande que ella misma para atrapar insectos voladores para su cena... ¡vaya!

Verso 29

¿Crees que puedes apoderarte del universo y mejorarlo?
No creo que esto se pueda hacer.

Todo bajo el cielo es un recipiente sagrado y no puede ser controlado.
Intentar controlarlo lleva a la ruina.
Intentar entenderlo, nos hace perderlo.

Deja que tu vida se desarrolle con naturalidad.
Comprende también que es un receptáculo de perfección.
Así como inhalas y exhalas,
hay un tiempo para avanzar
y un tiempo para quedarse atrás;
un tiempo para moverse
y un tiempo para descansar;
un tiempo para estar lleno de vigor
un tiempo para estar exhausto;
un tiempo para estar seguro
y un tiempo para estar en peligro.

Para el sabio
toda la vida es un movimiento hacia la perfección,
entonces, ¿qué necesidad tiene él
para lo excesivo, lo extravagante o lo extremo?

Vivir según las leyes naturales

Este verso habla de una ley natural que no es afectada por el ego. ¿El mensaje? Usted no tiene el control; nunca lo ha tenido y nunca lo tendrá. Por eso le aconseja que deje ir sus ideas respecto a tener control sobre cualquier cosa o cualquier persona, incluyéndose. Para la mayoría de nosotros es una lección muy difícil de aprender. Como dice Lao-Tsé al comienzo de este verso: "No creo que se pueda hacer."

No obstante, aquí vemos un comentario sobre esta ley de una de las mentes científicas más famosas, Albert Einstein:

> El sentimiento religioso de los científicos asume la forma de un asombro embelesado ante la armonía de la ley natural, lo que revela una inteligencia de tal superioridad, que comparados con ella, todos los conceptos sistemáticos y los actos de los seres humanos son un reflejo absolutamente insignificante. Este sentimiento es el principio fundamental de su vida y su obra...

Es hacia este sentimiento que le suplico que gire su atención cuando ponga en práctica la sabiduría del verso 29 del Tao Te Ching. Sintonizarse con este sentimiento de asombro embelesado en la perfección sagrada del mundo, le ayuda a liberar su deseo de controlar cualquier cosa o persona. Hacer esto le permitirá vivir en la "armonía de la ley natural," que Einstein describe.

Lao-Tsé le recuerda que "todo bajo el cielo es un receptáculo sagrado" que no necesita su participación. Teniendo en cuenta que usted también es parte de todo, puede ser necesario que cambie la forma de ver su vida y todo lo que en ella ha ocurrido, así como también su visión del futuro. Esté o no de acuerdo con esto, le guste o no le guste, todo está fuera del dominio de su ego. Todo se está desarrollando de acuerdo a la misma ley natural que hace que las estaciones sucedan una tras otra, que la luna parezca ascender y descender, que las ballenas atraviesen océanos y que las aves migren y regresen sin en el beneficio de un mapa o un sistema de guía humano. Cuando observa su vida de esta forma, comienza a ver como se desarrolla de manera natural.

El Tao es una ley natural, no una fuerza controladora que lo manipula. En *La filosofía del Tao*, Alan Watts nos recuerda que Lao-Tsé dijo una vez: "El Gran Tao fluye por doquier, tanto a la izquierda como a la derecha. Ama y sustenta todas las cosas pero no gobierna sobre ellas". El Tao es el principio participante de Dios, no el señor y maestro de la naturaleza. ¡No es un obsesionado del control y del poder dominado por el ego! Sentirse superior es una creación humana. El Tao no actúa como un jefe, imponiéndose sobre usted ni nadie más. Simplemente, permite que toda la creación se revele a sí misma en el momento oportuno... y todo lo que se revela es sagrado porque es una parte del Tao libre de ego.

Le sugiero que cree un poco de tiempo en tranquilidad para leer de nuevo este verso y reflexionar sobre la naturaleza sagrada de todas las cosas en su vida. Incluya las experiencias pasadas en que usted ha culpado a alguien por impedirle la abundancia, salud o felicidad que ha deseado e incluso esperado. Considere el consejo de que hay un tiempo para todo: así como debe inhalar para exhalar, también puede experimentar lo que viene en camino teniendo una "sensación de quedarse atrás." Todas esas épocas en que se sintió traicionado, abandonado, abusado, temeroso, ansioso o incompleto, ocurrieron de acuerdo a una ley natural que también lo llevaron a sentirse cuidado, protegido, amado, consolado y completo. Hay un tiempo para todo incluyendo lo que está experimentando hoy.

Comience a reconocer que cada momento de su vida está de acuerdo con el Tao Divino. Al hacerlo, pasará del juicio (y quizá la ira) a la gratitud de ser capaz de sentirse a la vez exhausto y descansado, temeroso y seguro, sin amor y cuidado. Todo esto es parte de la ley natural. Su "mente egoica" intenta protegerlo del dolor insistiendo en que puede aprender a eliminar algunos aspectos de su vida. Sin embargo, el sabio en su interior desea estar en mayor armonía con la perfección del Tao. ¿Cómo permite esto? Lao-Tsé le suplica que evite los extremos, los excesos y las extravagancias, y sepa que todo se está desarrollando de manera perfecta, aunque sus pensamientos le digan que es imperfecto. Esos pensamientos también deben tener su propio tiempo, y en el flujo natural, serán reemplazados por nuevos... los que se manifestarán también a tiempo.

Esto es lo que creo que este verso de Lao-Tsé le ofrece desde su perspectiva de hace 2,500 años:

Renuncie a su necesidad de control

Comience un programa consciente de entrega, y permita que su mundo y todos en él hagan lo que ha sido decretado. Entregarse es un proceso mental: se lleva a cabo tomando una fracción de segundo para detenerse cuando está en medio de un juicio o frustración, y tener una breve conversación consigo mismo en el acto. Recuerde dar un paso atrás y ser testigo en vez de protagonista, que lo puede hacer facilitando un santuario para el sentimiento que está juzgando. Invite al orden natural Divino simplemente permitiendo que lo que está experimentando siga su camino sin criticismo ni control; de esta manera, usted se mueve al centro. Piense en la necesidad de controlar como una señal para permitir que el Tao fluya libremente a través de su vida. Al principio, su mente egoica puede burlarse ruidosamente ante la idea de que el Tao está siendo responsable, de la manifestación perfecta de todas las cosas. Depende de usted reconocer que su creencia en que el ego puede controlar la vida es sólo una ilusión.

Practique reconocer que hay un tiempo para todo

Cuando esté en medio de un momento difícil, repita las líneas que Lao-Tsé le ha ofrecido. Realizo esto en mi práctica de yoga cuando me siento exhausto, manteniendo una postura que parece ser demasiado larga. Recuerdo: *Hay un tiempo para estar exhausto, y un tiempo para estar vigoroso.* Esto me libera de inmediato de mi ego exigente, que me está diciendo: *No deberías sentirte así de cansado.* Usted puede hacer lo mismo en cualquier momento de su vida, las experiencias de sufrimientos, pérdidas, temores, enojo e incluso odio, parecen disolverse cuando recuerda que esto es parte de la manifestación perfecta de la ley natural; y pronto habrá un tiempo para consuelo, paz y amor.

Aplique el verso del Tao Te Ching creando su frase personalizada cuando observe cosas tales como: crímenes, SIDA, hambre y guerra. Intente algo así: *Sí, parece haber un tiempo para todas estas cosas y elijo no permanecer en extremos de resentimiento e ira. Pero también es mi deseo hacer algo respecto a estas circunstancias, este sentimiento también es parte de la manifestación de la ley natural. Elijo actuar siguiendo mi deseo interior de rectificar estas condiciones. Permaneciendo internamente en paz y evitando los extremos, impactaré al mundo en la misma forma amorosa en que el Tao se manifiesta eternamente desde el amor y la bondad.*

No es lo que ve a su alrededor lo que lo mantiene conectado con el Tao, es su comprensión de cómo funciona este flujo eterno. Como dice Ralph Waldo Emerson: "El cielo funciona por medio de átomos, trivialidades, nimiedades. Las agujas no son nada, el magnetismo es todo".

Practique el Tao ahora

Encuentre un lugar en donde esté totalmente consumido por el control y renuncie hoy a él. Reprima su inclinación a interferir, recordando al hacerlo que hay un tiempo para todo y que se está volviendo más adepto a observar en paz que a asumir el poder.

Verso 30

Aquel que guía a un líder de los hombres en el manejo de la vida
le advertirá contra el uso de las armas para conquistar.
Las armas a menudo se vuelven contra el que las empuña.

Donde los ejércitos se establecen
la naturaleza no ofrece más que zarzas y espinas.
Después de librarse una gran batalla,
la tierra queda maldita, los cultivos fracasan,
la tierra yace despojada de su Maternidad.

Después de haber logrado tu propósito,
no debes exhibir tu éxito,
no debes jactarte de tu habilidad,
no debes sentirte orgulloso;
más bien debes arrepentirte de no haber sido
capaz de evitar la guerra.

Nunca debes pensar en conquistar a los demás por medio de la fuerza.
Todo aquello que es ejercido por la fuerza
pronto decaerá.
No está sintonizado con el Camino.
Al no estar sintonizado con el Camino,
su final llegará demasiado pronto.

$\mathcal{V}$ivir sin la fuerza

Si siguiera explícitamente el consejo ofrecido en este verso 30 del Tao Te Ching, estaría en la posición de llevar una existencia libre de conflictos. ¡Imagínese eso! Si toda nuestra población global comprendiera y viviera las direcciones de este capítulo del Tao Te Ching, estaríamos finalmente libres del estrés relacionado con batallas, así como de los estragos extendidos por nuestro planeta, a causa de las guerras ocurridas desde que comenzamos nuestros registros históricos. Como instruye el verso 29 de manera tan sabia, hay un tiempo para todo: ¿Podría *este* ser el tiempo de vivir sin la fuerza?

Esta es mi impresión de lo ofrecido en este verso: toda fuerza crea una fuerza contraria, y este intercambio sigue y sigue hasta que una guerra total esté en proceso. Una vez que la guerra ha comenzado, se originan masacres y hambruna porque la tierra no puede producir cosechas. Ahora bien, cuando usted crea guerra en su vida personal, se produce escasez de amor, bondad y alegría, que lo deja a usted y a todos a su alrededor, despojados de la Maternidad Divina. Lao-Tsé lo alienta para que busque una alternativa a la fuerza para resolver altercados. Si no puede encontrar otra opción, entonces lo anima para que abandone cualquier referencia hacia sí mismo como ganador o conquistador.

La fuerza incluye cualquier uso de abuso físico o mental en que se apliquen las armas del odio y la intolerancia. Siempre habrá una fuerza contraria y lo que ha elegido hacer no está "sintonizado con el Camino." Esto significa que usted terminará por perder, especialmente cuando considera que Martin Luther King señaló en una ocasión, que la única forma de convertir a un enemigo en amigo es a través del amor.

Por desdicha, cada vez que se usa la fuerza, el resentimiento y la venganza se convierten en los medios para responder. Si estamos pensando en función de las zonas bélicas, la matanza de un grupo grande de personas designadas como enemigos, deja a sus hijos e hijas creciendo con odio hacia los vencedores. Eventualmente, los sobrevivientes toman las armas para exigir venganza sobre los hijos de aquellos que los vencieron. El uso de la fuerza propulsa generaciones enteras de personas en una guerra interminable. Como dice Lao-Tsé: "Las armas a menudo se vuelven contra el que las empuña."

Pensar en alineación con el Tao aplica en cualquier conflicto que pueda experimentar. Cuando recurre al uso de la fuerza, se siguen intensificando las discusiones con su cónyuge, sus hijos, sus socios, e incluso sus vecinos. Esto ocurre porque el Gran Camino del Tao es de cooperación, no de competencia.

La Fuente que todo lo crea está siempre abasteciendo, sin pedir nada a cambio y compartiendo su amor inherente. Sabe que todos somos parte de las 10,000 cosas y debemos cooperar mutuamente porque compartimos el mismo origen. Entonces, cada vez que se encuentra en una situación en que se sienta impelido a moverse hacia la dirección de usar la fuerza, habrá perdido de vista su conexión con el Tao. Además, cualquier grupo de personas (comunidades o países) que recurren a las armas para conseguir sus propósitos está fuera de sintonía con el Camino. Dejarán inhabitables la tierra y los corazones de las personas, excepto por algunas "zarzas y espinas". Su elección respecto al compromiso de practicar el Tao, incluye rehusarse a participar de cualquier manera, mental o física, en cualquier cosa que viole su comprensión del consejo ofrecido en este poderoso pasaje del Tao Te Ching.

Quizá la elección más fácil presentada aquí es el recordatorio de evitar las conductas de arrogancia y pomposidad, por cualquier cosa lograda por el uso de la fuerza. Recuerde que cualquier cosa lograda de tal forma, crea una fuerza contraria que resulta, a fin de cuentas, en su victoria convirtiéndose en una derrota. Si de alguna manera siente que no tiene otra opción más que el uso de la fuerza para protegerse y proteger a sus seres queridos, retírese de inmediato a una posición que no permita la jactancia ni la autoalabanza. Comprométase a trabajar para restaurar un equilibrio de amor en donde el odio residía previamente, y haga todo lo posible para reparar cualquier agravio que haya resultado de su uso de la fuerza. Este es el Camino. También ha sido llamado *wu-wei,* o "sin forzar u obligar", que significa tomar la línea de menor resistencia en todas nuestras acciones, y al hacerlo, crear más fortaleza.

Esto es lo que creo que puede aprender y practicar del consejo de Lao-Tsé en este verso 30 del Tao Te Ching:

Elimine la fuerza física y verbal en todas las situaciones

Examine las relaciones en que experimenta conflicto. Tome una decisión de usar menos abuso verbal y evitar por completo un alternado físico para resolver un conflicto. Practique detener los pensamientos de violencia, cambiando en ese instante a una postura de escuchar. ¡Muérdase la lengua! ¡Reprímase! Conténgase de responder absolutamente cualquier cosa en ese momento.

Estos son grandes recordatorios para mantenerse sintonizados con el Camino. Recuerde que cualquier acto de fuerza producirá definitivamente una fuerza contraria, si insiste entonces en incrementar la devastación sus armas se volverán contra usted.

Rehúse participar en acciones violentas de cualquier tipo

Cree distancia entre cualquier forma de violencia. Esto incluye escuchar la televisión y los informes de radio e incluso leer atentamente los artículos de prensa, respecto al uso de la fuerza que están siendo llevados a cabo sobre el planeta. Observe si está justificando escuchar o leer respecto a las actividades hostiles como una necesidad de estar "bien informado". Una vez que sabe que la fuerza ha sido aplicada en cualquier lugar con el fin de subyugar a los demás, comprenderá que la repetición constante de esas noticias lo convertirá en un participante de la violencia. Al rehusar permitir dicha energía en su vida, incluso como observador pasivo, se mantiene sintonizado con el Camino.

Eventualmente, cuando suficientes de entre nosotros no estemos dispuestos a tolerar dicha conducta bajo ninguna forma, estaremos más cerca de atraer un fin al uso de la fuerza en nuestro planeta. Recuerde que todo uso de fuerza, hasta el más mínimo, crea una fuerza contraria.

Practique el Tao ahora

En cumplimiento con la alteración de la forma en que observa al mundo, hoy cambie cualquier canal de televisión o emisora de radio que presente una imagen o audio del uso de la fuerza o la violencia. Luego, incremente esa norma de "cero tolerancia" hasta incluir películas, videos y juegos que contengan golpes, homicidios y escenas de persecuciones.

Verso 31

Las armas son las herramientas de la violencia;
todos los hombres decentes las detestan.
Por lo tanto, los seguidores del Tao nunca las usan.

Las armas sirven a la maldad.
Son las herramientas de aquellos que se oponen a los preceptos
de la sabiduría.
Úsalas solamente como último recurso.
Pues la paz y la tranquilidad son apreciadas para el corazón del
hombre decente,
y para él, incluso una victoria, no es motivo de celebración.

Aquél que considera hermoso conquistar
está dispuesto a matar;
y aquél dispuesto a matar
nunca prevalecerá en el mundo.

Es buena señal cuando se despliega la naturaleza más elevada
del hombre.
Mala señal cuando se despliega su naturaleza más baja.

Con la matanza de multitudes,
sentimos pena y dolor.
Cada victoria es un funeral;
cuando ganas una guerra,
celebras llorando la muerte.

$\mathcal{V}$ivir sin armas

El verso 31 del Tao Te Ching señala sin equívocos que implementar la violencia sirve a la maldad. Lao-Tsé sabía claramente que las armas diseñadas para matar son herramientas fútiles y deben ser evitadas si elige vivir de acuerdo con los principios del Tao. Esto incluye el diseño, producción, comercialización, distribución y, por supuesto, el uso de armas en el negocio de asesinatos. El Tao es cuestión de vida; las armas son cuestión de muerte. El Tao es una fuerza creadora; las armas son destructivas. La humanidad ha fracasado en el aprendizaje de esta enseñanza profunda del Tao Te Ching, escrito cuando las armas consistían principalmente de arcos y flechas, lanzas, hachas y similares.

Desde su posición como observador y ser de sabiduría divina, Lao-Tsé reconocía que no hay victoria en ninguna actividad en donde se lleven a cabo asesinatos. ¿Por qué? Porque todas las personas, sin importar su localización geográfica o sus sistemas de creencias, están conectadas mutuamente por el espíritu que las originó. Todos venimos, pertenecemos y regresaremos al Tao. Cuando nos destruimos, destruimos nuestra oportunidad de que el Tao nos guíe, de fluir libremente y a través de la forma en que estamos. Lo que parece ante nuestro ego como una victoria para celebrar es realmente un funeral, un tiempo para llorar la muerte. Lao-Tsé nos recuerda que sentir placer al ganar una batalla está alineado con el deseo del ego de matar. El Tao posee solamente un deseo creativo, de sustento y amor. En este plano físico, nuestra naturaleza más elevada se expresa a sí misma a través de los preceptos del Tao, mientras que nuestra naturaleza más baja se expresa involucrándose en el negocio de asesinatos.

La historia escrita más antigua de la humanidad involucra guerras, y medimos nuestra supuesta marcha hacia la civilización según la complejidad de nuestras armas. Hemos avanzado de simples lanzas usadas en combates individuales cercanos, hasta arcos y flechas que matan desde una distancia corta, rifles y equipos explosivos que ejecutan desde mucho más lejos, y bombas que matan indiscriminadamente cuando se lanzan desde el aire. Hemos alcanzado el nivel en el que tenemos que inventar términos como *megamuertes* y *armas de destrucción masiva* para describir nuestra habilidad actual de aniquilar millones de personas y otras formas de vida con una explosión nuclear.

El nivel actual de complejidad, presuntamente inteligente, significa que tenemos la capacidad de destruir toda la vida en nuestro planeta con las armas que hemos acumulado. Este peligroso estado ha surgido porque hemos ignorado el principio básico del Tao Te Ching, particularmente como enfatiza la sabiduría infinita de este verso: "Las armas sirven a la maldad. Son herramientas de aquellos que se oponen a los preceptos de la sabiduría."

Creo que Lao-Tsé no hablaba solamente de las armas físicas, sino también de las conductas no físicas que son iguales de destructivas. Estas incluyen palabras violentas, gestos y amenazas que no forman parte de la naturaleza más elevada de la humanidad. Si usted cambia la forma de ver su mundo, debe incluir su lenguaje y su comportamiento. ¿Demuestra que es una persona que valora la vida en todos sus aspectos? ¿Es alguien que no emplearía cualquier tipo de armas —físicas o no— contra otra persona, a menos que haya agotado cualquier otra alternativa? Y luego, si ha sido forzado a herir a otra persona, ¿es capaz de sentir compasión hacia su supuesto enemigo? Las armas designadas para matar son inconsistentes con la esencia básica del Tao. Por consiguiente, debe hacer todo el esfuerzo para estar en paz y armonía con su energía dadora de vida.

La proliferación masiva de armas en nuestra sociedad moderna es un enorme paso alejado de la naturaleza más elevada de la humanidad. Reemplace su posición de defender el derecho a poseer y usar armas por la conciencia del Tao. Busque más bien aspirar a que llegue una época en que nuestra energía humana colectiva se eleve a tal estado, que sea imposible siquiera contemplar la idea de matar. Puede comenzar a hacerlo cambiando la forma en que considera la necesidad de armas. Esto comienza con cada uno de nosotros, si prestamos atención a lo que el Tao Te Ching nos enseña. Haciendo de este verso su llamado personal, tiene la habilidad de salvar nuestro planeta de convertirse en un planeta sin vida.

Esto es lo que creo que Lao-Tsé le está diciendo personalmente desde su perspectiva de hace 2,500 años:

Comience a ver el uso de las armas físicas o verbales como respuestas indeseadas

Cambie su necesidad de defenderse a una postura de comprender que esto es una evidencia de que está ignorando las enseñanzas de la Fuente de su ser. Rehúse considerar el uso de armas de violencia en cualquier forma, advirtiendo su lenguaje y aboliendo el odio de su vocabulario. Reemplace defender su derecho de poseer y usar armas con la actitud de que toda muerte debida a dichos instrumentos, es señal de alejamiento de la sabiduría del Tao. Cuando suficientes de entre nosotros alcancemos una masa crítica en nuestros pensamientos para llegar a prohibir la existencia de armas, estaremos moviendo la dirección de nuestro mundo. Ya no seremos capaces de evaluar el nivel de civilización del planeta según la complejidad de nuestras armas. Más bien, la medida será la escala del Tao y qué tanto somos capaces de sustentarnos y amarnos mutuamente. Entonces, ser civiles validará la raíz de la palabra *civilización*.

Deje de celebrar la muerte o la violencia en cualquier forma

Aléjese en lo posible de todas las imágenes de muerte, incluyendo películas o programas de televisión que representen asesinatos como forma de diversión, así como informes de noticias que enfaticen la extinción de la vida. Enseñe a sus hijos, y a todos los niños, a santificar la vida. Anímelos para que no sientan placer ante la muerte de los llamados enemigos, terroristas o insurgentes; todas estas muertes, ya sean en un campo de batalla o en una calle urbana, son evidencia de nuestro deseo colectivo de matar. Y no demuestre odio ni agresividad; más bien, enséñese a sí mismo y a los demás, que toda victoria conseguida con armas es un funeral en donde debe llorarse la muerte.

Practique el Tao ahora

Diga hoy una oración personal por cada persona que lea o escuche que haya sido víctima de asesinato por un arma, sin importar la distancia.

Verso 32

El Tao eterno no tiene nombre.
Aunque sencillo y sutil,
nadie en el mundo puede dominarlo.

Si los reyes y señores pudieran regirlas,
las 10,000 cosas obedecerían naturalmente.
El cielo y la tierra se deleitarían,
con cada gota de dulce rocío.
Todo el mundo viviría en armonía,
no por decreto oficial,
sino por su propia bondad.

Una vez que el todo es dividido, las partes precisan de nombre.
Ya hay suficientes nombres;
aprende cuando parar.
Aprende cuando la razón impone límites
para evitar el peligro.

Los ríos y los arroyos nacen en el océano,
y toda la creación nace del Tao.
Al igual que el agua fluye de regreso para convertirse en el océano,
toda la creación fluye de regreso para convertirse en el Tao.

Vivir la bondad perfecta del Tao

En este verso, Lao-Tsé describe el éxtasis de estar verdaderamente en la misma página de su Fuente. Lo que usted podría describir como sinceridad o alegría, es el flujo "sencillo y sutil" de la energía del Tao responsable de toda la vida..., y ningún esfuerzo de su parte es necesario.

Lao-Tsé abre este verso con un recordatorio de que nadie —ni usted, yo, ni incluso el rey o dictador más poderoso— puede controlar o dominar esta fuerza conocida como el Tao. Si estuviera bajo nuestro control, toda la naturaleza y sus 10,000 cosas celebrarían porque estaríamos en paz y armonía. Cuando somos capaces de vivir y respirar la bondad perfecta que es el Tao, cesan de existir las guerras, hambrunas, conflictos y otras creaciones negativas humanas. El desafío presentado en este verso 32 del Tao Te Ching es cómo vivir en nuestro mundo físico en unión con el Tao eterno, siempre moldeando y siempre creando.

Busque lo que desea atraer a su vida; luego, en el contexto de este dulce verso, sienta gratitud por todo lo que encuentra en ella. Exprese agradecimiento por dejarse fluir en su existencia y permitirle que sea su aliada. Puede dirigirla y aun así disfrutar de este paseo glorioso, pero si elige luchar contra ella, terminará por ser arrastrado bajo su corriente. Esto es cierto en todos los aspectos de su vida: cuanto más lucha en su contra, más resistencia creará.

Sea consciente de todo aquello que lo esté dirigiendo hacia actividades que enciendan verdaderamente su pasión. Si parece que hay eventos que lo están llevando hacia una nueva dirección en su trabajo, por ejemplo, o señales que le indican que cambie de trabajo o de lugar, ¡preste atención! No se deje arrastrar rehusando desplazarse y continuando con una rutina familiar frustrante, y por lo tanto justificando su miedo al cambio. Reconozca la energía del Tao recorriendo su vida y deje de luchar contra su llamado.

Todos los días del verano observo aquí en Maui a mi joven hijo sobre su tabla de surfear. Le encanta la emoción que siente cuando acelera al ir con la ola; no está intentando controlarla prolongándola, ni forzándola a moverse en una dirección diferente. Uso esto como una metáfora para mi vida, pues escribo siguiendo el flujo. Permito que los pensamientos y las ideas lleguen y se trasladen a la página. Me permito ser llevado por la gran ola del Tao en todas mis decisiones, y esto me trae paz. Porque confío en la bondad perfecta del Tao para guiarme, dirigirme y llevarme donde sea.

Usted y yo somos como los ríos y los arroyos que Lao-Tsé menciona en este verso. Nacimos del Tao, nuestra Fuente del ser, y estamos regresando al Tao. El viaje de regreso es inevitable; no puede detenerse. Observe su cuerpo pasar por sus cambios, advirtiendo que lo hace de la misma manera que los ríos se dirigen al océano para emerger de nuevo y convertirse en uno con él.

Lao-Tsé le pide encarecidamente que aprenda cuándo dejar de impulsarse, aconsejándole que más bien se lance en la unicidad y evite toda suerte de dificultades que él llama su "peligro." Fluya con el Tao en todo lo que hace. Renuncie a la necesidad de estar en control, la cual es solamente su ego trabajando horas extras. Usted no puede forzar el Tao... deje que lo lleve relajándose en él con fe y confianza.

Mientras esté de paso por esta onda gloriosa del Tao, considere este consejo de Alan Watts en *Tao: The Watercourse Way:*

> Deja que tus oídos escuchen lo que desean escuchar; deja que tus ojos vean lo que desean ver; deja que tu mente piense lo que desea pensar; deja que tus pulmones respiren a su propio ritmo. No esperes ningún resultado especial, pues en este estado mudo y sin ideas, ¿dónde puede haber pasado o futuro, y dónde cualquier noción de propósito?

Deténgase, observe y escuche ahora mismo antes de seguir leyendo. Sí, entre en la bondad perfecta del Tao ahora mismo; en sus negocios, en sus relaciones, en su profesión, ¡en su todo! Deténgase, escuche su pasión, y luego permítase ser llevado ahí por la onda incesante de toda creación, la que continúa a pesar de las opiniones de su ego.

Esto es lo que Lao-Tsé parece decirle, a través de mí, respecto a implementar la idea de este verso 32 del Tao Te Ching:

Preste atención al flujo de su vida

Recuerde que no tiene que estar en control, que de hecho, es *imposible* estar en control. La fuerza sin nombre, como llama Lao-Tsé al Tao, mueve todo, por lo tanto, su lucha continua contra él, sólo causa descontento. Cada día, practique dejar ir y ver hacia dónde es dirigido. Tome nota de quién aparece y cuándo. Observe las "coincidencias extrañas" que parecen colaborar con el destino y de alguna forma llevarlo en una nueva dirección. Siga la huella de las situaciones que ocurren espontáneamente o fuera del dominio de su control.

Busque un sentimiento nuevo y alegre en su interior

Cuando se mueve hacia "soltar las riendas", por decirlo de alguna manera, se familiariza de una manera penetrante con la euforia del Tao fluyendo a través suyo. Comience por ver qué pasiones son provocadas cuando se permite ser dirigido por su Fuente en vez de por el ego. Estos sentimientos alegres son claves de que está comenzando a armonizar con lo que Lao-Tsé llama "[su] propia bondad." Su receptividad interior ardiente es su recordatorio de que todo es perfecto, confíe en esa energía.

Practique el Tao ahora

Elija hoy un momento, quizá entre el mediodía y las 4 de la tarde, para liberar conscientemente su mente de intentar controlar los eventos de su vida. Salga a dar un paseo y simplemente déjese llevar: deje que sus pies vayan donde quieran. Observe todo en su campo de visión. Advierta su aliento, los sonidos que escucha, el viento, las formaciones de las nubes, la humedad, la temperatura; todo. Simplemente, déjese sumergir y transportar, y advierta cómo siente al dejarse fluir. Ahora decida que la libertad sea su guía. Comprenda que el tráfico, las personas en su vida, la bolsa de valores, el clima, las mareas, todo está tomando lugar a su propio ritmo a su propia manera. Usted puede moverse también con el Tao eterno y perfecto. *Así sea...*, ahora.

Verso 33

Aquel que comprende a los demás posee conocimiento;
aquel que se comprende a sí mismo posee sabiduría.
Dominar a los demás requiere fuerza;
dominarse a sí mismo requiere fortaleza.

Si comprendes que tienes lo suficiente,
eres verdaderamente rico.

Aquel que se entrega a su posición
con certeza vive largo tiempo.
Aquel que se entrega al Tao,
con certeza vive para siempre.

$\mathcal{V}$ivir el autocontrol

En nuestro mundo moderno, una persona educada se considera generalmente alguien con varios diplomas, que está en una posición de discutir con inteligencia todo tipo de temas, en particular en el campo académico. Además de acumular créditos escolares, las personas muy cultas a menudo comprenden y ayudan a los demás. De hecho, ellos parecen poseer la habilidad de "leer" a otras personas de manera impresionante. El poder y el estatus de estos individuos tienden a incrementarse en proporción al número de hombres y mujeres que tienen a su cargo, como el caso del rector de una universidad, el gerente general de una empresa o el general de un ejército.

En este verso 33 del Tao Te Ching, Lao-Tsé le pide que cambie su manera de ver estas dos ideas semejantes: *conocimiento* y *poder*. Se le invita a evaluar su nivel de autocontrol girando su atención hacia su interior, y observando bajo una nueva luz al mundo y su lugar en él. Una vida orientada en el Tao se enfoca en la comprensión de sí mismo, en vez de en las ideas y conductas de los demás. Usted cambia de adquirir información y búsqueda de símbolos de estatus, a comprender y controlarse a sí mismo en cualquier situación. El poder sobre los demás es reemplazado con una fortaleza interior, que lo empodera para conducirse desde una sabiduría inherente al Tao.

Cuando modifica su manera de pensar, su mundo experimenta cambios dramáticos. Por ejemplo, cuando se da cuenta que es responsable de sus reacciones en un momento dado, los demás dejan de tener poder o control sobre usted. En vez de preocuparse: *¿Por qué está esa persona actuando de esa manera y haciéndome sentir tan molesto?*, usted puede ver la situación como una invitación para explorarse desde una nueva actitud de autocontrol. Su exploración interior le permite el flujo de respuestas interiores, examinándolas con tolerancia dirigida hacia sí mismo. Al buscar *su* flujo de ideas, y sencillamente dejarse llevar por ellas, la conducta de esa otra persona pierde de inmediato su potencia. Usted comienza a ver su mundo cubierto de la armonía del Tao, eterna (¡e *in*ternamente!) fluyendo a través suyo.

En cualquier situación —ya sea bajo la autoridad de la "familia", "trabajo", o "grupo social"; o incluso, solamente viendo las atrocidades descritas en los noticieros de la tarde— comprenderá que no existen "otros" que tienen poder sobre usted. Al rehusarse a entregarle el control de su existencia a otra persona o circunstancia, ejercita su fortaleza personal en vez de la fuerza. Estará, en efecto, experimentando el autocontrol, y este nuevo estado de dominio interno se habrá producido como resultado de haber elegido vivir de acuerdo con el Tao. Usted no necesita la aprobación de los demás ni otra posesión para ser feliz; solamente debe comprender que es un pedazo divino del Tao eterno, siempre conectado a esa esencia infinita.

Lao-Tsé compara la habilidad de observar en nuestro interior la Fuente de la iluminación y la fortaleza con la vida eterna. Le recuerda que aunque cosas externas como el conocimiento y el poder sobre los demás pueden brindarle una larga vida, cambiar al autocontrol le ofrece sabiduría perdurable y un pasaje a la inmortalidad.

Esto es lo que este gran maestro desea que usted aprenda de este verso del Tao Te Ching y lo aplique a su mundo:

Enfóquese en comprenderse a sí mismo en vez de reprochar a los demás

Cuando esté ansioso, sufriendo, o incluso ligeramente molesto debido a la conducta de alguna persona, aleje su enfoque de los responsables de su desgracia interior. Cambie su energía mental para permitirse sentir lo que sea que esté sintiendo, deje que el Tao fluya libremente, sin reprochar a nadie por su sentimiento. ¡Tampoco se reproche a sí mismo! Sólo permita que el Tao se manifieste... repítase que nadie tiene el poder de hacer que se sienta incómodo sin su consentimiento, y que no está dispuesto a otorgarle esa autoridad a esa persona ahora mismo. Pero *sí* está dispuesto a experimentar libremente sus emociones sin llamarlas "malas" ni tener que alejarlas. ¡Fluya en el Tao ahora! De esta manera con este sencillo ejercicio, en el momento de su incomodidad, habrá dado un giro hacia el autocontrol.

Es importante eludir el reproche e incluso su deseo de comprender a la otra persona; más bien, enfóquese en comprenderse a *sí mismo*. Asumiendo responsabilidad por lo que elige responder a cualquier cosa o a cualquier persona, se está alineando con el Tao. Cambie la forma en que elige percibir el poder que otros tienen sobre usted y verá un nuevo mundo resplandeciente de potencial ilimitado.

Cultive su deseo de que los demás descubran el Tao en sus vidas

Descarte cualquier deseo de ejercer poder sobre los demás por medio de la naturaleza enérgica de sus acciones y su personalidad. El ego cree que los demás son incapaces de manejar sus propias vidas y desea controlarlas con fuerza, demuestre entonces su fortaleza interna abandonando dichas tácticas. Atrápese cuando esté a punto de decirle a los demás cómo "deberían" ser. Use la oportunidad para practicar permitirles aprender sus propias lecciones sin su intervención. Advierta con qué frecuencia trata de usar fuerza verbal para convencer a otros de que lo escuchen. Recuerde permanecer callado y enviar energía amorosa. Practique esta clase de autocontrol aunque sea algo muy raro en el mundo moderno. Usted es lo suficientemente fuerte como para confiar en el Tao.

Cuando sus juicios predominan, se desacelera el flujo del Tao. Vea cómo el mundo cambia verdaderamente justo ante sus ojos, cuándo sinceramente desea que los otros sigan sus propios caminos en la vida, llevándolos a comprender la grandeza del Tao. Todos aquellos que antes parecían necesitarlo para que usted les dijera qué hacer o cómo vivir, son iguales a usted en la sabiduría y la fortaleza del Tao.

Practique el Tao ahora

Hoy, practique experimentar la manifestación del Tao con alguien que por lo general lo perturbe. Inicie conscientemente una conversación con ese familiar político, ex-esposo, colega pendenciero o familiar, invitando al Tao para que fluya libremente. Advierta cómo, qué y dónde siente; permanezca cálida y tolerantemente en contacto con las sensaciones en el interior de su cuerpo. Acaba de entrar en el espacio del autocontrol.

Esto es lo que dice *Un curso de milagros* sobre este verso del Tao Te Ching: "Esto es lo único que tienes que hacer para conseguir la visión, la felicidad, y para liberarte del dolor...; di solamente esto, pero dilo con toda honestidad...: *Soy responsable de lo que veo. Elijo los sentimientos que experimento...*"

Verso 34

El Gran Camino es universal;
puede aplicarse a la izquierda o a la derecha.
Todos los seres dependen de él para la vida;
aun así, no los posee.

Logra su propósito,
pero no hace alarde de eso.
Cubre todas las criaturas como el cielo,
pero no las domina.

Todas las cosas regresan a él pues es su hogar,
pero él no gobierna sobre ellas;
de tal manera, que puede ser llamado "grandioso".

El sabio imita esta conducta:
No reclamando grandeza,
el sabio la alcanza.

$\mathcal{V}$ivir el Gran Camino

En este verso, Lao-Tsé le pide que evalúe de nuevo su percepción de la grandeza. Las definiciones típicas tienden a centrarse en la cantidad de fama y fortuna que un individuo acumula durante su vida. Como enfatiza el verso anterior, el poder de dominar y controlar a los demás también puede ser usado como un punto de referencia para esta cualidad: los comandantes de grandes ejércitos y los jefes de estado que atraen atención mundial son considerados grandiosos. No obstante, los grandes hombres o las grandes mujeres a menudo son considerados como instrumentales en el suceso del curso de los eventos humanos en una forma positiva, haciendo que el mundo sea un mejor lugar a un nivel local o global. La grandeza, entonces, es una aclamación hecha por o atribuida a los individuos que sobresalen de la multitud.

El verso 34 del Tao Te Ching describe la grandeza de una manera completamente diferente: dicha cualidad es el Tao, que lo abarca todo de forma tal que cada planta, criatura y ser humano se origina en él y, sin embargo, no busca dominar a nadie ni a nada. No pide reconocimiento de ningún tipo, pues no tiene interés en la fama ni en recibir agradecimiento por lo que provee. Es esta indiferencia hacia la notoriedad lo que genera verdadera grandeza.

Cuando cambie su manera de pensar respecto a esta cualidad, verá su mundo de una manera completamente nueva: ya no estará estimando apariencias y acumulaciones, y ya no advertirá qué tanto poder usa usted o alguien más para ejercer dominio o control sobre los demás. Más bien, su nueva forma de pensar le permitirá buscar la manifestación del Tao en todo aquel que ve. Quizá por primera vez, advertirá la grandeza en los demás, así como en sí mismo, en función del Tao que lo incluye todo. Será capaz de ver el cielo y su grandeza, que no exige absolutamente nada a cambio.

Al cambiar su visión doctrinada de grandeza, comenzará a ver un mundo diferente. Verá la importancia de todos, incluyendo aquellos individuos que había identificado previamente como difíciles o poco razonables. Comenzará a ver que la santidad que fermenta las galaxias está trabajando en usted, en mí y en todos. Comenzará a confiar en que la grandeza es el patrimonio de todos los seres. El Tao está en todas partes; por lo tanto, esta cualidad será visible en todas las cosas y personas.

Estas son mis sugerencias para aplicar el verso 34 del Tao Te Ching en su vida diaria:

Deje de decidir lo que los demás deberían o no deberían estar haciendo

Evite pensamientos y actividades respecto a decirles qué tienen que hacer a las personas que son perfectamente capaces de tomar sus propias decisiones. En su familia, recuerde que usted no posee a nadie. El poeta Kahlil Gibrán le recuerda:

Tus hijos no son tus hijos.
Son los hijos y las hijas de la Vida deseosa de sí misma.
Ellos vienen a través de ti, pero no de ti...

Esto siempre es verdad. De hecho, deje a un lado cualquier inclinación a dominar en *todas* sus relaciones. Escuche en vez de explicarse. Préstese atención a sí mismo cuando esté emitiendo opiniones críticas y vea donde lo lleva está atención. Cuando reemplace la mentalidad de ser dueño de algo o de alguien por una mentalidad de permitir, comenzará a ver la verdadera manifestación del Tao en usted y en los demás. Desde ese momento, se liberará de frustraciones causadas por aquellos que no actúan de acuerdo a sus expectativas dominadas por el ego.

Descubra una nueva definición de grandeza

Ofrézcase una definición que no use ninguno de los estándares de apariencias o medidas externas tradicionales de éxito. Advierta a aquellos que son generosos, no alardean, ayudan a los demás, y no aceptan reconocimientos o créditos, y póngalos en su lista de personas grandiosas. Anímese a practicar estas mismas conductas. Comience a notar cómo el Tao está siempre fluyendo de una manera que todo lo provee, no hace alardes, no exige nada y no posee nada. ¿Puede ver lo grandioso que es en verdad? Hay muchas personas en su vida diaria haciendo lo mismo. Búsquelas y reconózcalas imitando en silencio lo que ellos hacen. Recuerde que un gran sabio nunca pretende ser dueño de la grandeza; cuando cambie su definición, observará esa cualidad apareciendo en todas partes, especialmente en su interior.

Practique el Tao ahora

Tome la decisión de pasar un día buscando a varias personas que se ajusten al modelo de este verso del Tao Te Ching. Transmítales en silencio que usted percibe su grandeza como una manifestación del Tao. Luego advierta cómo sus relaciones con ellos cambian cuando no los está juzgando según su edad, género sexual, cargo profesional, conducta, forma de vestir, altura, peso, color de piel, religión o creencias políticas.

Verso 35

Todos los hombres llegarán a aquél
que sigue al único.
Vuelan en manada hacia él sin lastimarse,
pues en él encuentran paz, seguridad y felicidad.

La música y las comidas son placeres pasajeros,
sin embargo, hacen que la gente se detenga.
¡Qué insípidas e insulsas son las cosas de este mundo
cuando uno las compara con el Tao!

Cuando lo buscas, no hay nada que ver.
Cuando lo escuchas, no hay nada que oír.
Cuando lo usas, no puede agotarse.

Vivir más allá de los placeres mundanos

Espere unos momentos antes de leer este capítulo y formúlese las siguientes preguntas: *Cuando pienso en el placer, ¿qué actividades vienen primero a mi mente? ¿cómo distingo entre lo que me parece divertido y lo que no?*

Generalmente, el placer se describe como algo que experimentan los sentidos y está aquí en el mundo de la forma. Quizá lo experimenta en una cena exquisita, escuchando su música favorita, jugando golf, pero es sin duda una fuerza motivadora. Sin embargo, pueden ocurrir problemas cuando dichas actividades se convierten en el enfoque primordial de su vida. En otras palabras, un énfasis en los placeres mundanos puede muy fácilmente crear un desequilibrio en su sistema, produciendo molestias y enfermedades. La obesidad, los desórdenes alimenticios, el abuso de las drogas y el alcohol, las adicciones de todo tipo y el interés en la cirugía plástica, son solamente unos cuantos de los resultados indeseables.

Casi todo aquello que es definido como placentero es temporal, si lo necesita entonces cada vez más y más, se ha apoderado de usted. Lo que desea con tanta intensidad se ha convertido en su carcelero, atrapándolo hasta hacerlo creer que le brindará paz, seguridad o felicidad..., pero nunca lo hace. Los placeres mundanos solamente lo seducen para hacerlo dependiente de ellos y siempre lo dejan deseando más. Es un ansia que nunca puede ser satisfecha: usted necesita otra comida exquisita para sentir de nuevo ese placer, porque se desvaneció casi inmediatamente después de terminarse el postre. Necesita seguir escuchando música porque cuando se detiene, también se acaba su diversión. Todas las adicciones gritan desaforadamente este deprimente mensaje: "Jamás tendrás suficiente de lo que no deseas".

Compare este cuadro poco prometedor de placer que Lao-Tsé llama "insípido e insulso", con el éxtasis del Tao. Sólo por un momento, imagínese tener la perspectiva del Tao mientras lee este verso, y vea si puede cambiar la forma en que considera esta idea del placer. Los beneficios de tener un concepto que armoniza con el Tao están señalados en las primeras líneas: todas las personas volarán en manada hacia usted, y encontrarán paz, seguridad y felicidad al hacerlo. La razón por la que ellos descubren estas tres joyas es que *usted* destila dichas cualidades. Su énfasis está en el Tao: es quien usted es y, por consiguiente, lo que tiene para entregar.

Ahora usted está cambiando la forma en que ve las cosas, su idea de placer cambia más allá de los estímulos mundanos de sus sentidos. Prueba su comida, pero se siente fascinado ante la magia que producen las delicias que está consumiendo, así como ante la perfección de este ciclo increíble que continúa en la eliminación y la reutilización de lo que ha consumido. La constante tras este mundo siempre cambiante se convierte en su nueva Fuente de placer, expresada en la maravilla y la perplejidad que siente. Sí, desde luego que sigue disfrutando de sus comidas, pero su placer se encuentra en ser uno con aquello que permite que todo ocurra.

Sabe que no puede encontrar, escuchar, ver o tocar la Fuente, sin embargo, está siempre disponible y jamás puede agotarse. La música que escucha no es el Tao; el Tao es la energía invisible que llena los espacios vacíos que le proporcionan tanta alegría. Y esa felicidad que siente es el placer eternamente disponible y añorado de trascender las limitaciones físicas del cuerpo humano. Tocar el Tao va más allá de cualquier placer sensorial que de alguna forma creemos que pueda satisfacer esas ansias de trascendencia.

Es imposible tener adicciones porque ya no está en pos de actividades mundanas para su satisfacción. Es como comprender que puede volar cuando ha estado caminando cada vez más rápido, pero sin llegar nunca a tener suficiente velocidad o altitud; sigue tratando de satisfacer un ansia natural de estar en vuelo a través del placer de caminar rápidamente. Ahora observa cómo fluye la naturaleza: ve claramente que ella nunca pide más, nunca consume más, y absolutamente nunca exige más provisiones de las necesarias para mantener un equilibrio perfecto. El dominio de los placeres pasajeros deja de ser su lugar central de autoidentificación. Usted está en paz, se siente seguro y feliz, porque ha cambiado su visión del mundo para incluir al Tao infinito... ¿Cómo pueden las adicciones tan siquiera compararse con esto?

Imagínese un adicto a la heroína creyendo que la paz, la seguridad y la felicidad están disponibles en un suministro inagotable de narcóticos. Este escenario es imposible porque el placer que brindan las drogas dura solamente unos pocos segundos, y luego surge el opuesto de paz, seguridad y felicidad. El adicto sigue tratando de volar caminando más rápido; y termina por despreciar su vida y destruirse en el proceso. Tal es el destino de los que buscan los placeres del mundo de los sentidos para satisfacer sus ansias, y su habilidad natural de trascender el plano físico.

Esto es lo que Lao-Tsé le ofrece en su profundo verso del Tao Te Ching:

Advierta la dicha eterna que está siempre con usted;
¡incluso cuando los manjares están fuera de su vista!

Cambie su concepto de que usted es un ser totalmente físico. Más bien, reconozca que los placeres mundanos que tienden a llevarse a extremos, son intentos de trascender lo físico, lo cual no sucederá si no se conecta con su estado natural en el Tao. Deje de considerar equivalentes las delicias sensoriales con la dicha inspirada en el Tao que está disponible para usted. Disfrute de todas sus experiencias a través de los sentidos: ame sus comidas exquisitas, deléitese en las melodías de su música favorita, agradezca la excitación de su energía sexual. Pero comprenda que todo esto proviene de su ser sensorial, que es felizmente adaptable a este mundo. Luego busque su "ser en el Tao", que trasciende lo físico y explore *sus* placeres.

Examine de nuevo lo que significa la diversión verdadera y duradera. Aunque al principio los efectos del Tao puedan no ser llamativos para su vista, oído, tacto, gusto y olfato, ellos saciarán el anhelo que está tratando de saciar con actividades mundanas. Cuando esté tras un antojo pasajero comience a reconocer su valor aquí y ahora, pero deje de intentar obtener que satisfaga un anhelo mayor.

Ponga en práctica el agradecimiento trascendental en su vida diaria

Todos los días agradezca la presencia del Tao eterno que está siempre con usted. Desde una visión de gratitud, el mundo que antes deseaba comenzará a lucir diferente. En la percepción de gratitud del Tao, los sentimientos de sentirse incompleto cuando no están disponibles los placeres mundanos, son reemplazados con gratitud trascendental. Lo que solía ser una necesidad por un placer mundano es reemplazada con gratitud y alegría al estar consciente del aspecto suyo que es el Tao, libre de limitaciones y confinamientos físicos y terrenales. Vivir en aprecio consciente del Tao atrae más personas y experiencias, enriqueciendo su equilibrio de percepción mortal y eterna. Ábrase al amor ilimitado y a la abundancia del Tao y atraerá más del mismo amor y abundancia hacia usted. Su mundo ha cambiado porque ahora ve el Tao en donde previamente veía su ser mortal necesitado de placeres mundanos.

Practique el Tao ahora

Ayune durante 24 horas. Cuando el hambre lo acose, gire sus pensamientos hacia la gratitud por la fuerza eterna que está siempre con usted. Deje que su ser físico sepa que será alimentado una vez que el ayuno termine, y luego gire hacia el ser en el Tao que no es consciente del hambre. Disfrute de la naturaleza distinta del ser en el Tao, concentrándose en localizar su energía fluyendo a través de su cuerpo. Se revelará a sí misma, quizá en forma de alegría, euforia o dicha. Advierta la diferencia en cómo se siente esto comparado con los placeres mundanos.

Verso 36

Si deseas tener algo,
debes dejarlo expandir a sabiendas.
Si deseas atenuar algo,
debes dejarlo crecer a sabiendas.
Si deseas eliminar algo,
debes dejarlo prosperar a sabiendas.
Si deseas alejar algo,
debes permitirle su acceso a sabiendas.

La lección es llamada
la sabiduría de la oscuridad.
Lo suave supera lo fuerte.
Lo oscuro supera lo obvio.

El pez no puede dejar las aguas profundas,
y las armas de un país no deben ser desplegadas.

Vivir en oscuridad

Una gran parte de nuestras vidas mientras crecíamos giraba en torno a las palabras *¡Mírame!* Le enseñaron que cuanta más atención recibía en particular por ser una "buena personita", más estatus y aprobación recibiría de sus compañeros (así como de los adultos que conocía). Le dijeron: conviértete en el número uno, gana esa medalla de oro, gana ese campeonato, obtén las mejores calificaciones, sé el estudiante más sobresaliente de tu clase, consigue entrar en la mejor universidad, acumula trofeos y similares. Dichas lecciones eran todas cuestión de sobresalir de la multitud y evaluarse según su posición en la competencia con todos aquellos que lo rodeaban.

Cuando cambia la forma de pensar respecto a su lugar en el gran esquema de las cosas, descubrirá que "la sabiduría de la oscuridad" le permitirá eliminar la competencia de su vida y retirarse a una fortaleza silenciosa. En otras palabras, Lao-Tsé le está pidiendo que se tome las cosas con calma y base su visión en un criterio completamente nuevo. Al hacerlo, su mundo comenzará a reflejar un alma afable y discreta que supera a aquellos que miden su fortaleza según el estatus que tienen en comparación con sus semejantes.

Este verso comienza con la idea de comprender la naturaleza de la dicotomía del mundo material y luego lo estimula para que se convierta en un observador astuto de su vida. Sentirse de poca importancia significa que debe saber lo que es ser importante; la idea de ser débil surge de saber lo que es sentirse fuerte. Como nos recuerda una traducción del Tao Te Ching (*The Way of Life According to Lao Tzu*, por Witter Bynner):

> *Aquel que se siente punzado*
> *debe haber sido una burbuja alguna vez.*
> *Aquel que se siente desarmado*
> *debe haber llevado armas.*
> *Aquel que se siente despojado*
> *debe haber sido privilegiado...*

Evite las trampas de sentirse débil, poco importante, estresado o temeroso, trascendiendo la idea de que usted llegó ahí en primer lugar. Mantenga en mente que si se siente débil, debe haber tenido la percepción opuesta de sentirse fuerte por lo menos una vez. Si experimenta el estrés, tiene una idea de lo que es no sentirse estresado. Al independizarse de la necesidad de compararse y adaptarse, elige el sendero que Lao-Tsé llama "la sabiduría de la oscuridad"; es decir, libera su necesidad de ser más *de algo* ante los ojos de los demás.

Lao-Tsé concluye este verso elegante con la metáfora de un pez dejando las aguas profundas; cuando los peces tratan de examinar la superficie y ven el "grandioso mundo" más allá de esas profundidades no sobreviven, pues son capturados por una red. Así pues, usted encuentra la gran lección de este verso 36: permanezca bajo el radar y superará a todos aquellos que se esfuerzan por ser reconocidos. Cuando gira hacia esta visión, su deseo de oscuridad eclipsará su necesidad de ser visto como alguien fuerte y por encima de los demás, ¡y no terminará solo en su cuarto de trofeos!

Esto es lo que Lao-Tsé le ofrece desde hace 25 siglos, cuando dictó este maravilloso volumen de sabiduría:

Esfuércese por conocer la unicidad
buscando comprender los opuestos

Haga lo posible por permanecer en un estado de unicidad en su mente. Por ejemplo, si está cansado, recuerde que sabe cómo se siente estar descansado. Reconozca los sentimientos opuestos para que conozca ambos al mismo tiempo. Haga esto con cualquier sensación: si está deprimido, débil, celoso, o se siente poco amado —cualquier sensación— la antítesis de lo que está sufriendo está en su marco de experiencia interior. Busque el sentimiento opuesto justo en el momento y sea uno con él en su mente. Esto le ofrecerá una sensación equilibrada de estar en paz en su interior. Esta es la unicidad, en donde recrea los extremos y usa su mente para ser como el Tao, que nunca divide nada. ¿Cómo puede romperse la unicidad? No existiría si pudiera dividirse.

Apártese y dé cabida a los demás

Supervise sus inclinaciones a compararse con los demás o a permanecer en el "sistema." Un sistema está designado para hacer que usted se comporte como todos los demás, ingeniándoselas para hacer comparaciones y determinar así su éxito o felicidad. El Tao Te Ching le pide que busque la oscuridad: atraiga poca o ninguna atención hacia usted y no pida ser reconocido. Más bien, conceda, conceda, conceda.

Deje que los demás prosperen, aumentando su fortaleza y popularidad. Como dice Lao-Tsé: debe otorgarle el derecho de expandirse a los demás a sabiendas, pero aprenda del pez que sobrevive y permanezca en las aguas profundas de su alma guiada por el Tao.

Practique el Tao ahora

Dedíquese a la tarea de pasar, en lo posible, un día en un segundo plano. Reprima las inclinaciones de compararse con alguien o de llamar la atención. Puede lograrlo haciendo el compromiso de interesarse hoy en los demás, sustituyendo el pronombre *yo* por *tú*. En vez de decir: "Realicé por años este tipo de trabajo, déjame decirte cómo debes proceder", comente: "Parece que te está yendo muy bien en tu nueva empresa". En el lenguaje del Tao permanezca suave y gentil, y perdurará.

Verso 37

El Tao no hace nada,
pero no deja nada sin terminar.

Si hombres poderosos
pudieran centrase en él,
el mundo entero se transformaría
por sí mismo en su ritmo natural.

Cuando la vida es simple,
las pretensiones se desmoronan;
nuestra naturaleza esencial sale a la luz.

Cuando no hay deseo, hay calma,
y el mundo se endereza.
Cuando hay silencio,
uno encuentra el ancla del universo en su interior.

$\mathcal{V}$ivir en simplicidad

Llamo a este verso del Tao Te Ching: "Muérdete la lengua y sella tus labios". La paradoja inherente a las dos líneas del comienzo me intriga enormemente: "El Tao no hace, pero no deja nada sin terminar". Sólo imagínese lo que nos dicen que consideremos en este verso: no hace nada y todo se hace. Obviamente, contradice todo lo que nos han enseñado. No hacer nada en nuestra cultura sugiere un individuo perezoso, sin éxito y muy posiblemente inútil. Entonces, durante unos instantes modifiquemos el concepto respecto a vivir simplemente y no hacer nada.

De todos los problemas que reportan los medios de comunicación —incluyendo guerras, terrorismo, hambruna, odio, crímenes y enfermedades— ¿cuántos son el resultado de interferir con el desarrollo natural de la creación? ¿Cuánta de nuestra naturaleza esencial y de nuestro planeta es capaz de salir a la luz? ¿Cómo sería la tierra si los gobiernos no se inmiscuyeran en las vidas de los demás? ¿Qué tal que nadie fuera percibido como un enemigo? ¿Podría existir un mundo en dónde los grupos de personas nunca se unieran para controlar a los demás, invadir ni conquistar? ¿Y donde los océanos, montañas, recursos naturales, el aire, las plantas y los animales fueran respetados y pudieran prosperar sin ninguna interferencia? Suponga que dicho lugar de simplicidad y ausencia de interferencia existiera... actuaría exactamente como lo hace el Tao: no haciendo nada y no dejando nada sin hacer.

Ahora sálgase de este escenario tan imaginativo y comience a reconsiderar lo que significa este pasaje, según el concepto de individuos poderosos transformando el mundo. Cuando ellos interfieren con los ritmos naturales, terminan por crear dificultades inconsistentes con el Tao. Intente visualizar grandes líderes que están más bien centrados en el Tao; ellos se muerden la lengua y sellan sus labios en vez de actuar de forma hostil, y rehúsan participar en actividades que perjudican a cualquier cosa en el planeta. Sí, esto puede ser una fantasía, pero no es una imposibilidad cuando usted piensa como un sabio y está centrado en el Tao.

El verso 37 del Tao Te Ching también puede ayudarlo a cambiar la forma en que se ve a sí mismo. Digamos que está acostumbrado a equiparar la idea de éxito con un tipo de persona que asume el control. Cree que este individuo le asigna responsabilidades a los demás porque es un líder dispuesto y capaz de decirles qué hacer y cómo hacerlo. Y bien, esta visión está completamente fuera de armonía con el Tao, que "no hace nada" y "no deja nada sin terminar". Cuando altera la forma de ver su propio poder y éxito, comienza a reemplazar los deseos intensos por complacencia calmada. Cuando comience a permitir que su verdadera naturaleza —el ancla del universo— salga a la luz, reconocerá que la forma en que ve las cosas ha cambiado por completo.

He usado esta lección de simplicidad al lidiar con todos mis hijos. Cuando me involucro y les digo "cómo", creo resistencia. Pero cuando me muerdo la lengua, sello mis labios y me retiro en silencio, no solamente lo descubren por sí mismos, sino que además, una energía calmada reemplaza su frustración. He aprendido que mis hijos saben cómo ser: ellos también tienen en su interior el ancla del universo. Ellos también están centrados en el Tao que no hace nada y lo hace todo. Ellos también tienen una naturaleza esencial a la que están escuchando. Mientras más adopto esta confianza, no sólo para mis hijos, sino con todos aquellos con quienes me relaciono, me siento más en paz. Y, ¿saben qué? Parece lograrse más, en vez de menos, a tiempo y sin los problemas que solían surgir debido a mi interferencia.

Cambie su forma de pensar respecto a todas las ideas de éxito y poder, pues esto no es el resultado de logros obsesivos y direcciones que se siguen sin interrupciones. Comience a vivir en un mundo que usted sabe que funciona mejor con menos intromisiones. Usted comprende que no todo el mundo dejará de instruir a los demás para dejar que se manifieste el Tao, pero *usted* puede ser un observador, viendo a los demás conectarse con su poder al centrarse ellos mismos.

Esto es lo que Lao-Tsé sugiere para que este verso se convierta en su realidad diaria:

Cultive su ser único y natural

Practique que su naturaleza esencial salga a la luz no emitiendo juicios sobre usted, que fueron impuestos por los demás. Recuerde que no tiene que hacer nada: no tiene que ser mejor que nadie. No tiene que ganar. No tiene que ser el número 1 o el número 27, ni ningún otro número. Otórguese el permiso de sólo *ser*. Deje de interferir con su ser único y natural. Aligere la carga que lleva de ser productivo, próspero y exitoso ante los demás y reemplácela con una afirmación interna que le permite tener acceso al Tao. Diga: *Estoy centrado en el Tao. Confío que soy capaz de encontrar mis propias soluciones, como también el mundo puede hacerlo. Me retiro en silencio, sabiendo que todo está bien.*

Espere ver la naturaleza esencial de los demás permaneciendo en silencio

Muérdase la lengua y selle sus labios en el preciso momento en que se sienta tentado a inmiscuirse en las vidas de aquellos que lo rodean. Hágase consciente de su inclinación a decirle a los demás, particularmente a los miembros de su familia, cómo deben conducirse en sus vidas. Incluso, si espera unos momentos antes de entremeterse en los asuntos ajenos, estará en camino de permitir que los demás encuentren su ancla del universo en el interior de ellos mismos. Esta nueva disciplina de resistir su hábito de involucrarse pausando antes de interferir, le permitirá ver lo capaz que es cualquiera cuando está en el campo de energía de alguien que *permite* en vez de *mandar*.

Practique el Tao ahora

Imprima o copie las primeras dos líneas de este verso 37: "El Tao no hace nada pero no deja nada sin terminar". Lea las palabras de forma repetida hasta que se las haya aprendido de memoria; luego salga a pasear durante media hora y comprenda su verdad. El aire, el cielo, las nubes, la hierba, el viento y las flores...; nada natural que usted ve está sin acabar, pero nada se está llevando a cabo para que funcione. Todo es logrado según la verdad de estas palabras.

Verso 38

Un hombre verdaderamente bueno no es consciente de su bondad
y, por lo tanto, es bueno.
Un hombre necio intenta ser bueno
y, por lo tanto, no lo es.

El maestro no hace nada,
pero no deja nada sin terminar.
El hombre ordinario siempre está haciendo cosas,
aun así quedan muchas más por hacer.

La virtud más elevada es actuar sin un sentido del ego.
La bondad más elevada es dar sin condición.
La justicia más elevada es ver sin preferencias.

Cuando el Tao está perdido, hay bondad.
Cuando la bondad está perdida, hay moral.
Cuando la moral está perdida, hay ritual.
El ritual es la corteza de la verdadera fe,
el comienzo del caos.

El gran maestro sigue su propia naturaleza
y no los señuelos de la vida.
Se dice:
"Permanece con el fruto y no con lo trivial";
"Permanece con lo firme y no con lo endeble";
"Permanece con lo verdadero y no con lo falso".

Vivir según su propia naturaleza

Este es el mensaje tras este verso en apariencia paradójico del Tao Te Ching: su naturaleza es ser bueno porque usted proviene del Tao, que es bondad. Pero cuando *intenta* ser bueno, su naturaleza esencial se vuelve ineficaz. En su esfuerzo por ser bueno, moral u obediente, pierde el contacto con su naturaleza del Tao.

Hay una frase en este verso en la que deliberé durante días antes de escribir este corto ensayo: "Cuando el Tao está perdido, hay bondad". Quedé perplejo porque parece muy contradictorio a lo que el Tao Te Ching está enseñando. Finalmente, en un momento de contemplación mientras meditaba en una pintura de Lao-Tsé, se aclaró todo: *La naturaleza es buena sin saberlo,* fueron las palabras exactas que escuché en mi meditación. Entonces comprendí lo que Lao-Tsé parecía desear transmitirme respecto a este verso 38 en apariencia confuso (para mí).

Viva según su naturaleza esencial, el Tao, que es unicidad, no tiene polaridad. No obstante, al momento en que usted sabe que es bueno, introduce la polaridad de "bueno" versus "malo", lo que causa que pierda su conexión con el Tao. Luego presenta algo nuevo: se imagina que si uno no puede ser bueno, tratará de ser moral. Y, ¿qué es la moralidad si no los estándares del bien y el mal que usted *trata* de conservar? Lao-Tsé parece decirme: *El Tao es*

unicidad; no tiene estándares para que usted lo siga. En otras palabras
el Tao solamente *es;* no está haciendo nada, pero no deja nada
sin terminar. No hay moral; sólo está el Tao independiente. No
es correcto y no es justo, sino que *es* la naturaleza esencial, y se le
pide que sea fiel a la suya.

Cuando se pierde la moral, surge la idea del ritual, entonces
usted intenta vivir de acuerdo con reglas y costumbres que han
definido a "su pueblo" durante siglos. Pero casi puedo escuchar a
Lao-Tsé diciendo: *El Tao es infinito y no excluye a nadie.* Los rituales
lo mantienen desconectado del Tao y los pierde al intentar. Usted
confía en leyes, segregándose aun más y creando caos en su vida.
De nuevo, el Tao es su naturaleza esencial y verdadera: no tiene
leyes, rituales, moral ni bondad. Obsérvelo y viva de acuerdo a su
naturaleza. En otras palabras, actúe sin preocuparse por su propio ego. Dé como el Tao lo hace, sin condición y sin tratar de ser
bueno, moral o justo. Solamente dé a todos sin preferencias, como
sugiere Lao-Tsé.

Admito que vivir según este verso 38 puede ser opuesto total a
lo que ha aprendido en esta vida. Ciertamente, representa un desafío intelectual y conductual para mí a veces. Usted puede apreciar
el hecho de saber que muchos de los intelectuales que investigué
respecto a este verso dijeron que Lao-Tsé lo escribió (y el siguiente)
como respuesta a su oposición a Confucio, su contemporáneo, que
dispuso edictos y códigos de conducta específicos para el pueblo.
Lo que Lao-Tsé parecía decirme durante mis meditaciones es: *Confía en tu propia naturaleza esencial. Deja ir todas las polaridades y vive
en la unicidad indivisible que es el Tao.* Las dicotomías de bueno y
malo, correcto e incorrecto, apropiado e inapropiado, legal e ilegal,
y similares, pueden ser difíciles; solamente, recuerde que cuando
éstas surgen, el Tao está perdido.

Aquí vemos algunos consejos para usted de Lao-Tsé a través de
mí:

Viva en su naturaleza esencial
rechazando principios artificiales

Estos principios en orden descendente son: bondad, justicia,
ritos y leyes. La bondad artificial es un intento de vivir no siendo
"malo", permitiendo entonces que los demás decidan en dónde se

encuentra usted en una escala de bondad. Afirme: *Soy del Tao, un pedazo de Dios, y no necesito ningún aparato humano para confirmarlo. La bondad y el carácter divino son uno y confío en quien soy, y actuaré desde esta perspectiva. Permanezco con esta verdad y no con lo falso.* Más aun, vea que el Tao no está interesado en la justicia; otorgue comprendiendo que esta es una estratagema artificial que no puede existir desde una perspectiva de unicidad. Usted proviene y regresará a esa unicidad, sin importar su opinión al respecto. Entréguese con generosidad sin desear ser tratado con justicia.

Abandone sus costumbres familiares y culturales anticuadas

Renuncie a los ritos que se siente obligado a seguir sencillamente porque así han sido durante toda su vida, y particularmente en su familia. Afirme lleno de paz: *Soy libre de vivir, confiando en el Tao eterno. No tengo que ser como fueron mis antepasados. Renuncio a rituales antiguos que ya no funcionan o que perpetúan la separación o la enemistad.* Recuerde que no se accede a la bondad obedeciendo leyes; más bien, es lo que resuena con su naturaleza esencial. No necesita ningún tipo de código para decidir qué es apropiado, bueno, moral, ético o legal. Confíe en que usted es un instrumento de amor entregándose a su naturaleza más elevada en vez de dejarse seducir por leyes mortales.

Practique el Tao ahora

Pase un día eligiendo conscientemente contemplar una de las criaturas de Dios, como un perro, una mariposa, una polilla, una araña, una hormiga, un pez, un gato, un venado, o lo que más le llame la atención. Puede aprender mucho de ellos, de su confianza en su naturaleza interior. Ellos están, como dice el poeta: "Llenos de sabiduría."

Verso 39

Estas cosas de tiempos antiguos emanan de una:
el cielo es íntegro y claro;
La tierra es íntegra y firme;
El espíritu es íntegro y pleno.
Las 10,000 cosas son íntegras y el país es honesto.
Todas estas cosas son en virtud de la integridad.

Cuando el hombre interfiere con el Tao,
el cielo se vuelve impuro,
la tierra se vacía,
el equilibrio se derrumba,
las criaturas se extinguen.

Por lo tanto, la nobleza tiene origen en la humildad;
la nobleza está basada en la modestia.
Por esta razón, los nobles se refieren a sí mismos
como solitarios, desprovistos e indignos.

Las partes de una carroza son inútiles
a menos que funcionen de acuerdo con el todo.
La vida de un hombre no aporta nada
a menos que viva de acuerdo con todo el universo.
Representar nuestro papel,
de acuerdo con el universo
es la verdadera humildad.

En verdad, demasiado honor significa ningún honor.
No es sabio brillar como el jade ni
repicar como campanillas.

$\mathcal{V}$ivir con integridad

Tradicionalmente, pensamos en la integridad como algo que está completo. "El paquete entero" por ejemplo, implica que no queda nada excluido. "Me lo comí todo" significa no dejar nada. Lao-Tsé, sin embargo, parece ver este concepto de forma muy distinta: la integridad, dice, tiene origen en la humildad. Cuando la humildad evoca nuestra integridad, vivimos la realidad de que somos partes del todo.

Con esta actitud, usted desea existir en armonía con todo el universo, cooperando con otros aspectos del todo y siendo doblegado por ellos. No puede siquiera considerar interferir con ninguna parte de él porque usted es uno con él. En el momento en que comienza a colocarse en una posición trascendental con relación a los demás, o a su mundo de las 10,000 cosas, está interfiriendo con el Tao. Le suplico que examine su concepto de integridad basado en el verso 39 del Tao Te Ching. Puedo asegurarle que el mundo parecerá haber cambiado cuando lo observe a través de este lente.

Lao-Tsé insiste que el universo es íntegro; es decir, está en un estado de unicidad. No hay partes que necesiten separación de este estado. El cielo, la tierra, el espíritu y las 10, 000 cosas son parte del todo, y aun más ¡esa es su virtud! Ahora bien, aunque el cielo y los árboles pueden estar en verdad en un estado unificado, su ego le insiste que *usted está* separado, distinto y generalmente superior. Pero si puede modificar la perspectiva de su ego, su vida cambiará.

Cuando coopera y busca señales de unicidad, comienza a ver y a sentir la interconexión entre todo. Por ejemplo, su cuerpo es una analogía apropiada para un universo dentro de sí mismo. Aunque es una sola entidad, ciertamente posee millones de millones de células individuales interconectadas. Sólo una célula con una relación arrogante con el todo hace que *todas* las células sufran y terminen por extinguirse, así como el individuo que interfiere con el Tao contaminando el cielo, agotando la tierra, y perturbando el equilibrio del todo. Una célula cancerígena que rehúsa a cooperar con las células adyacentes a ella terminara devorándolas, y si no se hace algo al respecto, destruirá al todo. ¿Por qué? Porque la célula cancerígena no tiene relación con el todo. Se destruye a sí misma mientra mata al anfitrión del que depende para su propia supervivencia. Y usted se destruirá a sí mismo si participa en la destrucción del Tao, del cual depende para *su* supervivencia.

Cada parte del todo, en apariencia individual, es potencialmente peligroso (y por lo general inútil) si no funciona en armonía. Lo que es verdadero para la carroza en este verso del Tao Te Ching, también es verdadero para usted. Su vida debe tener una relación con el Tao, y esa relación es caracterizada por Lao-Tsé como un lazo forjado por la humildad. En otras palabras, la integridad y la humildad son una y lo mismo, actualice entonces su forma de pensar respecto a su relación con la vida y represente su papel "de acuerdo con el todo".

Esto es lo que Lao-Tsé parece instruirnos cuando leo e interpreto este verso del antiguo Tao Te Ching:

Cultive su relación con el planeta

Viva en el espíritu de integridad, sabiendo que tiene un papel como una de las partes del Tao. Recuerde que no puede interferir con el Tao y llevar una vida de grandeza. Esto significa respetar el ambiente en todos los sentidos, viviendo de una manera conciliable con el planeta como parte de su unidad. Conviértase en un defensor de la preservación. Tómese el tiempo de recoger la basura y reciclarla. Conduzca un automóvil ecológico, o mejor todavía, camine en paz a tantos lugares como le sea posible. Integridad significa mantener un sentido de equilibrio con el Tao que todo lo provee, es amable y no es agresivo. En humildad, será capaz de ver su minúsculo papel en este gran drama orquestado por su Fuente. Verá lo que Lao-Tsé quiere decir en: "La vida de un hombre no aporta nada a menos que viva de acuerdo con todo el universo".

Cambie su forma de verse separado a verse en todas las cosas que encuentre

Cuando viva en integridad advierta cómo comienza a sentir conexión con toda la vida, en lugar de la separación que su ego prefiere. Véase en todo aquel que encuentre, en todas las criaturas de nuestro planeta, en el bosque, los océanos y el cielo; cuanto más lo haga, más deseará permanecer en un estado de cooperación en vez de competencia. También se sentirá más inclinado a rechazar el concepto de que existen "otros". Practique esta forma de ser y note cómo el tipo de felicidad que puede haberlo eludido toda su vida, será parte de la unicidad que comienza a disfrutar.

Practique el Tao ahora

Dé un paseo hoy y piense en función de la integridad con todo lo que encuentre durante media hora. Véase en aquellos que otrora habría juzgado, incluyendo viejos, jóvenes, obesos, minusválidos o indigentes. Cuando los vea, recuerde: *Comparto el mismo espíritu creador con cada una de estas personas.* Esto le ayudará a sentirse íntegro cambiando de su ego a la virtud del Tao.

Verso 40

Regresar es el movimiento del Tao.
Ceder es el camino del Tao.
Las 10,000 cosas nacen del ser.
El ser nace del no ser.

*V*ivir regresando y cediendo

Aquí veo una de las mayores enseñanzas del Tao Te Ching en el más corto de sus 81 pasajes. Si logra dominar la sabiduría de estas cuatro líneas, será tan feliz, alegre y centrado en el Tao como cualquier sabio.

Con la primera palabra *regresar*, lo están estimulando hacia una comprensión del principio básico de su existencia. Sin tener que dejar su cuerpo, se le pide que muera mientras vive. Logra esto comprendiendo que usted es una de las 10,000 cosas que han aparecido en el mundo de la forma. Lo que Lao-Tsé está expresando aquí en el verso 40 es lo que los físicos cuánticos modernos han confirmado muchos siglos después: las partículas no provienen de partículas en el nivel subatómico más diminuto. Más bien, cuando las cantidades infinitamente pequeñas entran en colisión en un acelerador de partículas, lo único que queda son ondas de energía "carente de partículas". Para que usted se haya formado siendo una cantidad mucho mayor, debe haber emanado de un espíritu creador.

Ahora bien, Lao-Tsé puede no haber sabido nada de física cuántica en el siglo VI a. C., pero él estaba enseñando una verdad esencial incluso entonces: es el espíritu que da la vida. Para cumplir con su destino, verdaderamente como una parte del Tao creador, debe despojarse del ego y regresar al espíritu; o puede esperar hasta que su cuerpo muera y hacer su viaje de regreso en ese momento.

Seis siglos después de que Lao-Tsé dictara los 81 versos del Tao Te Ching, el hombre que escribió un gran porcentaje del Nuevo Testamento, también habló de dónde nos originamos. Llamado primero Saulo de Tarso, se convirtió en San Pablo, apóstol de Jesucristo. En su carta a los efesios, escribió: "Tú fuiste creado para ser como Dios, por lo tanto, debes complacerlo y ser verdaderamente santo". (Efesios 4:24). Esta es una invitación a todos nosotros para que regresemos al lugar de dónde provenimos, el cual es amoroso, amable, y no excluye nada.

¿Cómo se logra esto según San Pablo y Lao-Tsé, quien enfatiza este punto en muchos de los versos del Tao Te Ching? Lo hace cediendo su ego, entregándose y siendo humilde. Con ese fin, en su carta a los Corintios, San Pablo cita a Jesús directamente: "Te basta mi gracia; mi mayor fuerza se manifiesta en la debilidad". Pablo luego dice: "Por eso me ufanaré con gusto de mis debilidades para que me cubra la fuerza de Cristo. Por eso me alegro cuando me tocan enfermedades, humillaciones, necesidades, persecuciones y angustias ¡todo por Cristo! Cuando me siento débil, entonces soy fuerte". (2 Corintios 12:9–10). De hecho ceder es el camino del Tao, así como la clave para una existencia noble, de acuerdo a virtualmente todos los textos espirituales que han sobrevivido el paso de los siglos.

Cuando cambia verdaderamente su forma de pensar respecto a la vida, el mundo comienza a lucir muy diferente. Comienza a ver a todos y a todo como si tuvieran billetes de ida y vuelta: sabe que todos llegaron del espíritu, y sabe que todos deben regresar. Todo lo que está compuesto se descompone, y ya sea que alguien lo entienda o no, no es importante para usted. Descubre que la creencia en que la vida en la Tierra es una sentencia de muerte, es una perspectiva liberadora y divertida. Elige vivir cada día, cada momento que tiene y en lo posible, como el aspecto suyo del no ser.

Como un ser de espíritu, decide usar su "billete de regreso" mientras sigue en forma física, manteniéndose precisamente en el mismo estado amoroso que ocupaba antes de entrar en este mundo de las fronteras. En su jornada de regreso, no solamente llega a perder su tarjeta de identificación con el ego, sino que obtiene un bono adicional al recuperar el poder de su Fuente, el poder creador de todo el universo. Se funde en la unicidad de un ser que disuelve los intereses del ego, y el mundo que ve ahora es perfecto e infinito en su naturaleza. Ya no hay preocupaciones, ansiedad ni identificación con sus posesiones: es una persona libre. Es un ser espiritual primero, en últimas y siempre.

Esto es lo que pienso que Lao-Tsé le está diciendo en esta breve pero profunda enseñanza del verso 40 del Tao Te Ching:

Vigile su dirección, enfatizando regresar y ceder

Haga un esfuerzo mental de evaluar cada paso que está tomando en todos los aspectos de su vida —incluyendo su carrera, sus relaciones y su salud— en función de la dirección. Es decir, pregúntese: *¿Hacia qué dirección me estoy moviendo? ¿Me estoy alejando de mi lugar emisor, o estoy regresando a él?* Al hacer esta afirmación, puede ser más explícito respecto a regresar que a alejarse del Tao. Una resolución de hacer ejercicio o consumir más alimentos nutritivos es un paso que lo lleva de regreso al bienestar de donde se originó. Una decisión de eliminar su ego e interesarse en otra persona es un movimiento de regreso al Tao. Una determinación de ser generoso en vez de acumular es una decisión hacia el camino de regreso. Todas estas acciones provienen de pensar primero en la dirección hacia la que se dirige; *alejándo*se de su espíritu creador o *regresando a* él.

¡Entréguese!

Esto es ceder. Reconocer que su pequeño ego no hace nada y que el Tao lo crea todo, incluyéndolo. Mientras estoy aquí sentado escribiendo estas palabras en mi espacio mágico de escritura, sé que no soy dueño de lo que aparece misteriosamente sobre el papel. Me he entregado. Sé que Dios escribe todos los libros, compone toda la música y construye todos los edificios. Me inclino ante este poder que todo lo crea. Aunque parece que las 10,000 cosas nacieron del mundo de la existencia, cuando pienso más al respecto, la existencia misma provino de la no existencia. Es ante este estado glorioso de la espiritualidad no existente o del Tao, que cedo. Lo exhorto para que haga lo mismo, y luego observe en paz cómo todo fluye perfectamente al unísono.

Practique el Tao ahora

Coloque estratégicamente en su campo de visión, una señal de CEDA EL PASO, de esas que se encuentran frecuentemente como avisos de tráfico. Cada vez que mire esta señal, úsela como un recordatorio para regresar al Tao. Por lo menos una vez al día, en vez de continuar con un desacuerdo, ceda en el acto. Cuando esté en medio de hablar sobre sus logros o deleitándose en la luz de su ego, deténgase al instante y escuche. Cuanto más ceda cada día, más regresará a la paz y a la armonía del Tao.

Verso 41

Un gran intelectual escucha hablar del Tao
y comienza su práctica diligente.
Un intelectual mediocre escucha hablar del Tao
y retiene un poco y pierde otro poco.
Un intelectual de poca monta escucha hablar del Tao
y se carcajea fuertemente en tono de burla.
Sin esa carcajada, no habría Tao.

Hay entonces proverbios constructivos en esta lección:
El camino de la iluminación parece oscuro,
avanzar parece retroceder,
el camino fácil parece duro,
el verdadero poder parece débil,
la verdadera pureza parece manchada,
la verdadera claridad luce opaca,
el arte más grandioso parece burdo,
el amor más grande parece indiferente,
la sabiduría más grande parece infantil.

El Tao es misterioso y no tiene nombre;
el Tao mismo sustenta y lleva a la realización a todas las cosas.

*V*ivir más allá
de las apariencias

Este verso del Tao Te Ching influyó en mi selección del título de este libro. Al cambiar sus pensamientos para llegar a armonizar con el Tao, comprende que lo que llama "realidad" es de hecho una forma externa, sólo una apariencia. Al comienzo, su nueva forma de considerar la unicidad estará empañada por los viejos hábitos inspirados por el ego. Lo familiar resuena como real en su interior, y su mundo inspirado en el Tao puede no ser siempre reconocido. Pero comenzará a ver más allá de lo que solamente *parece* ser su verdad y se dirigirá hacia una nueva experiencia del Tao, libre de sus visiones previamente limitadas.

Lea de nuevo la primera sección de este verso 41 del Tao Te Ching, advirtiendo su respuesta. Pregúntese si usted es un intelectual grandioso, mediocre o inferior cuando se trata de comprender y aplicar la sabiduría del Tao. Por ejemplo, puedo descaradamente proclamarme como un gran intelectual después de haber pasado tantos años estudiándolo y escribiéndolo. Y cuanto más he estudiado, con mayor diligencia he practicado. Me he sintonizado en gran manera con la variedad infinita de oportunidades diarias para emplear los principios del Tao. Cuando examina sus propios pensamientos, puede descubrir un aspecto suyo que desea aprender cómo utilizar estas antiguas enseñanzas. Por consiguiente, puede pasar de ser una persona que sabe muy poco sobre el Tao, inclusive de haberlo ridiculizado, a convertirse en un gran intelectual.

La aplicación diaria del Tao determina la grandeza de un intelectual, en vez de basarse en si él o ella comprende racionalmente estos conceptos que suenan tan paradójicos. Lao-Tsé señala que sin la burlona carcajada de los intelectuales de poca monta, el Tao ni siquiera existiría. ¡Vaya concepto tan paradójico!

En *A Warrior Blends with Life: A Modern Tao*, Michael LaTorra comenta sobre este verso 41:

> El Camino atrae solamente a aquellos que ya son lo suficientemente sabios para saber lo tontos que son. La risa sarcástica de otros tontos que se creen sabios no disuade de seguir el Camino a los verdaderamente sabios. Al seguir el Camino, no se convierten en seres complicados, extraordinarios y prominentes. Más bien, se vuelven sencillos, ordinarios y sutiles.

Cuando elige vivir a diario el Tao, lo que experimenta en su interior y a su alrededor será distinto de lo que parece. Irá más allá de la superficie hacia el mundo glorioso del Tao, y es entonces vital que elija permanecer en esa verdad independientemente de lo que parece. Otros se burlarán de usted, pero recuerde la paradoja: sin esa risa burlona, no habría Tao.

Pasará por momentos de oscuridad, pero eventualmente, su nueva visión iluminará su mundo interior. Y cuando parezca que está retrocediendo, recuerde que "el Tao es misterioso y no tiene nombre". Si golpeara a su puerta, o estuviera accesible como una píldora que se traga, no sería el Tao. Entonces, cuando la vida parezca difícil, deténgase y comprenda que está a un pensamiento de distancia de estar en paz. Sabrá lo que Lao-Tsé quiso decir con que el camino fácil parece duro y el verdadero poder parece débil. No tiene que luchar ni dominar a nadie para sentirse fuerte.

Una persona en el Tao ve el mundo bastante distinto, sabiendo que la paz interior es poder. El menor esfuerzo es realidad más fácil; por eso termina su trabajo cuando se relaja internamente y se deja llevar por el Tao infinito, en vez de ponerse metas o de cumplir estándares establecidos por los demás. Permita al Tao y vea la pureza y la claridad que se origina desde esta perspectiva. La apariencia externa de cualquier persona o cosa puede lucir manchada, pero una visión desde el Tao le recuerda que la bondad esencial siempre está ahí. Está oculta y no tiene nombre, no se obsesione entonces con encontrarlo y catalogarlo.

De esta manera, se convierte en un gran intelectual que trabaja diligentemente para vivir en armonía con el Tao permaneciendo en la penumbra. Aplique esta misma visión en los momentos en que se siente poco amado: cuando vea lo que parece indiferencia, sepa en su corazón que el amor está presente. El Tao no está interesado en probar su fidelidad. Parece despreocupado, no obstante, está ahí, en todas partes. Cuando cambia su manera de pensar desde una posición dictada por su ego a una que lo trasciende, verá un mundo iluminado que es verdaderamente acogedor. El ego lo convenció de ver un planeta frío e indiferente, mientras que el Tao que trasciende al ego emana puro amor a todo lo que usted está conectado. Permítale al Tao obrar su magia en su vida.

Esto es lo que Lao-Tsé parece querer enseñar, mientras estoy aquí sentado pensando cómo puedo servir a aquel que lee este libro:

Sea diligente

Si está leyendo estas palabras, usted no es un intelectual de poca importancia del Tao. Si es entonces un intelectual mediocre que "retiene un poco y pierde otro poco" de su sabiduría, comprométase a trabajar hacia su grandeza. Practique cada día unos cuantos de estos consejos sabios. Sea diligente al respecto, deje a un lado su inclinación al desconcierto y las polémicas, y permítase la libertad de ser un practicante persistente. Incluso, pequeñas cosas como una afirmación o leer de nuevo un verso, lo colocan en el sendero de vivir de acuerdo al Gran Camino. Lao-Tsé le dice sencillamente que lo viva practicando estas revelaciones con fervor.

Aquí vemos unas líneas de Walt Whitman que le recuerdan que usted no es quien parece ser:

¡Oh, podría cantar tantas grandezas y glorias sobre ti!
No sabes lo que eres, llevas toda tu vida
sumergido en un sueño profundo,
tus párpados han estado como cerrados la mayoría del tiempo...

¡Seas quién seas! ¡Arriésgate: proclama tu verdad!
Aquellos espectáculos de Oriente y Occidente son poca cosa
comparados contigo,
estas inmensas praderas, estos ríos interminables,
tú eres inmenso e interminable como ellos...

La verdad del Tao es indemostrable en términos físicos

Abandone su método condicionado de necesitar pruebas del mundo físico antes de que algo se convierta en su verdad. El Tao está oculto permanentemente y no puede ser nombrado, entonces acéptelo como un hecho. No lo encontrará en forma material; no tiene fronteras y en el momento en que lo trata de nombrar, lo pierde. (Vea el verso 1). Así como los científicos modernos deben aceptar el hecho de que las partículas cuánticas se originan en ondas de energía amorfa o espiritual, sin que ellos hayan visto jamás ese campo infinito que todo lo crea, así también usted puede abandonar su necesidad de ver y tocar al Tao antes de creer en él. Cambiando su forma de observar el mundo, verá un dominio más allá de la apariencia de la oscuridad, la dificultad, la debilidad, la indiferencia y la muerte.

Como expresó el poeta Rainer Maria Rilke:

...más allá del mundo que encierra nuestros nombres
está lo innombrable: nuestro verdadero arquetipo y hogar.

Practique el Tao ahora

Pase hoy una hora con un niño, observe cuanta sabiduría encierra según evidencia su juvenil conducta y creencias. Advierta la fascinación del niño o de la niña con los objetos en apariencia insignificantes, repitiendo las mismas frases, rabietas o risas. Tome nota de sus impresiones de sabiduría tras lo que llamamos impulsos infantiles, y comprométase a ser niño de nuevo lo más frecuente posible.

Verso 42

El Tao dio origen a una.
Una dio origen a dos.
Dos dieron origen a tres.
Y tres engendraron las 10,000 cosas.
Las 10,000 cosas conllevan el yin y adoptan el yang;
logran la armonía combinando estas fuerzas.

La gente sufre ante la idea de vivir
sin padres, sin alimentos, sin dignidad.
Pero es exactamente la forma en que
reyes y señores alguna vez se describieron.
Pues uno gana perdiendo
y pierde ganando.

Lo que enseñan los demás, lo enseño.
El violento no muere de muerte natural.
Esa es mi enseñanza esencial.

Vivir fundiéndose en la armonía

El comienzo de este verso reitera lo que Lao-Tsé ha venido diciendo durante las 41 secciones previas del Tao Te Ching; es decir, que el Tao es la fuerza oculta que lleva a todas las criaturas y sustancias que comprenden las 10,000 cosas existentes a manifestarse, así como el concepto intangible que tenemos de la unicidad o de la integridad. Todos conllevamos y adoptamos los opuestos del yin y yang, o los principios masculino y femenino. Este verso refuerza la idea de que fusionar estas fuerzas en apariencia opuestas es la forma de lograr la armonía.

Lao-Tsé le recuerda que las cosas que probablemente usted piensa que causan sufrimiento y sugieren que usted sea un huérfano, pase hambre o se sienta indigno, están de primera en la lista. Pero luego dice que lograr armonía en función del Tao involucra ganar perdiendo. ¿Significa esto que si pierde su casa, sus padres, sus pertenencias o su sentido de la autoestima, ganará todo lo que necesita? ¿Qué? ¿Cómo es eso posible?

Su ser infinito se originó y fue animado por el Tao: no necesita nada para sustentarse. Padres, posesiones y dignidad son solamente necesarios para la existencia de su ser mortal. Lao-Tsé desea que reconozca esta diferencia en el contexto de la unicidad que usted es. Le enseña que usted se hace consciente de su naturaleza del Tao abandonando el énfasis en las condiciones físicas de su vida. En su unicidad, es muy probable que pierda la sensibilidad del Tao en proporción con el énfasis que coloca en sus deseos mundanos. Al mismo tiempo, Lao-Tsé enfatiza que la muerte del ser mortal está influenciada por la forma en que vive. *Morirá según cómo viva* es la enseñanza fundamental para el ser mortal. Este es el acto de equilibrio requerido para fundirse en la armonía con el Tao.

Las últimas líneas de este verso llamaron mi atención cuando estaba investigando, escribiendo y meditando en este pasaje 42. Estudié muchas de sus traducciones, y pasé horas incontables en comunicación con Lao-Tsé, contemplando su analogía en mi espacio como escritor. Descubrí que este verso en particular había sido traducido con el mismo énfasis dramático. Todos decían algo en esta tónica: "Considero esto como el padre de las enseñanzas"; "Entiendo que esta es la base de mis enseñanzas"; "Está será la esencia de mis enseñanzas"; "Quienquiera que diga esto es mi maestro amado"; y la que usé aquí: "Esta es mi enseñanza esencial". Mi conclusión es que cuando usted es violento de alguna manera —incluyendo sus pensamientos, conducta, declaraciones y devociones— estará entonces eligiendo morir de la misma forma. Es obvio que inferirá sus propias conclusiones respecto al significado de las instrucciones particularmente dramáticas del Tao Te Ching.

La insistencia con que se me presentaba esta enseñanza, me llevó a creer que Lao-Tsé quería que yo enfatizara que su opuesto también es verdad. Es decir, que una persona que acoge el Tao y evade la violencia y el odio, vivirá y morirá naturalmente... lo cual está en armonía con la perfección del Tao. Le invito entonces a cambiar la forma en que percibe lo que lo mantiene alejado de armonizar con su Fuente. El agente emisor de todo también es su lugar final de regreso cuando deje su cuerpo en ese momento llamado "muerte". Debe estar dispuesto a renunciar a todos sus apegos hacia formas de violencia en su vida si desea fundirse en la armonía.

Aquí están las sugerencias de Lao-Tsé, escritas a través mío, para adoptar esta enseñanza esencial del Tao Te Ching:

Recuerde que la violencia viola
la armonía de la vida y la muerte

Decídase a vivir en armonía con el Tao renunciando a todas las asociaciones que tenga con la violencia. Por ejemplo, deje de apoyar todo tipo de diversión que promueva cualquier forma de violencia. Supervise su vocabulario para recordar que debe eliminar todas las palabras que expresen odio o asesinatos de cualquier tipo de creatura viviente. Explore métodos para resolver disputas pacíficamente, y vincúlese con organizaciones que desalienten la violencia. Recuerde que el principio fundamental del Tao Te Ching es que si usted adopta cualquier forma de actitud cruel, está decretando un final cruel para este planeta. Todo esto incluye su actividad mental así como su conducta, busque entonces pensamientos amables y misericordiosos en lugar de vengativos y de odio. Cambie la forma de observar la vida viendo un escenario libre de violencia, y fusiónese en la armonía mientras viva y cuando muera.

Examine sus apegos con la idea de que
gana perdiendo y pierde ganando

Sus apegos a objetos, estatus, cultura e incluso a las demás personas evita que esté libre en el Gran Camino del Tao. Cuántas más cosas acumule, más tendrá que cuidarlas, asegurarlas, preocuparse por ellas, protegerlas, limpiarlas, distribuirlas e identificarse con ellas. En otras palabras, pierde armonía mientras busca ganarla. Practique entregar sus posesiones y perder su necesidad de poseer las personas o las cosas. Imagínese cuerdas atadas a todos y a todo lo que siente que posee; luego corte simbólicamente esas cuerdas y sea observador en vez de poseedor. Así es como se fusiona en armonía con el Tao.

Practique el Tao ahora

Piense en una persona que le haya hecho daño en algún momento de su vida, alguien que lo haya abandonado o lo haya maltratado, que le haya robado o lo ha engañado, que haya abusado de usted o haya difundido falsos rumores respecto a usted.

Pase un día dejando a un lado todos sus sentimientos de venganza, y sienta perdón y amor hacia ese individuo. Advierta la diferencia en su cuerpo cuando no tiene pensamientos violentos...; ésta es la enseñanza esencial del Tao.

Verso 43

La más suave de las cosas
anula la más dura de las cosas.
Aquello sin sustancia entra donde no hay espacio.
Así conozco el valor de la falta de acción.

Enseñar sin palabras,
actuar sin acciones,
pocos en el mundo pueden comprenderlo,
es el camino del maestro.
En verdad, son raros aquellos
que obtienen la recompensa de este mundo.

Vivir suavemente

El Tao Te Ching está lleno de paralelos con la naturaleza y de hecho, la pura esencia de las enseñanzas parece ser ayudarnos a convertirnos en sabios inspirados en el Tao a través de la unicidad con el ambiente. Las primeras líneas de este verso 43 me recuerdan la forma de ser del agua, de su suavidad y de la habilidad para entrar en todas partes, incluso cuando aparentemente no queda espacio para hacerlo. El agua es usada como un símbolo en muchas referencias al taoísmo, como en el título de la destacada obra contemporánea de Alan Watts, *Tao: The Watercourse Way*. Vivir suavemente es vivir como lo hace una corriente de agua.

En este verso, Lao-Tsé lo invita a cambiar la forma de ver la dureza. Para usted, es probable que este concepto equivalga a fortaleza. Puede ser que se ejercite pensando que cuanto más firmes sus músculos, más duro estará. ¿Considera los diamantes más valiosos que un mineral suave, como la ceniza volcánica que se desbarata en sus manos? Quizá usted apoya la idea de que realizar una labor difícil lo hace una mejor persona. Ahora imagínese emulando al agua, este elemento básico que es la personificación de la naturaleza (después de todo, el agua comprende el 75 por ciento de la superficie de la tierra y de nuestra composición física). Piense en la forma en que corre el agua, fluyendo a los lugares más bajos, y piense en cómo para experimentarla, no puede aferrarla con sus manos. Debe más bien relajarse, colocando sus dedos con suavidad dentro de ella.

Reflexione en cómo el agua con su suavidad se compara con la piedra sólida y con el mármol en su capacidad de esculpir a través de ellos. El agua en su suavidad altera la dureza: valles profundos rodeados de montañas de granito han sido esculpidos con el paso de siglos de este líquido paciente, silencioso y siempre en movimiento. Imagínese siendo capaz de entrar en donde no hay espacio en apariencia disponible, y moverse despacio, hablando poco y permitiéndose estar armoniosamente intacto mientras busca un lugar más bajo, menos ruidoso y menos notable..., un lugar en donde todos los demás desean llegar a usted. Así fluye el agua.

La falta de acción es valiosa en cuanto a que fluye como el agua, de forma natural y sin esfuerzo. No puedo evitar pensar en eso cuando entro al océano para nadar por una o dos horas. Deseo nadar a favor de la corriente en vez de en su contra, por eso mi primera opción es observar hacia dónde fluye la corriente. Cuando nado, emulo su naturaleza, confío en mi instinto y nado sin tratar de dirigir mis brazos y piernas en sus movimientos. Pienso en lo que estoy haciendo, pero no interfiero; es decir, permito que mi cuerpo se impulse a través del agua sin que mi mente le diga cómo hacerlo. Al cambiar mis pensamientos respecto a lo que es "duro" y "suave", no tengo que hacer nada más que estar en el agua. He elegido que mis momentos diarios de natación sean una experiencia suave y silenciosa que requiera muy poca acción de mi parte. Y mi mundo de la natación ha cambiado, se ha convertido en algo fácil, alegre y sin esfuerzo. He aprendido "el valor de la falta de acción" como lo expresa Lao-Tsé en este verso. ¡Actuar sin acción!

Aplique esta forma de ver todo en su mundo: las tareas se simplificarán, sus niveles de desempeño incrementarán y dejará de ser un factor la presión de hacer las cosas mejor que los demás usando una fuerza superior con dureza. Incorporará naturalmente la sabiduría de la armonía pacífica que encontramos en las artes marciales, dejando que los esfuerzos ajenos se conviertan en una fuente de su propio poder. Su suavidad superará la dureza de los demás.

Este principio se observa con claridad cuando uno ve a los grandes campeones ejecutar sus actividades seleccionadas. Los mejores golfistas golpean la pelota sin esfuerzo. Los más victoriosos beisbolistas corren, saltan, lanzan, atrapan y tiran a las bases con una suavidad que parece dejar estupefactos a la mayoría de los observadores, ya que no usan la fuerza, ni pueden encontrar las palabras para describir cómo lo hacen. Los artistas más talentosos bailan suavemente, sin afanarse; pintan tranquilamente sin apremio; y escriben fácilmente sin hacer esfuerzo, permitiendo que las palabras les lleguen. Como le recuerda Lao-Tsé: estos son seres raros que vienen según el camino del maestro. Estos sabios "obtienen la recompensa de este mundo", disponible también para usted.

Cuando contemplo el consejo de Lao-Tsé, siento que me exhorta a animarlo para que aplique el espíritu de la corriente del agua que encontramos en este verso 43 del Tao Te Ching:

Introduzca en su vida un estilo suave sin acción

Practique la ausencia de acción, o hacer las cosas sin esfuerzo. Renunciando a su impulso interior de seguir adelante, verá que irónicamente le irá mejor que cuando es afanoso. En su trabajo, sea más tolerante respecto a su impulso de lograr metas suavizando su actitud y su conducta. Verá cómo atraerá clientes y mejores oportunidades. ¿Por qué es esto cierto? Porque estará permitiendo el flujo perfecto del Tao, como la maravillosa garza real que deja que la marea se retire para revelar el alimento que necesita para vivir. Advierta cómo cambia su vida cuando cambia la forma de verla.

Practique también hacer las cosas sin esfuerzo en otras áreas de su vida. Por ejemplo, algunos corredores de maratones dicen que aprendieron a relajarse y a dejar de ejercer presión cuando sus cuerpos comienzan a experimentar fatiga extrema y cuando les falta solamente unos kilómetros para llegar, dejando que sus piernas, brazos y torso simplemente sean. Dicen que cuando se desconectan de interferencias e instrucciones mentales, cruzan mágicamente esa línea final. La suavidad siempre tiene su camino porque es el camino del agua..., el camino del Tao.

Estimule sus deseos para que fluyan
libremente en su imaginación

Considere lo que ha deseado tener en esta vida como si estuviera detrás de una puerta cerrada. Examine lo que ha venido diciendo respecto a la prosperidad, la salud óptima, la buena suerte, el éxito en los negocios y las relaciones maravillosas que ha ansiado, no importa lo mucho que haya tratado, nada ha terminado saliendo como lo esperaba. Luego, imagínese fluyendo como el agua a través de las barreras de ese cuarto cerrado. Hágalo mentalmente con suavidad, con gentileza y en silencio. En otras palabras, pase un tiempo acostumbrándose a practicar el camino de agua del Tao.

Cuando permite que la suavidad sea parte de la película de su vida, las dificultades también se suavizan. Comience a realizar esta actitud sin esfuerzo en todas las áreas de sus deseos. De acuerdo con Ralph Waldo Emerson: "Es la condición de la Inspiración: contrae nupcias con la naturaleza, no la uses para tu placer". Le suplico que considere este tipo de matrimonio.

Practique el Tao ahora

Pase un día en silencio. No hable en voz alta con nadie; solamente observe si puede estar en un estado de suavidad sin decirse ni decirle a nadie lo que tiene que hacer. Considere con calma las poderosas palabras de Herman Melville, quien dijo en una ocasión que la única voz de Dios es el silencio.

Verso 44

¿Qué significa más para ti:
tú o tu prestigio?
¿Qué te brinda más:
tú o lo que posees?
Digo que lo que ganas
ocasiona más problemas que lo que pierdes.

El amor es el fruto del sacrificio.
La riqueza es el fruto de la generosidad.

Un hombre satisfecho jamás se desilusiona.
Aquel que sabe cuando detenerse está fuera de riesgo,
sólo así puedes perdurar por mucho tiempo.

$\mathcal{V}$ivir sabiendo cuándo detenerse

El verso 44 le dice que cambiar la forma de organizar las prioridades en su vida le asegura una vida fructífera. Yo llamo a esto: la sección "¡Basta ya!" del Tao Te Ching. Cuando actualiza su visión de las cosas más importantes en su vida, el mundo a su alrededor va a lucir muy distinto. Lao-Tsé lo incita a que busque en su corazón y examine lo que es verdaderamente importante.

Versiones más antiguas del Tao Te Ching nos aconsejan que la misión esencial de la vida es regresar a (o llegar a conocer) su Fuente original antes de la muerte física. En otras palabras, no tiene que morir para hacer ¡el viaje de regreso! No es solamente posible, sino esencial sentirse conectado con el Tao mientras está vivo.

Saber cuándo detenerse es parte del sendero que lo lleva a su ser esencial, en donde no existe la necesidad de fama y posesiones. Es decir, no son las cosas, ni siquiera el deseo de reconocimiento lo que le impide una conexión real con el Tao: es su *apego* a ellas lo que se interpone en su camino. Cambie la importancia que ha colocado en el éxito o en las pertenencias, pues eso es lo es que ha oscurecido su conexión con el Tao. Comience a notar la insensatez de exigir más, agotándose en la búsqueda de lo que lo mantiene atrapado en el círculo vicioso de "luchar por más y nunca llegar", o de tratar de encontrar su realización. Este verso le implora que aprenda cuándo debe detenerse.

Estoy seguro de que usted puede identificar con facilidad personas en su ámbito que han pasado todas sus vidas buscando más de todo: posesiones, dinero, reconocimiento, premios, amigos, lugares a donde ir, sustancias, alimentos, lo que sea. Si vive con la misma filosofía, está predispuesto a una vida de frustraciones e insatisfacciones porque la búsqueda misma se convierte en su prisión. Es fácil ver por qué Lao-Tsé nos señala que lo que uno gana ocasiona más problemas que lo que uno pierde. Cuando organiza las prioridades en su vida, descubre que el amor y el sentimiento de abundancia no son solamente lo que desea, sino los dos principios que están disponibles instantáneamente porque ha cambiado la forma de ver el mundo. Desde esta nueva perspectiva, se sentirá totalmente amado y abundante en todos los aspectos.

Comprendo que Lao-Tsé está de nuevo hablando en lo que parecen palabras paradójicas. Pero le está ofreciendo la perspectiva de que *él* cambió su forma de ver las cosas, y se dio cuenta de que lo que él veía había cambiado. Ahora ve amor y abundancia por doquiera, pero sabe intuitivamente que no puede poseerlos yendo tras ellos, puesto que jamás podrá asirlos. Entonces buscó en el Tao y descubrió que el Gran Camino no guarda nada para sí mismo, está dispuesto a renunciar a su esencia dadora de vida y está deseoso de compartir con todos. Cuando *usted* se entrega sin pedir nada a cambio, y abandonando su necesidad de reconocimiento, vive más alegre. Los frutos de la abundancia y del amor estarán justo frente a usted cuando deje de perseguirlos.

La belleza de la sabiduría de este verso 44 es que renuncia a su apego de las cosas o de las formas de ser, lo que yo llamo saber cuándo detenerse. Si la persecución está minando su salud, ¡deténgase! Si la persecución está causando estragos en sus relaciones, ¡deténgase! Si la persecución lo está agotando, ¡deténgase! Si la persecución le está impidiendo gozar de la vida, ¡deténgase! Cuando aprende cuándo cesar y desistir estará protegido de todos los peligros y disfrutará de una existencia larga y feliz conectado con el Tao.

Lo siguiente es lo que Lao-Tsé me pidió que le ofreciera como herramientas para aplicar esta enseñanza:

Haga de su relación con el Tao su prioridad máxima

Organice las prioridades en su vida convirtiéndola en la responsabilidad más esencial y primordial. Su relación primaria debe ser *consigo mismo,* no con su familia, trabajo, país, cultura o raza. Afirme: *La prioridad número uno de mi vida es mi relación con mi Fuente del ser.* Ocúpese de eso primero, sin ninguna otra consideración, y dejará automáticamente de exigir más de cualquier otra cosa. Comenzará a emular al Tao sin esfuerzos, viviendo el cielo en la tierra.

Practique saber cuándo detenerse

Reconozca y esté al tanto del momento perfecto para dejar de exigir, perseguir, hablar, caminar, trabajar, dormir, jugar, hacer compras, quejarse, hacer esfuerzos y similares. Al practicar dejar de hacer, avanzará al lugar en dónde está organizando la prioridad que es importante para usted en su vida en ese momento. ¿Está su negocio prosperando? Permita que deje de crecer. ¿Siente lleno el estómago? Deje de comer ahora mismo. ¿Tiene suficiente dinero ahorrado? Regale un poco sin hacer deducciones de los impuestos ni exigir crédito por su generosidad. Cuanto más apegado se sienta a necesitar, desear y poseer más perderá su relación con el Tao. Pero tan pronto conoce cuándo detenerse, se despide de los problemas que acosan a aquellos que sacrifican sus metas por una vida de esfuerzos.

Practique el Tao ahora

Elija un área de su vida para practicar liberarse de un apego decidiendo cuándo detenerse. Por ejemplo, planifique salir diez minutos antes de creer haber terminado sus compras en el supermercado, o absténgase de comprar algo que no esté en su lista. En el trabajo, absténgase de tomar otra taza de café o de escribir otro mensaje electrónico personal. En una relación, no diga nada más en una discusión que no está yendo a ninguna parte. Todos son ejemplos de apegos a ser o a hacer.

También puede practicar a desapegarse regalando algo. Hace poco, por ejemplo, mi hijo nos sorprendió a ambos haciendo algo así. Yo estaba admirando una nueva camiseta que acababa de comprarse cuando me dijo: "Toma papá, te gusta tanto, que aunque sea mi favorita, quiero que la tengas". Fue una muestra espontánea y simple de dejar un apego y los dos sentimos la riqueza fruto de la generosidad.

Verso 45

La perfección más grande parece imperfecta
y, sin embargo, su uso es inextinguible.
La mayor plenitud parece vacía,
pero su uso es eterno.

La gran rectitud parece torcida.
La gran inteligencia parece inepta.
La gran elocuencia parece torpe.
La gran verdad parece falsa.
La gran discusión parece silenciosa.

La actividad conquista al frío;
la inactividad conquista al calor.
La quietud y la tranquilidad establecen el orden
de las cosas en el universo.

Vivir más allá de lo superficial

Este verso le pide sutilmente que observe el mundo con nuevos ojos. La mayoría de ustedes ha estado condicionada a evaluar casi todo con una mirada apresurada y fugaz. Aquí, sin embargo, Lao-Tsé le pide que deje de ver las cosas a través de su cultura dominada por el ego, y que más bien comience a advertir el espacio invisible, en calma y tranquilo en el interior de todas las cosas. Cuando va más allá de las superficialidades percibe lo que solía lucir imperfecto, vacío, torpe, o incluso inepto, como perfecto, pleno, elocuente e inteligente.

Su antigua forma de pensar respecto al mundo le decía que estaba lleno de imperfecciones: las personas en su vida debían ser distintas, los políticos debían estar alineados con sus valores, el clima debería ser más consistente y confiable, las multitudes deberían ser más pacíficas, los jóvenes deberían estudiar más y las personas mayores deberían ser más tolerantes. Los juicios son inexorablemente interminables y todos están basados en enseñanzas que ha adoptado. Aunque pueden parecer sensibles y correctas, estas visiones son sencillamente el resultado de ver sólo lo que aparece en la superficie. "Espere un momento", parece decirle este verso del Tao Te Ching, "intente verlo de esta manera. Lo que parece imperfecto es perfecto y lo que parece vacío y falso tiene una verdad profundamente espiritual que lo apoya".

La paradoja es evidente: el hambre existe en el mundo como un elemento de la perfección del Tao, y el deseo de ayudar a los hambrientos también es parte de esa perfección. Se le pide que no clasifique lo que observa como imperfecto, inepto o vacío; más bien, busque la quietud y la tranquilidad en su interior que puedan brindar a esas apariencias superficiales. Cuando se abstiene de involucrarse en juicios basados en las apariencias usted paradójicamente, se convierte en un instrumento para el cambio.

Estudie las primeras líneas de este verso. Lo que parece imperfecto, no obstante, es inextinguible, lo que parece vacío es eterno. Imagínese una jarra de donde puede verter un delicioso té helado sin tener jamás que volverla a llenar. "¡Imposible!" dice usted, sin embargo, eso es precisamente lo que hace el Tao. Jamás se agota. Jamás lo ha hecho y jamás lo hará. No puede extinguirse. Se le pide que sea como este Tao inextinguible, siempre lleno: que no emita juicios, que permanezca en calma y sobretodo tranquilo. Deje que el mundo y sus creaciones se desarrollen, mientras usted permanece constante con lo invisible que permite que todo tome su lugar. Permita que sus sentimientos profundos lo guíen desde ese espacio calmado y en paz hacia la dirección que es su verdadero destino.

Hace poco acudí a una charla dictada por mi amigo, colega y mentor Ram Dass, que sufrió de un derrame cerebral en 1997 afectándole el habla. Mientras escribo esto, él aún permanece la mayor parte del tiempo en que está despierto en una silla de ruedas, y su charla duró unos cuarenta y cinco minutos. Al final, fue aclamado fervientemente, y personalmente me sentí bendecido y lleno de gozo por haber sido parte de su audiencia. Algunos podrían ver sólo las superficialidades, pues para ellos la charla puede haber sido pausada y lenta debido al derrame, y pueden haberla juzgado como vergonzosa o incluso intelectualmente deficiente. La mayor parte de la presentación de mi amigo fue silenciosa, y ciertamente parecía extraña en comparación con sus primeras charlas en donde siempre era una maestro elocuente. Pero aquí sentado escribiendo, solamente puedo decir que debido a que cambié mi forma de percibir esta experiencia, todo cambió para mí de una forma muy dramática.

Aunque las palabras de Ram Dass fueron pocas, su mensaje fue honesto, lacónico y directo. Lo que podría parecer a otros como ininteligible para mí fue de una lucidez contundente enmascarada por las circunstancias. Lo que podría haber sido visto como un desatino, era articulado y perfecto en todos sus aspectos. Fui testigo de una gran presentación dirigida a un grupo amoroso y receptivo, realizada en gran parte entre largos periodos de un delicioso silencio. A través de esta cátedra todos los miembros de la audiencia, al igual que yo, nos mantuvimos en calma y tranquilos. Como Lao-Tsé concluye en este verso 45 de Tao Te Ching: "Establece el orden de las cosas en [nuestro] universo".

Puedo sentir la presencia de Lao-Tsé aquí esta mañana mientras contemplo la pintura de ese hermoso viejo sentado sobre un buey. Parece implorarme que le diga a usted cómo aplicar esta gran sabiduría que proviene de vivir más allá de lo superficial:

Vea las imperfecciones como perfectas, aunque su mente egoica no pueda comprenderlo

Sea consciente de sus respuestas condicionadas que lo llevan a clasificar a las personas, los lugares y las circunstancias como algo menos que perfecto. Observe lo intachable tras estos presuntos defectos. Cuando observaba crecer a mis hijos, por ejemplo, hubo muchas ocasiones en que a cierta edad, su conducta provocadora era en verdad pura lucidez. Por ejemplo, vi cómo se rehusaban a comer ciertos alimentos nutritivos, sabiendo que ellos tenían que pasar por esas etapas para llegar a lugares más elevados. Un rechazo inflexible a comer verduras no es necio o malintencionado: fue perfecto y necesario para ellos en ese momento. Puede aplicar esta misma clase de calma paciente en su mundo. Pulgada a pulgada evolucionamos como personas hacia una unión más plena con el Tao.

Permítase ser perfecto, incluso con todas sus imperfecciones aparentes

Reconozca primero y por encima de todo que usted es una creación de Dios: su perfección. No tiene nada que ver con cómo luce ni con los supuestos errores o fracasos que haya podido haber atraído a su vida, aunque estas superficialidades seguirán a lo largo de toda su existencia en este cuerpo. La Fuente de su ser material, el Tao eterno, es intachable, honesta, plena y es una expresión de la verdad. Cuando aparezcan esas formas que le han enseñado como imperfectas, y advierta el dolor que se está causando ante su disgusto o sus juicios, invoque a su Tao perfecto para vigilar esas supuestas fallas. Cuando las rodea de amor, se apaciguan la apariencia superficial y el sentimiento de desamor.

Rumi, el poeta místico del siglo XIII, lo resume a la perfección en esta corta observación:

> *Eres la verdad*
> *de pies a cabeza. Ahora bien,*
> *¿qué otra cosa deseas saber?*

Practique el Tao ahora

Haga una lista de diez cosas que ha catalogado como imperfectas, distorsionadas o ineptas. Luego, observe una por una y evoque el sentimiento en su cuerpo que lo conecte con eso. Permita que la sensación sea observada y manténgala en sus pensamientos desde una perspectiva de consentimiento amoroso. Haga esto por el tiempo que se sienta cómodo, permitiendo que esté presente el "¡Tao ahora!". Recuerde, mientras realiza este ejercicio, que el Tao no juzga y alimenta a todos por igual. Usted puede recibir los rayos del sol y deleitarse con ellos, o puede quemarse hasta achicharrarse. El Tao simplemente es, ¡y no le importa!

Verso 46

Cuando el mundo tiene el Camino,
caballos galopantes se retiran a labrar los campos.
Cuando el mundo carece del Camino,
caballos de guerra se crían en la campiña.

No hay mayor pérdida que perder el Tao,
mayor maldición que la codicia,
mayor tragedia que el descontento;
el peor de los defectos es desear más: siempre.

La satisfacción por sí misma es suficiente.
De hecho, la gloria de la eternidad
puede encontrarse en tu satisfacción.

$\mathcal{V}$ivir en paz

Si en la actualidad evalúa su nivel de realización según cuánto ha acumulado, prepárese para sentir un gran cambio en su estado de satisfacción y complacencia personal. El verso 46 del Tao Te Ching lo invita a descubrir una forma más pacífica y satisfactoria de conocer el éxito; cuando su determinación de adquirir comienza a debilitarse más, sus nuevas visiones cambiarán el mundo que ha conocido. Descubrirá que la experiencia de paz interior se convierte en su verdadero indicador de realización.

Este verso 46 comienza con una mirada a lo que ocurre cuando un planeta pierde su conexión con el Camino. Los países comienzan a necesitar conquistar más territorio... y en su búsqueda de más tierra, poder y control sobre los demás, deben prepararse constantemente para la guerra. Lao-Tsé habla simbólicamente de los caballos: cuando están conectados con el Tao, los animales fertilizan los campos; cuando se desconectan del Tao, estas hermosas criaturas son criadas para la guerra.

En una traducción moderna del Tao Te Ching, mi amigo Stephen Mitchell interpreta este mensaje en términos actuales:

> Cuando un país está en armonía con el Tao,
> las fábricas producen camiones y tractores.

> *Cuando un país antagoniza con el Tao,*
> *se acumulan ojivas nucleares en las afueras de las ciudades.*

Es dolorosamente obvio que nuestro mundo ha perdido ampliamente el contacto con el Camino como lo describe Lao-Tsé. En la actualidad, demasiada de nuestra energía ha sido colocada en la cría de caballos de guerra, a expensas del uso de nuestros recursos para fertilizar los campos y poder vivir en paz. Los Estados Unidos están repletos de armas de destrucción masiva, y continuamente dictamos más y más leyes para suplir fondos para fabricar armas tan amenazantes que pueden convertir en inhabitable el planeta entero. La "enfermedad de querer más" ha creado un ambiente que personifica la observación de Lao-Tsé de que "no hay mayor tragedia que el descontento". Pero aunque tantos de nuestros seres divinos parecen estar consumidos por las llamas de la intranquilidad, *usted* puede comenzar el proceso de poner en práctica el consejo de Lao-Tsé.

Cuando entiende en verdad lo que significa vivir en paz, la satisfacción comienza a reemplazar su deseo de más. Su mundo comienza a tranquilizarse cuando cambia su propia vida y luego toca las vidas de su familia inmediata, sus vecinos, sus colegas y a la postre, su nación y todo el planeta. Comience por pensar sencillamente en la primera línea de la famosa oración de San Francisco tan pronto sienta que está exigiendo más de algo.

Diga en silencio: *Señor, hazme instrumento de tu paz, donde haya odio, sea yo amor.* Como ese instrumento de paz, irradiará tranquilidad hacia las personas que lo rodean y sentirá la chispa de una realización nueva y distinta en su complacencia, quizá por primera vez en su vida. Rehusando perder el Tao, sin importar lo perdidos que estén los demás y lo que elijan hacer los gobiernos de nuestro mundo, usted vivirá en armonía. *Su* conexión con el Tao impactará al mundo, llevando paso a paso y gradualmente a la Tierra lejos del precipicio de la insatisfacción que Lao-Tsé llama "la peor de las tragedias".

Estos son sus mensajes del poderoso verso 46 aplicables a su vida personal hoy en día:

Practique todos los días la gratitud y la complacencia

Cuando sus pies toquen el suelo cada mañana, sin excepción, diga: "Gracias por la oportunidad de vivir en un estado de complacencia". Invite la energía mágica del Tao para que fluya libremente a través suyo y advierta sus respuestas a lo largo del día. Está en armonía con su Fuente cuando está ofreciendo gratitud y satisfacción de esta manera.

Sea uno con su naturaleza

En un mundo que parece producir más y más violencia, conviértase en aquel que escoge ser un instrumento de paz. Deje que su naturaleza sea los "caballos" que son criados para labrar los campos, alimentar a los hambrientos, y ofrecer confort a los afligidos o menos afortunados. Viva como si usted y el Tao fueran uno, lo cual es en verdad cuando está en su estado natural.

Cuando suficientes de entre nosotros seamos capaces de hacer esto, habremos logrado una masa crítica, y eventualmente, el Gran Camino sobrepasará las exigencias del ego. Creo verdaderamente, usando una analogía del béisbol, que la naturaleza siempre "batea de último".

Practique el Tao ahora

Aparte un tiempo para hacer un esfuerzo consciente para enviar energía de paz a una persona o grupo que considere enemigo. Incluya un competidor, un miembro alienado de la familia; una persona de una creencia religiosa diferente; o aquellos a quienes se opone en el gobierno, a un partido político o aquellos con quienes está en desacuerdo. Luego, literalmente, envíeles algo si así lo siente, una flor, un libro o una carta. Comience hoy su esfuerzo consciente, ahora mismo, de entregarse al Tao y conocer la auténtica realización que no admite separaciones.

Verso 47

Sin cruzar la puerta,
conoce el mundo.
Sin mirar a través de la ventana,
puedes ver el camino al cielo.

Cuánto más lejos uno llega,
menos conoce.

Por lo tanto, el sabio no se aventura lejos
no obstante, sabe,
no mira
no obstante, identifica,
no se afana
no obstante, se realiza.

$\mathcal{V}$ivir siendo

Lo animo para que cambie su creencia de que los esfuerzos y los afanes son herramientas necesarias para la realización. En el verso 47, Lao-Tsé sugiere que estas son las formas de ser que le impiden experimentar la armonía y lograr la perfección que ofrece el Tao. Vivir *siendo*, en vez de *tratando*, es un punto de vista diferente; como señala Lao-Tsé: usted puede ver y lograr más sin mirar a través de la ventana.

¿Cómo es esto posible? Observemos un ejemplo para aclarar este enigma. Me gustaría que le prestara atención a una de las creaciones más grandiosas de Dios. Me refiero a su corazón, siempre palpitando, este misterioso trozo de arterias, vasos sanguíneos, músculos y sangre que lleva consigo dondequiera que va. Siempre mantienen su *pum, pum, pum* sin que usted trate de hacerlo latir, incluso cuando duerme. Usted no lo *hace* latir, ni siquiera con su atención consciente, funciona de forma tan perfecta como el océano. Su continuo palpitar nos recuerda las olas sobre la superficie del mar.

Su corazón es en verdad algo maravilloso, pues hace brotar la vida misma; es esencialmente usted. Este órgano en su pecho es un modelo para la comprensión y la aplicación de la lección de vivir siendo. Su corazón logra la perfección (su vida) sin aventurarse, sin ver más allá de la cavidad de su pecho y sin esfuerzo. Mientras usted lee estas palabras ahora mismo, lo mantiene vivo simplemente siendo y usted ni siquiera lo siente.

Me gustaría que concibiera todo su ser como un corazón que sabe exactamente lo que tiene que hacer en virtud de su propia naturaleza. Es decir, usted no tiene que ir a ninguna parte para conocer el mundo porque usted ya *es* el mundo. En el momento en que trata de controlar los latidos de su propio corazón, comprende la futilidad de dicho esfuerzo. Por mucho esfuerzo que haga, o por mucho que lo intente, no habrá ninguna diferencia pues su corazón funciona según su conexión natural con el Tao, que no hace nada pero no deja nada sin hacer.

Michael LaTorra señala esto en su comentario sobre este verso en *A Warrior Blends with Life:*

> Como los más sabios entre los sabios han siempre comprendido, la raíz esencial del ser está en el corazón, especialmente en el mecanismo de sus latidos. Desde ahí, el esplendor de ese ser esencial gira en espiral hacia arriba para iluminar la cabeza. Este mecanismo yace más allá de cualquier tecnología. Usted ya lo habita... Y a través de sentimientos profundos (en vez de emociones superficiales) puede conectarse de inmediato con él... La acción suprema que ilumina no involucra ninguna acción.

Usted sabe entonces que el estado paradójico que Lao-Tsé describe en este verso no es solamente posible, sino que en realidad toma lugar en todas partes ahora mismo, en miles de millones de corazones humanos. La realidad ulterior es que esto es verdad para los corazones de *todas* las creaturas, así como para el sistema vital de todo árbol, flor, arbusto e incluso mineral, sobre la Tierra. Y este es solamente un planeta en un universo que contiene tantos cuerpos celestiales que contarlos va más allá de nuestra habilidad, ni siquiera podemos ingeniar calculadoras para realizar dicha tarea.

El siglo XXI es a menudo llamado "la era de la información": vivimos en una época en que hay más datos disponibles en diminutos microprocesadores informáticos que nunca antes en la historia de la humanidad. Podemos fácilmente ver que nuestros esfuerzos en realidad nos han brindado más hechos y cosas por el estilo. De hecho, usted puede ser uno de esos genios de las computadoras cuyos grandes esfuerzos han hecho que todo esto sea posible. Lo que está en cuestión aquí es la relación de la información con el conocimiento y la sabiduría.

Dejemos a un lado el nombre mismo de esta era —información— para explicar a lo que me refiero. Cuando usted permanece "en-forma e in-formado" (en su cuerpo y en su mundo material), es recompensado con información. Pero muévase *más allá* de la forma (transfórmese al espíritu) y recibirá inspiración. Por consiguiente, la información no es siempre conocimiento y el conocimiento no es siempre sabiduría. La sabiduría lo conecta con su corazón en sus momentos de vigilia; es el Tao en acción. Lao-Tsé le está pidiendo que reconozca la diferencia entre esforzarse por más hechos y estar en el mundo que está completo tal como es. Cuando vive desde esta perspectiva de sabiduría o conexión con el Tao, el mundo luce muy distinto.

Usted es un latido en el corazón que constituye la humanidad. No tiene que ver a través de su ventana ni aventurarse lejos, lo único que tiene que hacer es *ser* en la misma forma que permite que sea su corazón. Este concepto era difícil hace 2,500 años, y entiendo que sigue siendo difícil de comprender, pero, ¡debe hacerlo! En un mundo desesperado por información sin la gracia de estar en el Tao, usted es uno de los latidos que mantiene la sabiduría del Tao fluyendo en libertad... simplemente... siendo.

A través de mí, Lao-Tsé le suplica que trabaje en esta nueva percepción e intente llevar a cabo estas sugerencias:

Comience el proceso de confiar en su corazón

Escuchando su corazón, puede reconocer claramente al Tao practicando la paradoja de no hacer nada y al mismo tiempo no dejar nada sin hacer. Sus sentimientos más profundos son reflejos de su "espacio del corazón" hablándole. Usted no tiene que hacer nada para activar esta profundidad interna; simplemente, deje que su corazón le hable. Comience advirtiendo y apreciando su continuo palpitar en silencio; y lo que sea que ofrece la energía para que continúe su palpitar, deje que su presencia en su pecho sea un recordatorio permanente del Tao en acción.

Confíe en sus "presentimientos" que siempre lo acompañan

Un *presentimiento* está ahí independientemente de que usted se aventure, está ahí incluso si sus ojos están cerrados y está sentado en calma. Esto no necesariamente significa que debe convertirse en un adicto a la televisión. Más bien, debe permitirse ser guiado por la misma Fuente que hace girar los planetas alrededor del sol, y confiar en que lo dirigirá perfectamente sin que usted interfiera. Experimente su creatividad innata siendo observador, viendo lleno de asombro mientras todo se ajusta perfectamente en su lugar. Así como el agua que fluye jamás se estanca, avanzará siendo llevado por una fuerza natural que busca completarse en su interior sin necesidad de intervenir. Puede entrar en contacto con esta sabiduría a través de la práctica de la meditación.

Practique el Tao ahora

Encuentre o haga un dibujo de un corazón y pase hoy algo de tiempo contemplándolo como un recordatorio del Tao sin esfuerzo en acción, en el interior de la cavidad de su pecho. En algún punto del día, permítase ser guiado por el Tao para realizar algo creativo que provenga de su interior, así como: pintar, escribir un poema, dar un paseo por el parque, comenzar un proyecto personal o cualquier otra cosa. Sólo déjese guiar sin tener que aventurarse de ninguna forma. Luego, atraiga esta magia del Tao con más frecuencia hacia todos los aspectos de su vida.

Verso 48

Aprender consiste en acumular a diario.
La práctica del Tao consiste en disminuir a diario
cada vez menos, hasta no hacer nada.
Cuando nada se hace, nada queda sin hacer.

La verdadera maestría se consigue
dejando que las cosas ocurran a su manera.
No puede obtenerse interfiriendo.

Vivir disminuyendo

Vivimos en una sociedad que parece decir: "Cuánto más amasas, más valor posees como ser humano". Aquí, en el verso 48 del Tao Te Ching, se le pide que cambie la forma de ver este concepto. En vez de valorarse adquiriendo más, puede invertir esta idea preconcebida de *incrementar* como el criterio para dominar la vida con maestría. El beneficio de vivir *disminuyendo* es ver su mundo bajo una luz distinta, en la cual, lo crea o no, experimentará un gran sentimiento de plenitud.

A través de los años de su formación escolar, lo estimularon para que acumulara todo lo que estuviera disponible para usted: más fórmulas matemáticas; reglas de gramática; conocimientos de historia antigua y moderna; información sobre el cuerpo humano, galaxias internas y externas, religión, compuestos químicos y así sigue y sigue la lista. Amasó una serie de documentos, diplomas y títulos que resumieron su jornada de recolección, reunión y acopio de evidencia de su aprendizaje. Lao-Tsé sugiere que examine de nuevo este legado, porque entonces puede basar su nivel de éxito en algo que parece ser exactamente opuesto a lo que se ha dedicado hasta ahora.

El Tao le pide que libere los indicadores externos y los símbolos de su situación escolar. Mientras aprender es cuestión de acumular información y conocimiento, el Tao es cuestión de sabiduría, la cual involucra liberarse de información y conocimientos y llevar una vida en armonía con su Fuente. Con el fin de vivificar su experiencia del Tao, y vivir según sus principios, se le pide que practique disminuir su dependencia de las cosas.

Como ya he mencionado en estas páginas, todo lo que añade a su vida llega con un elemento de encarcelamiento: sus cosas requieren que las asegure y las proteja de ladrones potenciales o desastres naturales; además, debe mantenerlas brillantes, pintarlas, limpiarlas, almacenarlas y empacarlas, así como trasportarlas de un lugar a otro. Hay una sabiduría infinita en las ideas que Lao-Tsé expresa en este verso del Tao Te Ching, especialmente en su visión de que la verdadera maestría sólo puede obtenerse liberándose del apego a las cosas y, de hecho, reduciendo la cantidad de cosas que ya tiene.

Cuando piensa con seriedad en esta idea y cambia la forma de ver la acumulación de cosas, comprende que en verdad jamás puede poseer nada. Los indígenas nativos de los Estados Unidos solían carecer de una palabra para poseer la tierra; hoy la compra de un terreno por un individuo involucra una cascada inacabable de maniobras legales que incluyen la búsqueda de títulos de propiedad, gravámenes, honorarios a los abogados, hipotecas, timbres fiscales y más. Hemos creado enormes impedimentos para comprar y poseer una terreno que sólo podemos ocupar temporalmente. Lao-Tsé le implora que se considere como un invitado en la tierra en vez de un propietario. Deje de interferir con el mundo natural haciendo todo lo posible para aminorar su impacto en el medio ambiente, es decir: viva en armonía con el estado de la *nada* del cual emergió y al cual está destinado a regresar.

Lao-Tsé dice que debe pensar en su vida como su "paréntesis en la eternidad", como una oportunidad de estar en armonía con el siempre decreciente Tao poniendo en práctica estas sugerencias:

Vea el valor en la sustracción o en "disminuir a diario"

Comience a disminuir conscientemente su necesidad de comprar más cosas. Tenga en cuenta que el mundo de la publicidad está diseñado para convencerlo de que su felicidad está ligada a lo que sea que ellos promueven; en vez de comprar más, vea cuántas de sus posesiones acumuladas puede regalar. Le garantizo que tendrá un sentimiento refrescante de libertad cuando su deseo disminuya y se libere de su obsesión con los objetos materiales que ha acumulado. Como diría Lao-Tsé, usted llegó sin *nada* y se va sin *nada*, disfrute entonces de todo lo que le ha ocurrido en su vida. Hay todavía más placer en la comprensión de que su habilidad de vivir en paz y feliz no depende de la cantidad de cosas que añade a su vida. Vivir disminuyendo es el camino del Tao.

**Practique ver la alegría en el mundo natural,
en vez de buscar la realización en la posesión.**

Comprenda la locura de poseer más en un universo que está eternamente en composición y descomposición... al igual que usted. En esencia, Lao-Tsé le está diciendo que lo que es real nunca cambia porque no tiene forma. Cuánto más pueda dejar que las cosas se manifiesten de forma natural, vivirá en el Tao con mayor armonía. Disfrute de las flores, nubes, atardeceres, tormentas, estrellas, montañas y de *todas* las personas que conoce. Debe estar *con* el mundo, en él y adorándolo, pero sin tener que poseerlo. Este es el camino de la paz. Este es el camino del Tao.

Practique el Tao ahora

En este preciso minuto, renuncie a cinco objetos que tenga en su posesión donándolos para que otros puedan tenerlos. Enseguida, escoja algo que tenga un valor particular para usted y déselo a alguien. Es importante que sea algo que en verdad le guste, porque cuánto más sea el apego que sienta hacia ese artículo, mayor la alegría que sentirá al dejarlo ir. Esto puede convertirse en una práctica de llevar una vida disminuyendo a diario.

Verso 49

El sabio no tiene una mente fija;
está consciente de las necesidades de los demás.

Trata con bondad a los buenos.
También trata con bondad a los malos
porque la naturaleza de su ser es bondadosa.

Es amable con los amables.
También es amable con los descorteses
porque la naturaleza de su ser es gentil.

Es fiel con los fieles;
también es fiel con los infieles.
El sabio vive en armonía con todo lo que hay bajo el cielo.
En todas las cosas ve a su propio ser;
ama a todos como a su propio hijo.

Todos se sienten atraídos hacia él.
Se comporta como un niño pequeño.

$\mathcal{V}$ivir más allá de las críticas

En este verso poderoso y sutil, nos exhortan para que cambiemos la forma de ver virtualmente a todos en el planeta. Lao-Tsé vio el potencial de existir en armonía a través de vivir más allá de las críticas; de este modo, este verso 49 del Tao Te Ching nos invita a explorar ese mundo pacífico. Nos anima a que reemplacemos la idea de criticar a *los demás* con un reconocimiento de *nosotros* sin juicios. Imagine las posibilidades para toda la humanidad si simplemente eliminamos el prejuicio y vivimos "en armonía con todo bajo el cielo".

Puede comenzar cambiando su visión del juicio como una actividad valiosa o importante concientizándose cuando lo esté haciendo. Luego, sencillamente, comience a sustituir *advertir* por *juzgar;* desde esta perspectiva, comprenderá muy pronto que prefiere observar lo que está haciendo o sintiendo en vez de criticarse. Denominar su conducta "mala" o "buena" lo coloca en una posición en contra de sí mismo y de los demás usando la competencia, el castigo o el disgusto como marcadores de su motivación: el odio, la ira y las amenazas se convierten en una necesidad porque no confía en el amor, la aceptación y la amabilidad.

Cuando se aparte del juicio hacia sí mismo, ya no tendrá necesidad ni deseará lo que Lao-Tsé llama la "mente fija"; de este modo, se disolverán las ideas que lo separaban de las personas al verlos como *ellos*. Las innumerables categorías que lo ayudaron a organizar sus identificaciones, se vuelven totalmente superfluas y carentes de importancia cuando cambia su visión de este supuesto valor. A pesar de haber sido acondicionado por el país en que nació, la religión que le fue asignada, la cultura en la que estuvo sumergido, o incluso la familia que lo crió, vivir más allá de las críticas se convierte en su preferencia. Usted existe en armonía con el Tao que no excluye a nadie y no tiene un concepto de divisiones y lealtades. La unicidad del Tao lo aleja de la idea de cualquier creencia de que los demás están separados.

Esta es la solución básica a las guerras y los conflictos. Verá, cuando deja de juzgar, y en su lugar comienza a verse en los demás, no puede evitar amar la originalidad de todos los seres como si fueran sus propios hijos. Luego, en vez de exclusiones y lealtades, la unicidad del Tao honra a todos sin impedimentos. En vez de *Dios bendiga a los Estados Unidos* (o a cualquier país en donde se dé el caso que viva), *Alá salve a nuestro pueblo,* o *Krishna bendiga a aquellos que creen en él,* cambiamos a: *Dios bendiga a la humanidad, que yo haga todo lo posible para tratar a todos, sin excepción, con bondad y amabilidad, así como nos han enseñado con su ejemplo todos aquellos a quienes reverenciamos como maestros espirituales.*

Cuando cambia su visión del mundo, extiende bondad hacia todos aquellos que encuentra en su camino. Descubre que puede sentir compasión sin juicios por los maltratados, inclusive cuando la forma de ver las cosas que tienen *ellos* le haya causado dolor a usted y a los suyos. Puede ser amable no solamente como respuesta a la amabilidad, sino especialmente cuando han sido crueles con usted. ¿Por qué? Porque como le recuerda Lao-Tsé en este emotivo verso: "La naturaleza de [su] ser es gentil". Es imposible dar lo que no es, y usted no es crítico. Se refleja en todos sin la necesidad de criticarlos o criticarse.

Cambie sus pensamientos y viva más allá de la crítica; y no se vea *a sí mismo* como "malo" cuando titubee en esta visión, tampoco como "santo" cuando tenga éxito. Tenga en mente que usted es una mezcla de infinita franqueza y limitaciones finitas al igual que lo somos todos. A veces sólo tiene que advertir que se está juzgando, ¡sin juzgarse por eso!

Esto es lo que me siento llamado por Lao-Tsé a ofrecerle de este verso 49 del Tao Te Ching:

Cambie la forma de verse a sí mismo

Si se siente orgulloso de tener una mente fija, comprenda que esto se basa en un condicionamiento que por lo general se manifiesta como un prejuicio. Más bien, véase como un ser flexible, puesto que la virtud más elevada es tener una mente abierta. Siéntase orgulloso de extender bondad y amabilidad hacia todos, incluso cuando se oponen a su aprendizaje preprogramado. Comience a verse como una persona que *advierte* en vez de *juzgar*. Evite asumir una posición y aferrarse a ella sin importar las circunstancias; mejor permanezca en armonía con *todas* las personas, especialmente aquellas ¡cuyas opiniones estén en conflicto con las suyas! Y recuerde incluirse cuando ofrezca amabilidad e imparcialidad.

Cambie la forma de ver a los demás

Una versión de este verso dice: "Confío en los hombres que tienen palabra y confío en los mentirosos. Si soy lo suficientemente honesto, siento los latidos del corazón de los demás antes que los míos". Ya sea que usted lo denomine "juzgar" o "identificar", advierta cuando está pensando en los demás como: malos, perezosos, deshonestos, estúpidos o feos. Luego afirme: *Me veo en esta persona y elijo estar en un espacio de bondad, en lugar de juicio.* Hay una palabra en sánscrito: *Namaste,* que puede ayudarlo con esto. Cuando se usa para saludar quiere decir más o menos: "Honro el lugar en ti en donde todos somos unos". Entonces, en silencio o verbalmente, comience a decirle a los demás "Namaste" para recordar amar a todos como si fueran sus propios hijos.

Practique el Tao ahora

Comprométase a pasar un día buscando oportunidades para practicar la bondad en circunstancias que por lo general provocan críticas. Advierta lo que piensa o dice respecto a un mendigo, un pariente que le disguste, o incluso un político o un comentarista de televisión hablando en términos que incitan en usted una ráfaga de pensamientos rudos. Tome esa oportunidad para convertirse en un"observador", disminuyendo su criticismo y aumentando la cantidad de cortesía y bondad en su mundo.

Verso 50

Entre el nacimiento y la muerte,
tres de diez son seguidores de la vida;
tres de diez son seguidores de la muerte.
Y los hombres que pasan del nacimiento a la muerte
también son tres de diez.

¿Por qué pasa esto?
Porque se aferran a la vida
y se aferran a este mundo pasajero.

Pero uno de cada diez, dicen, está tan seguro de la vida
que incluso los tigres y los toros salvajes se alejan de él.
Las armas lo evaden en el campo de batalla,
los rinocerontes no encuentran lugar para una cornada,
los tigres no encuentran como clavar sus garras
y los soldados no tienen lugar para clavar sus espadas.

¿Por qué ocurre esto?
Porque él reside en ese lugar en donde
no puede entrar la muerte.

Comprende tu esencia
y serás testigo del final sin fin.

Vivir como un inmortal

En este pasaje, Lao-Tsé le pide que cambie la visión de su mortalidad. El Tao enseña que la muerte es un detalle insignificante contra el cual no se debe luchar conscientemente, ni al que se debe temer. Como le informa este verso del Tao Te Ching, existe un "lugar donde la muerte no puede entrar". ¡Hablando de cambiar su vida cuando cambia sus pensamientos! Esto es lo supremo, ya que el miedo a la muerte está en el primer lugar de la lista de ansiedades de casi todos.

Si usted se considera únicamente un mortal físico es parte del noventa por ciento de la población a la que este pasaje se refiere como: "seguidores de la vida", "seguidores de la muerte", o "solamente pasan del nacimiento a la muerte". Aquí, lo exhortan a que aspiren a ser parte del diez por ciento restante, cuyos pensamientos de mortalidad no invaden el espacio del corazón ni de la vida en general. Alterando la forma en que usted ve la muerte, estará en ese grupo selecto. Experimentará la vida del lado activo del infinito, sabiendo que usted es primero y antes que todo un ser espiritual pasando por una experiencia humana temporal, en vez de lo contrario.

En este dominio, será un adepto moviéndose con gracia y libre del temor a los eventos que ponen la vida en peligro. Se conocerá a sí mismo y conocerá su conexión con el Tao de tal forma que sencillamente, le permite ir por la vida como un esquiador que desciende una colina sin temor y se siente uno con la montaña cubierta de nieve. Sin recurrir al juicio, advertirá a otros que están siendo perpetuamente víctimas de estafas, burocracias, indiferencias, desastres naturales, criminales o parientes entrometidos.

Con una percepción íntima de su esencia infinita centrada en el Tao, es muy probable que deje de ser una víctima y pueda lidiar tranquilamente con situaciones en las que los demás tienden a estancarse. En otras palabras, cuando conoce su propia naturaleza infinita y vive cada día con esta conciencia como guía, sencillamente, no habrá espacio en su interior para que la mortalidad decida. Si acaso un estrago llegara a intentar perjudicarlo o infligirle la muerte, no encontrará un lugar en dónde asirse.

Cambie su visión de la muerte viendo su ser espiritual esencial, y podrá *disfrutar* de este mundo sin el temor provocado al creer que usted es *de* él. Cuando conoce su inmortalidad a través del flujo del Tao, ni siquiera tendrá la necesidad de asignarle un concepto mundano ni una religión formal. Y cuando le llegue el momento de retirar el abrigo desgastado que usted llama cuerpo, Lao-Tsé dice que "será testigo del final sin fin".

Contemple las enseñanzas del Tao Te Ching y comprenda que usted nunca puede ser en verdad asesinado ni perjudicado. Con esta visión de vida, será capaz de despejar su campo de batalla interno del ejército de creencias que continuamente intenta marchar sobre su ser esencial. El miedo y el temor son armas que no pueden herirlo ni amenazarlo. Incluso los elementos naturales simbolizados por los cuernos de los rinocerontes y las garras de los tigres, no pueden hacerle daño porque ellos embisten y se desgarran contra un espacio en donde no encuentran solidez para causar dolor. Usted reside en un lugar impenetrable a la muerte: ya no se está aferrando a las 10,000 cosas ni tratando su corta jornada de la cuna a la tumba como si fuera su única y suprema experiencia de vida. Ahora usted es el Tao infinito, viviendo su esencia real.

Auque Lao-Tsé vivió hace veinticinco siglos, sigue muy vivo. Lo siento implorándole a usted que le preste atención a las siguientes pizcas de sabiduría:

Cree afirmaciones

Recuerde: *Nadie muere, ni siquiera yo.* Afirme que nunca puede ser perjudicado ni destruido, porque usted no es su cuerpo. Si se mantiene conectado con esta realidad, desviará automáticamente los peligros que hayan podido invadir su espacio físico en el pasado. Por ejemplo, estando el santo indio Muktananda en su lecho de muerte dicen sus devotos que lo rodearon suplicándole: "Por favor no nos dejes". Muktananda replicó: "No seáis tontos ¿adónde podría ir?" El gran swami comprendía su verdadera esencia y sabía que estaba en el final sin fin.

¡Muera mientras está vivo!

En su imaginación, contemple la muerte de su cascarón físico: visualice su cuerpo yaciendo sin vida y observe cómo usted, el testigo, no se identifica con este cadáver. Ahora atraiga esa misma atención a su cuerpo cuando se levanta y realiza sus labores diarias. Nada podía perjudicar su forma humana cuando estaba muerto, y nada puede perjudicarlo ahora porque usted no es ese cuerpo; usted es lo invisible presenciando la esencia. Comprenda esto plenamente sabiendo que ha experimentado la muerte de su recipiente terrenal como su fuente primaria de identificación. En esta nueva conciencia, usted es libre e impenetrable. Leonardo da Vinci expresó el mensaje de este verso del Tao Te Ching: "Cuando pensaba que estaba aprendiendo a vivir, había estado aprendiendo a morir". Haga esto, ahora, mientras sigue vivo.

Practique el Tao ahora

Este ejercicio del Tao es una búsqueda de visión interna en la que se visualiza a sí mismo inmune a daños. Cree su propia imagen de peligro, o extraiga una de las amenazas a su vida de este verso 50 del Tao Te Ching. Tigres lo atacan y no dan en el blanco, le lanzan espadas sin lastimarlo, explotan bombas y sale ileso... Mantenga esa imagen de sí mismo como un ser incapaz de ser lastimado sin importar lo que ocurra con su cuerpo. Luego, use esta visión de "presenciar su inmortalidad" para ayudarlo a activar las fuerzas latentes protectoras que lo asistirán en la realización de lo que haya imaginado.

Verso 51

El Camino conecta a todos los seres vivos con su Fuente.
Brota en la existencia,
inconsciente, perfecto, libre;
asume un cuerpo físico;
deja que las circunstancias lo completen.

Así es que todos los seres honran al Camino
y valoran su virtud.
No se les ha ordenado que veneren al Tao
ni que le rindan homenaje a su virtud,
pero siempre lo hacen de forma muy espontánea.

El Tao les da la vida.
La virtud los sustenta y los nutre,
los cría y los alberga y protege.
El Tao produce pero no posee;
el Tao da sin esperar;
el Tao propicia el crecimiento sin gobernar.
A eso se le llama la virtud oculta.

Vivir según
la virtud oculta

Este pasaje lo estimula a descubrir la cualidad en su interior que protege, nutre y alberga automáticamente, "sin gobernar". Vivir conscientemente según la virtud oculta, significa probablemente cambiar muchas de las formas en que usted ve su papel en el gran esquema de las cosas. Y un punto de inicio natural sería la forma en que explica el misterio del comienzo de la vida.

Si tuviera que describir su creación, es muy probable que usted dijera que fue originado a través de un acto de fusión entre sus padres biológicos. Si esa es la única explicación de su existencia, entonces excluye la espontaneidad y el misterio que le ofrece vivir según la virtud oculta. Vivir de esta nueva forma expande y define de nuevo su concepción y nacimiento, y el mundo cambia como resultado de su visión modificada.

Vivir según la virtud oculta le permite sacar el máximo provecho de la vida porque significa ver que es su elección y responsabilidad decidir cómo va a vivirla. *No* vivir según la virtud oculta, por otro lado, le asegura que su papel en una familia o cultura ha sido asignado en su nacimiento (o incluso en su concepción), con expectativas predeterminadas respecto a cómo debería funcionar y así lo hará. Sus días estarán llenos de intentos estresantes de complacer aquellos con quienes está relacionado biológicamente.

Sentirá que se está criticando a sí mismo de manera incesante por desilusionar a un padre o abuelo, así como deseos perturbadores de liberarse de la presión de su género o lugar en una familia designada. Intentar funcionar desde el contexto de este sistema de creencias, puede mantenerlo atrapado en un papel desagradable e intolerable de servidumbre y adulación.

En el verso 51 del Tao Te Ching, Lao-Tsé le pide que expanda su visión y comience a verse como una creación del Tao. Imagínese que el minúsculo retoño que era usted no provino de otra partícula, sino más bien de una Fuente invisible. Y esta Fuente que lo hizo brotar en existencia, que aquí llamamos "el Camino", no tiene una doctrina preconcebida que le dicte lo que debe hacer, a quién debe escuchar, dónde debe vivir o a quién debe adorar. La Fuente, su gran Madre, no tiene interés en las elecciones que usted hace en su jornada individual; sabe que la planta que era usted es perfecta y libre para completarse de cualquier forma que elija. Esta Madre, que es el Tao, no tiene expectativas de usted... ni exigencias, ni batallas o guerras que deba librar, ni historia que deba cumplir.

El idioma chino se refiere a esta entidad oculta que lo trajo a la existencia como *Te*. Me estoy refiriendo al Te aquí como "virtud" o "carácter". La traducción de Jonathan Star del Tao Te Ching interpreta este verso de la siguiente forma:

> *Si bien el Tao le da vida a todas las cosas,*
> *El Te las cultiva.*
> *El Te es ese poder mágico*
> *que las cría y las educa,*
> *las completa y las prepara,*
> *las consuela y las protege.*

Te, entonces, es la virtud en lo más profundo de su ser y de toda la creación. No es una fuerza que garantiza que el cascarón físico nunca morirá; es más una característica que le permite moverse a través del mundo material en su cuerpo, perfectamente alineado con la fuerza creativa original. Lea este verso como un recordatorio de que está protegido y completado por su suprema Fuente original, que no es lo mismo que garantizar su seguridad en este mundo de los fenómenos. Helen Keller hablaba precisamente de esto cuando expresó: "La seguridad es más que todo una superstición. No existe en la naturaleza...".

El verso 51 trata sobre aprender a confiar cambiando su visión de la vida para incluir al Te, o la virtud oculta. Es cuestión de verse como un miembro de una familia de unicidad, con los mismos padres de todas las demás criaturas. Es cuestión de sentir su libertad total: producir sin poseer, evitar convertirse usted mismo en una posesión. Dé entonces, sin esperar. Y no se deje victimizar por las expectativas de los demás.

Aquí vemos unas sugerencias que le ofrece Lao-Tsé, mientras contemplo el cuadro del gran maestro que tengo ante mí y siento que somos uno:

Practique sentirse seguro y protegido

Viva cada día confiando en la virtud oculta que está *en su interior* y que también lo ha *originado*. Mantenga presente que el sentimiento de sentirse seguro, amparado y apoyado no llegará de nada que usted posea. Más bien, surgirá cuando sepa que está en contacto constante con un poder virtuoso que yace en el interior de cada célula de su ser. Esta fuerza oculta es responsable de su propia presencia.

Usted nació a la existencia en virtud del Tao; y aunque no se le ha ordenado que sus respiraciones y acciones lo hagan, ellas le rinden homenaje a la virtud interior que es su vida. Ese poder está en mis manos mientras escribo estas palabras, y está en sus ojos mientras lee esta página. Confíe en él. Adórelo. Siéntase seguro en la fuerza que permanece oculta. Esto es todo lo que hace falta para sentirse completo.

Recuerde que el Tao produce y no posee

Haga lo mismo y obtendrá la sabiduría de este verso. Sea un guardián, no un propietario. No intente controlar a nadie; más bien, propicie el crecimiento sin dominar ni gobernar. Cuando esté en un papel de supervisor, permita que otros activen su virtud oculta tanto como sea posible. Así como usted desea sentirse protegido y confiar en esa fuerza invisible que lo anima, igual le ocurre a *todo aquel* en su camino. Enfatizo estas palabras porque no hay excepciones.

La traducción de Witter Bynner de este verso 51 del Tao Te Ching dice:

Todas las cosas creadas se someten a la existencia y a la idoneidad
de las cuales dependen...
Haga lo mismo:
sea padre, no poseedor;
servidor, no dueño.
No se interese en la obediencia, sino en el beneficio,
y será la vida misma.

Le suplico que recuerde la frase: "Haga lo mismo", y viva según la virtud oculta.

Practique el Tao ahora

Practique un día de renuncia: renuncie a pensar, y descubra la naturaleza universal de la mente. Renuncie a prejuicios e ideas, y experimente las cosas como son en realidad. Renuncie a su necesidad de controlar a los demás, y descubra lo capaces que son en realidad. Tómese el tiempo para encontrar sus respuestas a la pregunta: *¿Qué ocurriría en realidad si renuncio a todo eso?* Al hacer este ejercicio, podría quedar sorprendido al descubrir que encuentra más de la virtud oculta en su vida, y que cambia luego la forma de verse a sí mismo.

Verso 52

Todo bajo el cielo tiene un comienzo común.
Este comienzo es la Madre del mundo.
Conociendo la Madre,
procedemos a conocer a sus hijos.
Conociendo a sus hijos,
debemos regresar y quedarnos con la Madre.

Mantén tu boca cerrada,
vigila tus sentidos
y la vida estará siempre llena.
Abre tu boca,
mantente siempre ocupado,
y la vida será un caso perdido.

Ver los detalles se llama claridad;
mantenerse flexible se llama fortaleza.
Si usas tu resplandor luminoso,
regresas de nuevo a la luz
y te salvas del infortunio.

Esto se llama
la práctica de la luz eterna.

$\mathcal{V}$ivir regresando a la Madre

Este verso le dice que es valioso e importante comprender que su vida es más que una experiencia lineal ocurriendo en el tiempo y en el espacio. Es decir, usted ve más o menos su tiempo en la Tierra como una línea recta de la concepción al nacimiento; avanza a través de etapas predecibles de desarrollo, concluyendo con la muerte, en donde se encuentra con el misterio que lo espera en el Más Allá. Lao-Tsé lo está invitando a ver que su existencia es un viaje de regreso al lugar en donde surgen todas las creaciones de los planetas. Él desea que comprenda que tiene la habilidad de disfrutar el *comienzo* misterioso antes de su *final* físico. Este misterio, que se encuentra en cada una de las 10,000 cosas es llamado por Lao-Tsé la "Madre", o el símbolo de lo que yace más allá de todo lo que parece comenzar y terminar.

Comience su jornada regresando a la Madre, contemplando las dos primeras líneas de este verso del Tao Te Ching: "Todo bajo el cielo tiene un comienzo común. Este comienzo es la Madre del mundo". Permita que este pensamiento se filtre en su ser físico y cree un estado de fascinación respecto a su existencia, que brotó de la *nada*. Sepa que esta Fuente invisible que da a luz a todas las cosas también le dio a luz a usted. Al igual que la electricidad fluye a través de un conducto, la misteriosa nada fluye y nutre toda la vida, incluyéndolo a usted. Es una fuerza constante, invisible, insondable e inodora, que no está disponible inmediatamente a sus sentidos.

Es vital que pase unos cuantos momentos cada día conociendo mejor su (y mi) Madre eterna, lo que puede hacer simplemente reconociendo su presencia y comunicándose con ella en silencio. Una vez que decide conocerla y honrarla, comenzará a cambiar la forma en que observa a todos sus hijos, incluyéndose usted. Verá todas las 10,000 cosas como descendientes de la Madre, verá más allá de la transitoriedad de sus apariencias y observará la manifestación del Tao. A esto es a lo que Lao-Tsé se refiere con que los hijos no están separados de su Madre, sino que son la Madre misma. Vea entonces toda la creación como originada en la Madre y luego "regrese y quédese con ella".

¿Cómo se embarca en este viaje de regreso hacia su Madre eterna? Lao-Tsé le aconseja que cierre su boca y selle sus oídos para asegurarse que su espíritu no está malgastado en actividades mundanas. En otras palabras, pase un tiempo con su lado maternal y busque claridad advirtiendo al Tao en las cosas pequeñas y en las cosas grandes. Practique abandonar la rigidez y más bien, cultive la elasticidad para mejorar su fortaleza. Lao-Tsé concluye diciéndole que esta forma de ver el mundo es "la práctica de la luz eterna". Vea esa luz en el insecto más minúsculo, e incluso en la partícula invisible que forma la pata de esa pequeña creatura. Es la misma luz que hace palpitar su corazón y sostiene en su lugar el universo. Permítase entonces no solamente quedar fascinado por el insecto sino *ser* ese insecto. De esta manera, encuentra claridad a través de "ver lo pequeño", y mejora el poder de su nueva forma de ver a través de su visión flexible. Cambie sus pensamientos lineales respecto a su presencia aquí en la Tierra, y comience a ver cambiar su vida, ¡¡justo ante sus ojos!

Lao-Tsé le ofrece lo siguiente a través de mí para ayudarlo en "la práctica de la luz eterna" en el mundo moderno:

Boca abierta: se escapa el espíritu.
Boca cerrada: ¡excelente conexión con el espíritu!

Piense en su boca como una compuerta que resguarda su espíritu: cuando hable con los demás, sea consciente de la necesidad de cerrar la puerta y permitir que su espíritu se refugie de forma segura en su interior. Realice el mismo cambio mental con sus oídos: manténgalos sellados cuando se trate de rumores y conversaciones mezquinas. Use pocas palabras; comprométase a largos periodos escuchando; y elimine de su vida dar consejos, entrometerse y participar en chismes.

Cultive su fortaleza con la flexibilidad de decidir conscientemente cuándo involucrar sus sentidos del habla y del oído. Cuando se sienta inclinado a meterse en los asuntos ajenos, recuerde que la única voz de su Madre eterna es el silencio. Haga lo mismo y se sentirá libre y lleno de gozo a su lado, ¡regresando entonces a ella en vida!

Ver el más pequeño de los misterios revela el más grandioso misterio

Al prestarle atención a lo insignificante, cultiva su deseo de claridad. Advertir en las criaturas microscópicas la misma chispa que lo anima a usted es una forma de explorar la vida como un viaje de regreso en vez de un callejón sin salida. Lo que parece ser el misterio más ínfimo de la vida lo lleva a experimentar el resplandor luminoso que se origina de su apreciación por todo lo que encuentra. Usted y la Madre que lo dio a luz y todo lo demás son uno. Viendo lo pequeño, obtiene esta claridad, ese viaje de regreso que le piden que realice mientras está vivo. Ahora su mundo comienza a lucir muy diferente. Cuando ve en todas partes al espíritu creador, ya nada es percibido como ordinario, inferior o indeseado.

Practique el Tao ahora

Planifique un día dedicado a examinar las formas de vida más pequeñas que pueda descubrir, conviértase en testigo de una araña creando su telaraña, de un pequeño cangrejo enterrándose en la arena de la playa, o de una mosca zumbando en la pared. Haga un viaje imaginario a través de sus entrañas examinando las formas de vida que residen en sus intestinos, en su flujo sanguíneo o en el interior de sus párpados, todas las criaturas que requieren de un microscopio poderoso para ser observadas. Medite en la Madre dando a luz a estas pequeñas bacterias para que usted exista. Experimente cómo le afecta ver su cuerpo a través de la vida infinitésimamente minúscula que es parte suya. Vivir para regresar a la Madre, le brindará una claridad que jamás ha experimentado antes.

Verso 53

Si tuviera un poco de sentido común,
iría por el Gran Camino,
y mi único temor sería extraviarme.

El Gran Camino es muy liso y recto,
aun así, la gente prefiere senderos desviados.
Razón por la cual el tribunal está corrupto,
los campos yacen baldíos,
los graneros están vacíos.

Vestirse de forma esplendorosa,
llevar una espada muy afilada,
atestarse de comida y bebida,
amasar riquezas hasta el grado de no saber
qué hacer con ellas,
es ser como un ladrón.

Digo que esta pomposidad a costa de los demás
es similar a un ladrón jactándose después de un saqueo.
Esto no es el Tao.

*V*ivir honorablemente

Imagínese capaz de ver el mundo desde una posición de honor y unidad total: en todas partes vería el Gran Camino... y todo esto como usted mismo. Desde esta perspectiva, cada persona que ha existido, o existirá, es parte suya, originada por su Fuente. Toda la vida —las criaturas, la tierra, los océanos y la vegetación— está conectada por el Tao. Desde esta perspectiva, su mundo cambiaría de forma dramática. Si una masa crítica de la humanidad tuviera esta misma perspectiva, ver el mundo entero como parte de nosotros se traduciría en sentir el mismo respeto por toda forma de vida que el que sentimos por nuestros cuerpos individuales. Y esta unidad haría imposible la escena que Lao-Tsé está describiendo en este pasaje.

A pesar de todos nuestros avances tecnológicos, todavía aplican las palabras que escribió el gran maestro chino hace 2,500 años. Por desdicha, nos falta mucho para transitar el Gran Camino, pues seguimos viendo grandes divisiones en vez de un sentido de unicidad. Como nos exhorta Lao-Tsé al final de este verso: "Esto no es el Tao".

Una de mis traducciones favoritas de este verso 53 del Tao Te Ching fue escrita en 1944 por Witter Bynner. Lo expresa de manera perfecta:

Observa la belleza de los palacios
y la pobreza de las granjas.
Qué desprovistos los graneros de los campesinos,
mientras los burgueses se visten de bordados
escondiendo armas afiladas.
Y en cuanto más tienen, más incautan,
¡Cómo puede haber hombres así
que nuca pasan hambre ni sed,
y sin embargo, comen y toman hasta estallar!

Usted puede observar que estas condiciones todavía existen en la actualidad: continentes enteros sufriendo de desnutrición, mientras que unos cuantos en posiciones de poder viven en la opulencia y la majestuosidad. Se financian armas de destrucción, mientras millones viven en la pobreza. Los líderes desbordan de riquezas, mientras las masas piden limosna para alimentar a sus familias y calentar sus hogares. Nos queda un gran camino por recorrer antes de atravesar el Camino liso y recto del Tao, pues todavía tomamos "senderos desviados", y vemos cada día los resultados demasiado dolorosos de nuestras decisiones.

Pero no estoy escribiendo estas palabras para intentar cambiar al mundo de golpe; más bien, lo hago para animarlo a cambiar la forma en que usted ve *su* mundo. Si realiza esa modificación, los demás también vivirán honorablemente. Cuando suficientes de nosotros lo hagamos, lograremos una masa crítica que eliminará el concepto de "ladrones jactándose después de un saqueo".

Comience por verse a sí mismo como el entorno, en vez de un organismo dentro de él. Incluso, me inventé una palabra para describir formas de vida integradas en vez de separadas: *entornorganismos.* Comprenda que no puede sobrevivir separado de lo que *parece* no ser parte suya; pues definitivamente, usted es el aire, el agua, las plantas, los animales y todo lo demás en el planeta. Cambie su visión del mundo y comprenda plenamente que cuando alguien está pasando hambre o viviendo en la pobreza usted también lo está. Véase en todos los demás y descubrirá la compasión, amor y voluntad que reemplaza su creencia de que es único y diferente.

Era obvio que Lao-Tsé se sentía angustiado por las condiciones de inclemencia e indiferencia que observaba en la antigua China, por eso apelaba a todos a que vivieran honorablemente emulando al Tao, en vez de la perspectiva de separación del ego. Y ahora él le pide a *usted* que cambie la forma de ver los desequilibrios flagrantes en su mundo, advirtiendo cómo su mundo cambia para alinearse con el Tao cuando vive honorablemente.

Aquí vemos sus sugerencias, aplicables a su vida diaria en la actualidad:

Haga de la compasión la base esencial de su filosofía personal

Sentirse culpable por lo que ha llegado a acumular, o dejarse llevar por la tristeza ante las condiciones de hambre en el mundo, no va cambiar las cosas; pero hacer de la compasión la base esencial de su filosofía, sí las cambia. Esta es una de las formas más significativas de iniciar el crecimiento de una masa crítica. Al crecer esa masa, corazones y acciones amorosas realinearán nuestro planeta: surgirán líderes con ideas similares, y se reducirán las grandes inconsistencias hasta llegar a eliminarse. La Madre Teresa era un ejemplo excepcional de cómo la forma de ver el mundo en una persona puede cambiar el mundo: "En cada [persona que veo]", dijo ella, "veo el rostro de Cristo en uno de sus disfraces más desconsoladores".

"Recorra el Gran Camino" participando en obras de caridad o apoyando candidatos al gobierno que apoyen acciones compasivas. Y comprométase a crear impacto en su vida diaria, lo cual puede ser tan sencillo como rehusarse a participar en la denuncia o la clasificación de algunas personas como "malas" o "imperfectas". Después de todo, muchas de las guerras en las cuales nos ensañamos actualmente en nuestro planeta se originan en la intolerancia religiosa que ha perpetuado los desequilibrios señalados en este verso del Tao Te Ching.

En el siguiente pasaje del Corán, el gran profeta Mahoma le dice a los seguidores del islamismo que practiquen la acción compasiva. Usted puede practicar estas enseñanzas para crear un impacto a diario durante su propia vida:

Actúa con generosidad con tu vecino
ya sea un pariente, ya sea un extraño,
ya sea tu compañero a tu lado.

Aquel que se comporta de mala fe con su vecino
no es un creyente ni puede serlo jamás.

Aquel que se harta de comida mientras su vecino
está hambriento a su lado, no es un creyente.

Practique el Tao ahora

Practique a diario abrir su corazón con compasión cuando vea a alguien menos afortunado que usted. Bendígalo en silencio, en vez de despreciarlo, ridiculizarlo, culparlo o sentir indiferencia. Haga lo mismo cuando se entere de cuántos de "ellos" fueron asesinados en una escaramuza; en vez de regocijarse por los enemigos muertos, haga una oración en silencio de amor y compasión.

Viva honorablemente, "sólo [es cuestión] de un poco de sentido común".

Verso 54

Aquel que está plantado en el Tao
no será desarraigado.
Aquel que adopta el Tao
no se descarría.

Generaciones honran siempre generaciones.
Cultivada en el ser, se realiza la virtud;
cultivada en la familia, desborda la virtud;
cultivada en la comunidad, se intensifica la virtud;
cultivada en el gobierno, la virtud abunda.

El Tao está en todas partes;
se ha convertido en todo.
Para verlo en verdad, obsérvalo tal cual es.
En una persona, obsérvalo como una persona;
en una familia, obsérvalo como una familia;
en un país obsérvalo como un país;
en el mundo obsérvalo como el mundo.

¿Cómo sé que esto es cierto?
Observando en mi interior.

$\mathcal{V}$ivir como si su vida provocara un impacto

En este verso del Tao Te Ching, se le invita a ver su papel en la transformación del planeta. En vez de percibirse como un individuo insignificante entre miles de millones de personas, se le insta a verse como el Tao mismo. "We Are the World" (Somos el mundo) es el tema musical de *todos*. ¡Usted *sí* provoca un impacto!

Cuando viva con la conciencia alegre de que tiene el potencial de provocar un efecto infinito en el universo, irradiará la conciencia del Tao. Será como una onda de energía que ilumina una habitación; todos verán la luz y serán afectados por ella. Aquellos que estaban inconscientes de su naturaleza en el Tao, notarán la diferencia, y aquellos que *estaban* conscientes —pero no vivían como si sus vidas provocaran un impacto— se sentirán atraídos y cambiarán. Reconozca y viva su vida como parte del Gran Camino, y ayude a atraer balance al mundo.

En este pasaje, Lao-Tsé le aconseja que vea su divinidad y se deleite en su magnificencia. Sepa que en el espacio silencioso de su interior, en donde el Tao anima todo aliento y pensamiento, su vida provoca un impacto. Lo siguiente es lo que él nos aconseja en el lenguaje del siglo XXI:

Elija un área para concentrarse en provocar un impacto

No se permita dudar respecto a su impacto en el mundo; más bien, desarrolle una visión para la Tierra y convénzase de que usted es perfectamente capaz de contribuir con esta visión, ya sea grandiosa o pequeña. Vea un mundo sin odio, falta de respeto o violencia, en donde el medio ambiente es respetado y cuidado, y en donde desaparecen los escenarios relacionados con cáncer, SIDA, hambruna, abuso infantil, armas de todo tipo, o cualquier otra cosa perjudicial o degradante.

La antropóloga Margaret Mead abordó esta idea en la siguiente observación: "Nunca dude que un pequeño grupo de ciudadanos considerados y comprometidos puede cambiar el mundo. De hecho, es lo único que ha llegado a hacerlo".

Comprenda lo mucho que su vida importa

Se dice que cuando una mariposa bate sus alas, esa energía fluye a miles de kilómetros de distancia. Por lo tanto, todo lo que usted piensa y hace se extiende y se multiplica. Viva su vida sabiendo que el impacto que usted elige provocar es hacia la integridad y no hacia la destrucción. Incluso si nadie lo ve o lo reconoce, un acto de bondad contiene una energía que impacta el universo entero. Y una bendición o un pensamiento de amor en silencio hacia los demás contiene una vibración que se sentirá a través del cosmos.

La visión de William Blake expresa esta idea:

> *Para ver el mundo en un grano de arena*
> *y el cielo en una flor silvestre*
> *sostenga al infinito en la palma de sus manos*
> *y a la eternidad en una hora.*

Sea consciente de su importancia para toda la creación.

Practique el Tao ahora

Dedique un día a hacer llegar pensamientos y actos bonda-
dosos hacia su familia, su comunidad, su país y el mundo. En su
familia, anime a alguien que esté lidiando con baja autoestima. En
su comunidad, recoja la basura y recicle sin juzgar. En su país pase
unos cuantos momentos en oración silenciosa enviando energía amorosa a todos aquellos en posiciones de autoridad; luego,
haga lo mismo para el mundo incluyendo cualquier supuesto enemigo.

Verso 55

Aquel que está en armonía con el Tao
es como un recién nacido.
Los insectos mortíferos no clavarán su aguijón en él,
las bestias salvajes no lo atacarán,
las aves de presa no lo acosarán,
los huesos son débiles, los músculos son blandos,
pero su dominio es firme.

No ha experimentado la unión del hombre y de la mujer,
pero está completo.
Su masculinidad es sólida.
Grita todo el día sin perder la voz.
Esta es la armonía perfecta.

Conocer la armonía es conocer lo inmutable;
conocer lo inmutable es tener discernimiento.
Las cosas en armonía con el Tao, permanecen;
las cosas forzadas, crecen por un tiempo,
pero luego se marchitan.
Esto no es el Tao.
Y todo lo que va en contra del Tao, pronto desaparece.

$\mathcal{V}$ivir dejando ir

Quizá haya observado personas a quienes parece que la fortuna siempre les sonríe, parecen resistentes a los embates que causan estragos en muchas vidas. Por ejemplo, ¿conoce a alguien que nunca se enferma aunque pase la temporada de gripe en contacto cercano con personas tosiendo y estornudando?¿Y qué tal aquellos que salen ilesos de una acometida criminal? Podría decir que estos cuantos afortunados parecen tener ángeles guardianes que los protegen de los desafíos de los "insectos mortíferos", "bestias salvajes" y "aves de presa" mencionados simbólicamente en las líneas iniciales de este pasaje. Pero Lao-Tsé sabe que estos hombres y mujeres están simplemente en armonía con el Tao, así como algunos individuos parecen manifestarse a las personas apropiadas, en el momento justo, mientras que otros parecen poseer un talento natural para materializar dinero justo cuando más lo necesitan.

Lao-Tsé dice que deberíamos lucir como recién nacidos que todavía no han asumido la creencia del ego de estar separados de su Fuente original. En consecuencia, poseen lo que podría ser considerado poderes "mágicos": pueden llorar todo el día sin perder su voz como le ocurriría a un adulto estruendoso. Incluso con músculos sin desarrollar, se las arreglan para aferrarse a algo con fuerza. Además, los bebés son flexibles y virtualmente inmunes a los daños provocados por una caída que rompería los huesos de un adulto. Lao-Tsé se refiere a todo esto como "armonía perfecta".

El verso 55 del Tao Te Ching lo invita a comprender que lo que usted llama suerte no es algo que ocurre fortuitamente: es suya de por vida cuando decide vivir dejando ir. Atrae el poder colaborador del Tao cuando libera la necesidad de controlar su vida. Cambie, entonces, sus pensamientos y verá cómo cambia *su* vida, por cierto, a una muy afortunada.

Deje ir y viva en armonía con el Tao para reforzar su sistema inmunológico y tener la "fortuna" de resistir enfermedades y dolencias. Sé que suena paradójico dejar ir cuando uno está en busca de protección, y supongo que usted también podría considerarlo así. Pero trate de verlo como una forma de permitir que el ritmo natural de la vida fluya sin impedimentos a través de usted. Vivir dejando ir significa liberarse de preocupaciones, estrés y miedo. Cuando promueve su sentido de bienestar ante lo que parece un peligro para los demás, la alineación con su Fuente lo libera de forzarse a actuar de manera enérgica. Lao-Tsé le recuerda aquí que "las cosa forzadas crecen por un tiempo pero luego se marchitan".

Haga contacto con la naturaleza protectora aludida en este poderoso verso, y comprenda lo inmutable de estas revelaciones para el mundo en que vive hoy en día:

Visualícese como indestructible

Active un cuadro interior que lleve consigo durante los peligros aparentes. En esta visualización retire la imagen de su cuerpo físico y vea en cambio la parte suya que es tan constante como un espíritu o un pensamiento. Esta es su esencia, y es incapaz de ser perjudicada de ninguna manera. Desde esta perspectiva no hay nada que pueda amenazarlo: ni criminales, ni el cáncer, ni una gripe, ni una bestia salvaje. Cuando vive en armonía con su parte eterna, contribuirá a un sentido general de sentirse indestructible. Declárese como esa persona afortunada que va ilesa por la vida, liberándose de su necesidad de controlar su percepción de un peligro amenazador.

Cambie la forma de ver su potencial de convertirse en una persona afortunada

En vez de decir: *Con la suerte que tengo, nada me va a salir bien,* afirme: *Estoy abierto a permitir lo que tiene que pasar. Confío en la suerte para guiarme.* Este cambio de mentalidad le servirá para guiarlo a vivir en el flujo con el Tao. La paz reemplazará el estrés, la armonía reemplazará el esfuerzo, la aceptación reemplazará la interferencia y la fuerza, y la buena suerte remplazará el miedo. Se convertirá en lo que piensa; incluso cosas que previamente percibía como evidencia de mala fortuna, serán ahora consideradas como una ayuda para avanzar hacia una armonía mayor.

Vivir dejando ir le permitirá apreciar la observación irónica de Lin Yutang en *La importancia de vivir:* "Si usted puede pasar una tarde perfectamente inútil, de una manera perfectamente inútil, habrá aprendido a vivir".

Practique el Tao ahora

Dedique una semana a llevar un registro de incidentes de "cosas que van bien" sin que usted tenga que controlarlas ni "haga" que pasen; esto significara elegir conscientemente situaciones en donde reprime su impulso automático de controlar el resultado. Relájese cuando desea ponerse tenso, y confíe en todas las situaciones que le sea posible. Al final de la semana, notará cómo cambiando su forma de pensar, habrá cambiado su vida.

Verso 56

Aquellos que saben, no hablan.
Aquellos que hablan, no saben.

¡Bloquea todos los pasajes!
Cierra tu boca,
limita tus sentidos,
reduce el filo de tu agudeza,
afloja tus nudos,
suaviza tu intensidad,
asienta tus pensamientos polvo.
Esta es la unión primordial o el abrazo secreto.

A aquel que conoce este secreto
no lo conmueve el apego ni el repudio,
no lo tambalean pérdidas ni ganancias,
no lo afectan honores ni desgracias.
Está más allá de las preocupaciones humanas,
no obstante, llega a ocupar el lugar más apreciado
en los corazones de los hombres.

Éste, por ende, es el estado más elevado del hombre.

*V*ivir en el
silencio sapiente

Este es probablemente el verso más famoso del Tao Te Ching. De hecho, las dos frases iniciales ("Aquellos que saben, no hablan. Aquellos que hablan, no saben") son tan populares que casi se han convertido en un cliché. No obstante, el mensaje esencial del pasaje es poco comprendido y raramente practicado.

Lao-Tsé le pide que viva en el estado más elevado del silencio sapiente, ese lugar muy en su interior que no puede comunicarse con ningún otro. En consecuencia, es posible que desee cambiar su idea respecto a lo que usted considera sabio o culto. Oradores persuasivos con gran dominio del idioma, enérgicos en sus declaraciones y convencidos de sus puntos de vista son generalmente considerados como poseedores de grandes conocimientos..., pero Lao-Tsé sugiere que lo opuesto es lo cierto. Aquellos que hablan no están viviendo desde el lugar de la ciencia sapiente, por ende, no saben.

Cuando modifique la forma de considerar esta conjetura, verá varias diferencias en la manera en que luce su mundo. Primero, notará que aquellos que se sienten obligados a dogmatizar y a persuadir están casi siempre vinculados con un apego de alguna clase: quizá a un punto de vista, a estar en lo correcto, a ganar, o a obtener algún tipo de beneficio. Y cuanto más hablan, más parecen influenciados por dichos apegos.

La segunda cosa que notará tiene lugar en su interior: comenzará a ver *su* inclinación y deseo de persuadir y convencer a los demás. Luego, comienza a escuchar con mayor atención, descubriéndose en "el abrazo secreto" de la "unión primordial" que describe Lao-Tsé. Su necesidad de ser muy conocedor o autoritario es reemplazada por la profunda comprensión de que todo esto es irrelevante, y pierde interés en la búsqueda de aprobación. Vivir en el silencio sapiente se convierte en el proceso que presenta una nueva luz a su existencia: se vuelve menos cortante, se siente tranquilo, más flexible y más centrado.

Cuando cambie su idea respecto a lo que significa ser inteligente y sabio, entrará en contacto con la ironía que resume esta sección maravillosamente paradójica del Tao Te Ching. Lao-Tsé dice que el sabio que vive según el Tao está "más allá de las preocupaciones humanas", no obstante, ocupa "el lugar más preciado" en sus corazones. Yo lo resumo de esta forma: *Aquellos que menos buscan la aprobación parecen ser quienes más la obtienen.* Puesto que dichos individuos no están preocupados por la forma en que son percibidos, ya sea de forma honorable o en desgracia, no buscan alabanzas ni las eluden. Aunque su sabiduría calmada puede hacer que parezcan distantes y reservados, en realidad terminan obteniendo el respeto de todos.

Usted tiene este lugar de silencio sapiente en su interior ahora mismo. Y lo siguiente es lo que Lao-Tsé le sugiere para que adopte el lenguaje paradójico de este verso del Tao Te Ching en su mundo:

¡Bloquee todos los pasajes!

Sea honesto consigo mismo respecto a su deseo de obtener la aprobación ajena. Usted no tiene que probarle nada a nadie, y nunca tendrá éxito hablando sin cesar. Recuerde que "aquellos que hablan no saben", o como una traducción de este verso sencillamente señala: "Cierra tu boca". El silencio es evidencia de sabiduría interior ¡Hablar para convencer a los demás en realidad, dice más sobre su necesidad de tener la razón, que sobre la necesidad de que los demás escuchen lo que usted tiene que decir! Entonces, en vez de intentar persuadir a los demás, quédese callado... disfrutando esa satisfacción profunda de conciencia interior.

Use las siglas *RASA* para recordar
las cuatro directrices de este verso

— *Reduce el filo de tu agudeza.* Escúchese antes de permitir que sus juicios ataquen a alguien. Un mejor modo de actuar es solamente escuchar y luego ofrecer compasión amorosa en silencio tanto a usted, como a la otra persona.

— *Afloja tus nudos.* Desapéguese de todo aquello que lo mantiene atado a patrones mundanos. Afloje los nudos que lo atan a una vida dedicada a jactarse de sus ingresos y a demostrar la victoria, y reemplácelos con una actitud de silencio contemplando el Tao en "el abrazo secreto".

— *Suaviza tu intensidad.* Advierta cuando su necesidad de tener la razón es intensamente obvia, y deje que la parte interna suave de su ser reemplace su posición rígida. Su impulso de fruncir el ceño en eventos externos lo está alertando de que está fuera de contacto con su silencio sapiente interior.

— *Asienta tus pensamientos.* ¡Antes que todo no se altere! Reconozca su inclinación a involucrarse en discusiones cuando sienta que está a punto de surgir una diatriba y desea opinar sobre cómo deben comportarse las personas. Deténgase justo cuando esté golpeando la mesa o gritando lleno de enojo y solamente obsérvese. Puesto que sus emociones son como olas en el océano, aprenda a observarlas regresando a la Fuente vasta, calmada y omnisapiente.

Practique el Tao ahora

Pase una hora, un día, una semana o un mes practicando a no dar consejos que no han sido solicitados. Deténgase por un instante e invoque su silencio sapiente. Formule una pregunta en vez de dar consejo o citar un ejemplo de su vida, y luego escúchese y escuche a la otra persona. A Lao-Tsé le gustaría que usted supiera que ése es el "estado más elevado del hombre."

Verso 57

Si deseas ser un gran líder,
deberás aprender a seguir el Tao.
Deja de tratar de controlar.
Libérate de planes y conceptos estrictos,
y el mundo se gobernará por sí mismo.

¿Cómo sé que así es?
Porque en este mundo,
cuanto mayores las restricciones y las prohibiciones
más empobrecidas las personas;
cuanto más avanzadas las armas del gobierno,
más oscura la nación;
cuanto más astuto e ingenioso el plan,
más insólito el resultado;
cuantas más leyes se publican,
más ladrones aparecen.

Por lo tanto, el sabio dice:
no ejecuto ninguna acción y las personas se enmiendan.
Disfruto de la paz y las personas se vuelven honestas.
No hago nada y las personas se enriquecen.
Si dejo de imponerme sobre los demás,
se transforman en ellos mismos.

Vivir sin autoritarismo

En este y en los siguientes capítulos del Tao Te Ching, Lao-Tsé le aconseja a los gobernantes de hace 2,500 años cómo y por qué ir en pos de una calidad elevada de liderazgo. Su consejo sigue siendo pertinente en el siglo XXI para *todas* las formas de liderazgo incluyendo el gobierno, los negocios, y en particular, la crianza de los hijos.

El mensaje esencial en este verso 57 es *permitir* en vez de *interferir*. Ahora bien, no interpreto esto como dejar a un bebé que gatee en medio de una calle ni dejar a un niño solo cerca de una piscina; obviamente, usted debe ser sensato cuando esté supervisando a seres que pueden perjudicarse o hacerle daño a los demás. Lo que creo que Lao-Tsé está transmitiendo aquí es que permitir es a menudo la forma más elevada de liderazgo. Él señala que "más personas están empobrecidas" en sociedades con restricciones y prohibiciones excesivas. Lo mismo puede ser cierto en familias cuyas órdenes deben ser obedecidas sin cuestionar. Cuanto más autoritario es un sistema, más delincuencia aparece.

Por otro lado, cuando los niños son estimulados para explorar y ejercitar su curiosidad, se sienten inspirados a comportarse mejor sin requerir casi normas. Por eso, cuando cambia su forma de ver la necesidad de imponer reglas, los miembros de la familia tienden a tomar decisiones basadas en lo mejor para todo el mundo, en vez de para ellos mismos. Observe lo que ocurre, por ejemplo, si usted suprime la idea de colocar una hora de llegada estricta para sus hijos adolescentes, pidiéndoles que sean sensatos respecto a la hora de llegar a casa y dejarle saber si van a llegar más tarde de lo normal. Podría descubrir que al no haberse impuesto sobre ellos, terminan llegando a casa incluso más temprano que cuando tenían una norma estricta en la hora de llegar a casa.

Examine las restricciones que ha impuesto en su familia. Recuerde que padres efectivos no desean que sus hijos dependan de ellos; desean que la dependencia sea innecesaria. Después de todo, usted desea que sus hijos sean responsables, sanos, exitosos y honestos; no simplemente porque usted está ahí para supervisarlos, sino porque está en su naturaleza hacerlo. Sea un ejemplo y permítales ver que es posible ser autosuficiente y, al mismo tiempo, tener mucho éxito. Permítales aprender a confiar en su naturaleza elevada, en vez de tener que hojear un libro de normas para decidir lo correcto.

Cambie su forma de ver la necesidad de decretos, leyes y prohibiciones, y véase como alguien que no necesita gobernar con un puño de hierro. Luego, disfrute esta visión corregida de las habilidades de su liderazgo en todas las áreas de su vida en donde se considere "el jefe".

Lo que sigue a continuación es un consejo para el siglo XXI, basado en este verso escrito hace 2,500 años:

Practique el arte de permitirse

Comience por permitirse ser más espontáneo y menos sistemático en su vida diaria: haga un viaje sin planificación previa. Vaya donde sienta el instinto de ir. Dígale a la parte autoritaria de su ser que tome un descanso. Introduzca una nueva faceta en su vida, y en el mundo, afirmando: *Soy libre para ser yo mismo. No tengo que vivir según las normas de nadie, y libero la necesidad de leyes para regular mi conducta.*

Practique el arte de permitir a los demás

Atrápese cuando esté a punto de citar una regla, como la razón para decirle no a un niño o a alguien que usted supervisa, y más bien, considere las ramificaciones de no decir nada y sencillamente observar. Cuando cambie su forma de ver su papel como líder y descubrirá que son necesarios muy pocos decretos para que las personas hagan lo que tienen que hacer en sus vidas. Todo el mundo posee un fuerte sentido de lo que desea hacer, de sus límites y de cómo realizar sus sueños. Sea como el Tao: permita a los demás, y disfrute ver que su liderazgo, carente de autoritarismo, inspira a los demás para que sean ellos mismos.

Practique el Tao ahora

Dedique tiempo para hacer algo que nunca haya hecho antes que puede ser: caminar descalzo bajo la lluvia, tomar una clase de yoga, hablar frente a un grupo como maestro de ceremonias, participar en un juego de fútbol, saltar de un avión en paracaídas o cualquier cosa que siempre haya deseado hacer. Reconozca que usted se ha creado restricciones que han impedido que tenga experiencias nuevas y más enriquecedoras, y encuentre tiempo ahora para cerrar su libro de normas personales y lanzarse hacia donde nunca ha deambulado. Además, dedique tiempo para que aquellos que están a su cargo tengan la oportunidad de hacer lo mismo, disfrutando lo mucho que logran sin que usted participe de forma mínima o en absoluto.

Verso 58

Cuando el soberano conoce su propio corazón,
el pueblo es sencillo y puro.
Cuando se entromete en sus vidas,
ellos se inquietan y perturban.

La buena fortuna se apoya en la mala fortuna;
la mala fortuna se esconde tras la buena fortuna.
¿Quién sabe cómo terminará todo?
¿Acaso existe alguna norma correcta?
Sin embargo, lo normal pronto se convierte en anormal;
en verdad, la confusión de la gente existe desde siempre.

Por eso, el maestro se contenta con servir como ejemplo
y no imponer su voluntad.
Es directo, pero no traspasa;
corrige sin causar estragos;
ilumina, pero no deslumbra.

Vivir sin inquietarse por la buena o la mala fortuna

El mundo de las 10,000 cosas también es llamado el "mundo cambiante". Uste lo ve en su vida siempre en transformación, incluso cuando desea que todo sea estable y predecible. Sin embargo, todas las cosas en nuestro planeta están en constante movimiento. Como señaló en una ocasión Albert Einstein: "Nada ocurre hasta que algo se mueve". Este verso 58 del Tao Te Ching enfatiza que hay otra forma de ver el mundo, una forma que prácticamente garantiza que no será perturbado por la buena o la mala fortuna. En vez de solamente advertir la energía siempre cambiante del mundo material, este verso lo invita a enfocarse en el invariable Tao.

Como la mayoría de los seres humanos, es muy probable que usted desee que su entorno sea permanente, estable, confiable, seguro y predecible. Sin embargo, su realidad insiste inequívocamente en que tome en consideración lo opuesto y lo impredecible, que está presente en todas las experiencias que tiene. Después de todo, incluso el paisaje que lo rodea está lejos de ser ordenado: Las cordilleras de montañas se elevan y bajan hasta convertirse en valles. Los árboles sobrepasan los arbustos, y las formaciones de nubes son a veces de un negro intenso y, otras veces, blancas como algodón. En cada día perfectamente soleado, se esconde una tormenta, y en toda tempestad yace una sequía esperando su turno. Los altibajos y lo inesperado son la norma en la naturaleza; colinas y valles son la forma de ser de las 10,000 cosas.

Cambie su forma de ver los picos y los valles de la vida con una actitud que le permita descubrir lo que está escondido en ambos casos. Comience por ver la *totalidad,* en vez de ver la *buena* o la *mala fortuna.* Vea los opuestos como partes del todo, en vez de sorpresas inesperadas. En un mundo de unicidad taoísta, no existe la mala o la buena suerte: es indivisible. Lo que usted llama "mala" fortuna tiene su parte "buena" esperando surgir porque es su otra mitad.

El consejo de Lao-Tsé para aplicar este verso 58 en el mundo de hoy, probablemente incluiría lo siguiente:

Vea la totalidad en vez de la buena o la mala fortuna

Cuando alguien esté en medio de lo que usted percibe como algo afortunado, como una relación dichosa, éxito económico, salud excelente, un gran empleo con un nuevo ascenso, o hijos que sacan calificaciones excelentes, comprenda que todo está sujeto a cambios. La pobreza está escondida tras la riqueza acumulada; la fama tiene camuflada la falta de reconocimiento. Y, por supuesto, lo mismo aplica durante los periodos que se consideran por lo general como infortunios.

Su vida misma es el lugar perfecto para personalizar su habilidad de vivir sin inquietudes por la buena o la mala fortuna, pues tiene la oportunidad de ver en cada periodo la totalidad. Entonces, en vez de llamar a su juventud un periodo de "buena fortuna", y a la vejez como una señal de "mala fortuna", comprenda que su juventud es parte de la totalidad de su vejez. El anciano en que usted puede convertirse es parte de la totalidad de su desarrollo, a través de los niveles de cambio que son su existencia física. La vida encubre la muerte. Conozca entonces su corazón y deje que su conducta sea consistente con el Tao sin imponer su voluntad; sea directo, corrija e ilumine sin perforar, causar estragos ni deslumbrar.

Cuando la mala fortuna parezca tan grave que no logre ver la luz al final del túnel, sienta el apoyo de la buena fortuna acercándose

Cuando se siente abrumado y desanimado durante un viaje a través del valle de la desesperanza, puede sentir como si no existiera nada más. Si es incapaz de ver una circunstancia o situación como parte de una visión más global, recuerde que la buena fortuna se apoya en la mala, así como la mañana sigue a la noche más oscura. Con la totalidad como perspectiva, confíe en su conocimiento del día que sigue la noche en estos tiempos. Tenga en cuenta que cuando haya tocado el fondo del valle, la única dirección hacia la que puede ir es hacia arriba. Las cosas mejorarán de seguro; su suerte cambiará, la escasez se tornará en abundancia. Esto se debe a que la buena fortuna es invisible en los momentos de desesperación, y a usted le gustaría aprender a vivir sin inquietarse por ninguna de las dos.

Practique el Tao ahora

Pase un día advirtiendo los aspectos de la vida que caen bajo las categorías de "afortunados" o "desafortunados". Haga una lista bajo cada título al final del día y luego explore cada uno de ellos cuando no lo vayan a interrumpir. Permítase sentir cada uno de ellos, ya sea físicamente en su cuerpo o visualícelos como una imagen que se presenta ante usted. Sin tratar de cambiarlos de ninguna manera, permítase observar el tema con los ojos cerrados. Al igual que si fuera un caleidoscopio (o la vida misma), obsérvelo y permítale fluir a través suyo, igual que las nubes van sin rumbo fijo en el cielo, la noche se convierte en día, la lluvia se evapora..., y vea cómo la confusión va y viene cuando usted vive sin inquietarse por la buena o la mala fortuna.

Verso 59

En el gobierno de un pueblo y en el servicio de la naturaleza,
nada supera la frugalidad y la moderación.

La templanza comienza renunciando a nuestras propias ideas.
Esto depende de la virtud acumulada en el pasado.
Si hay una buena reserva de virtud, nada es entonces imposible.
Si nada es imposible, entonces no hay límites.
Si un hombre no conoce límites, es apto para ser líder.

Esta es la forma de estar profundamente enraizado y firmemente
establecido en el Tao;
es el secreto para una larga vida y una visión perdurable.

Vivir con frugalidad y moderación

Hay cuatro palabras que surgen con frecuencia en muchas de las traducciones de este pasaje del Tao Te Ching: *templanza, frugalidad, moderación y parsimonia.* Aquí, Lao-Tsé le aconseja que examine la forma de ver estas cualidades con relación a su rol de supervisor y padre; él no dice que uno debe sentarse y no hacer nada, sino que uno debe practicar el autocontrol. Cuando cultiva un estilo de liderazgo que crea "una buena reserva de virtud, entonces nada es imposible" pues no hay límites.

Vivir con frugalidad y moderación significa estar en armonía con el mundo a través de su naturaleza generosa. En vez de estar siempre indicando, dirigiendo, dando órdenes, estableciendo reglas y exigiendo obediencia, es importante ser un líder que acumula una bodega llena de virtudes viviendo de acuerdo con el Tao. Cuando eso es lo que usted tiene para dar, es natural que interfiera menos. Sienta la alegría de saber que su ejemplo está ayudando a los demás a tomar las mejores decisiones, pues esta es la esencia del liderazgo en el Tao. Como expresa tácitamente Lao-Tsé: "Si un hombre no conoce los límites, es apto para ser líder".

Las personas cuyas vidas son regidas por reglas, dogmas y miedos, solamente pueden hacer lo que les dice que hagan... y nada más. No existen las opciones de autodirección pues son ciegamente obedientes. Practique entonces templanza, moderación, frugalidad y parsimonia cuando pronuncie normas de conductas para los demás. Los niños criados en familias en donde se exigía obediencia ciega tienen los niveles más elevados de prejuicios cuando se convierten en adultos. ¿Por qué? Porque les enseñaron a "juzgar de antemano" lo que es aceptable, de acuerdo con alguien en una posición de mando. Por eso es vital darles a los hijos un ejemplo de liderazgo que los anime a tomar decisiones basadas en estándares elevados.

Tengo un regalo de mi hija Saje que he colocado sobre mi escritorio, que he llamado NADA ES IMPOSIBLE. Es una planta verde creciendo de una roca; no hay tierra, sólo roca dura, sin embargo, crece, a pesar de todo lo que nos han enseñado a creer. Cuando Saje me la regaló, me dijo que se había acordado de mí porque siempre he dicho que nada es imposible. Mi planta me ayuda a recordar que la naturaleza no conoce límites, y que yo soy tan parte de la naturaleza como la roca y la planta que crece en esa dura superficie.

Lao-Tsé le recuerda que "si nada es imposible, entonces no hay límites". Practique entonces vivir sin límites, acumulando virtud y modelándola. Cuando lo haga, verá la "visión perdurable" en aquellos que ha escogido guiar de una u otra forma, y ellos también la verán en usted. Ponga en práctica la sabiduría de este verso siguiendo estas sugerencias:

Acumule tanta virtud como le sea posible

Durante años he estado acumulando virtud sin saberlo. He enviado cientos de miles de libros a individuos y organizaciones por mi propia cuenta, convirtiendo en un hábito comenzar cada día con este acto de amor. Pasé mucho tiempo repartiendo mucho de lo que ganaba, casi siempre de forma anónima. No me daba cuenta en esa época que lo que estaba haciendo era acumulando virtud, o lo que llamo cómicamente: "puntos para Dios".

Luego descubrí que no toda mi vida estaría en la cima. No obstante, cuando lograba salir de *debajo* de lo que parecía una montaña, lo hacía prácticamente ileso. Esto ocurrió porque estaba tan profundamente enraizado y firmemente establecido en el Tao, que mi visión original era perdurable e impermeable a las circunstancias externas.

Practique moderar su ego

Cambie su forma de ver la vida moderando su ego. Véase como un ser que da en vez de acumular, y subsista según sus necesidades en vez de consumir de manera ostentosa. Comenzará a ver que su propósito tiene más que ver con la conciencia del Tao, que con las directrices del ego. Cuando modera sus exigencias y usa solamente lo que usted y su familia requieren, acumula puntos de virtud sirviendo en vez de acumulando. Lao-Tsé le recuerda que este es "el secreto para una larga vida y una visión perdurable".

William Shakespeare lo describió más de 2,000 años después de la muerte de Lao-Tsé en su obra *La tercera parte de Enrique VI:*

Mi corona está en mi corazón, no en mi cabeza;
No está ornamentada con diamantes ni piedras indias.
No es para ser expuesta. Mi corona se llama dicha;
es una corona que rara vez los reyes disfrutan.

Practique el Tao ahora

Comprométase a reunir cinco puntos para Dios hoy. Imagínese cómo la Fuente Divina de todas las 10,000 cosas funciona para mantener los ciclos de vida de la creación, y haga cinco cosas que se le asemejen. Recoja la basura de otra persona, lo cual es un ejemplo de exceso; ofrezca un regalo a alguien necesitado de forma anónima; o realice cualquier acción que lo ayude a acumular virtud y a permanecer profundamente enraizado en el Tao.

Verso 60

Gobernar un gran país
es como freír un pescado pequeño.
Lo estropeas con tanta husmeadera.

Aborda el universo con el Tao
y la maldad no tendrá poder.
No es que la maldad no sea poderosa,
pero su poder no será usado para hacerle daño a nadie.
No solamente no le hará daño a nadie,
sino que el sabio mismo también estará protegido.

Si sólo el soberano y su pueblo
cesaran de hacerse daño mutuamente,
todos los beneficios de la vida se acumularían en el reino.

$\mathcal{V}$ivir inmunes a la maldad

Su tarea en este verso del Tao Te Ching es cambiar la forma de ver la presencia de la maldad en su mundo personal, así como en el planeta entero. Puede hacerlo adquiriendo una conciencia interior de que la maldad sencillamente no lo puede afectar, si está centrado en el interior de la red protectora del Tao. Si vive de acuerdo al Gran Camino, rehusando tener pensamientos injuriosos, dirigidos hacia sí mismo o hacia los demás, entonces los poderes de la perversidad y la malevolencia se volverán impotentes.

El Tao no es cuestión de destrucción o de que pueda causarle un daño a alguien; más bien, le ofrece energía sustentadora a todos sin excepción. Cuando las personas violan este principio, solamente tienen éxito cuando los demás responden de igual manera. Ahí es cuando surgen las guerras y se presentan desavenencias en las familias y en la comunidad. El negativismo engendra más negativismo, y el líder o el soberano terminará destruido mientras las grandes agrupaciones caen en el caos.

Actualice su visión respecto a la malevolencia en el mundo a una perspectiva que afirme enfáticamente: *Mis seres queridos y yo no podemos y no seremos afectados por la presencia de la maldad en ninguna parte del mundo.* Su paisaje interior comenzará a cambiar de inmediato también. Cuando vea o escuche informes de pensamientos y acciones violentas, su reacción inmediata debe ser: *Esto no tiene que ver conmigo. Elijo no tener pensamientos de agravios dirigidos hacia nadie de mi parte. Soy un ser de luz y amor, y por lo tanto, los únicos pensamientos que pueden surgir de mí están en armonía con el maravilloso y amoroso Tao.* En otras palabras, sea lo que sea que se entere que le haya ocurrido a otros, no evocará en usted un plan de venganza ni odio. Porque se habrá vuelto inmune al negativismo al centrarse en el Tao.

Usted podría pensar que esto suena muy simple, pero imagínese si grandes grupos de personas comenzaran a pensar de esta manera, y luego imagínese si los soberanos comenzaran a surgir desde este tipo de conciencia. Como dice Lao-Tsé en este verso: "Si sólo el soberano y su pueblo cesaran de hacerse daño mutuamente, todos los beneficios de la vida se acumularían en el reino". A fin de cuentas, nuestro mundo debe vivir según este principio o la humanidad dejará de existir... y esto comienza con usted.

Cuando la conciencia del Tao crece, una persona, una familia, una comunidad, y un país a la vez, cambian las prioridades. Nuestras energías se transformarán en la construcción de más vehículos y hogares ecológicos en vez de instrumentos que reflejen la creencia de que podemos hacer lo que queramos al planeta sin repercusiones. Encontraremos formas de destruir los inimaginables arsenales de horribles armas de destrucción masiva. La cooperación reemplazará al odio y a los pensamientos de perjuicio. Todo esto se logrará, como dice Lao-Tsé, cuando los soberanos y sus pueblos cambien su forma de pensar respecto a hacerse daño mutuamente.

Cuando examine de nuevo este pasaje del Tao Te Ching, observe cómo puede afectar su vida diaria. Cuando sienta que el negativismo es dirigido hacia usted, retírese a ese lugar de bondad y amor en su interior y desvíe esa energía. Recuerde, es imposible pelear con ¡alguien que se rehúsa! Su rechazo a formar parte de la batalla es su arma más poderosa contra la maldad. Usted puede cambiar la intención de hacer daño de una persona enojada negándose a rebajarse al nivel de su mentalidad abusiva. Desde la maldición de un conductor enfurecido hasta las palabras rudas de un empleado malhumorado, o de un miembro de la familia encolerizado, son arrebatos que pueden ser desviados con facilidad cuando nos centramos en nuestro interior. Vuélvase inmune a dichas ideas y acciones perjudiciales sabiendo que nada de esto tiene que ver con usted.

Cuando escribió este verso 60 hace 2,500 años, Lao-Tsé estaba pensando en toda la humanidad. Él sabía que la conducta nociva podía transformarse impotente si suficientes personas estuvieran dispuestas a vivir de forma que estimularan la cooperación y el espíritu de amor, en lugar de competencia y venganza. Ahora, él le pide que implemente la sabiduría de este verso realizando los siguientes cambios en la forma en que usted piensa qué es la maldad y su impacto potencial sobre usted y sobre el mundo:

Refuerce su inmunidad al negativismo controlándose en medio de pensamientos nocivos

Atrápese cuando esté teniendo pensamientos de juicios que podrían considerarse como perjudicales para usted o para los demás. Por ejemplo, si se ve como indigno, eso es un pensamiento dañino dirigido directamente hacia usted. Cambiélo por la siguiente afirmación: *Merezco y espero recibir solamente amor Divino. Eso es lo que atraigo.* Cuando se enfrente a cualquier noticia de odio o maldad en el planeta, suspenda sus fantasías de venganza hacia los perpetradores. Cambie su energía mental hacia algo así: *Envío pensamientos de amor y bondad y confío en que este amor les ayudará a ver la insensatez de su animosidad.* Sea consciente de todos sus pensamientos, cambiándolos si es necesario a mitad del camino. Conviértase en una persona que atrae los beneficios del Tao a nuestro mundo.

Declárese inmune a toda instancia o caso de perjuicio

Visualice un escudo protector a su alrededor que lo resguarda contra lo que percibe como maldad en el mundo. Su escudo es permeable solamente a la energía que armoniza con el Tao. El amor, la bondad y la ayuda lo traspasan pero si llega cualquier daño cerca de usted, será repelido por su escudo. Esto significa que crea un gran sentido de fe en el Tao. Con este tipo de confianza interior, cuando la maldad retumba a su alrededor, no logrará afectarlo directamente. Conviértase en el sabio, el líder que gobierna su vida y la de las personas a su alrededor, aquel que no puede ser perjudicado. Declárelo, practíquelo en todos pensamientos, y camine libremente en medio del peligro. Esto no es tener un falso sentido de seguridad; más bien, es una conciencia de que usted y el Tao son uno.

Practique el Tao ahora

La próxima vez que piense que usted es el blanco de un pensamiento nocivo de parte de un extraño, de un miembro de la familia o de un colega del trabajo, esfuércese por recordar responder desde su naturaleza interior, que es el Tao. Envíe una respuesta amorosa y amable, y luego retírese en su sabiduría calmada y pacífica, sabiendo que ha comenzado su proceso de inmunización contra la maldad. Practicando con una declaración en apariencia inocua, será testigo de su efectividad. Aborde el universo con el Tao en su corazón en vez de reaccionar a la defensiva.

Verso 61

Un gran país es como el bajío,
hacia el cual fluyen todos los arroyos.
Es la reserva de todo bajo el cielo,
el lado femenino del mundo.
Lo femenino vence lo masculino con su quietud,
doblegándose por medio de su tranquilidad.

Por lo tanto, si un gran país se doblega ante uno pequeño,
gana su amistad y su confianza.
Y si un país pequeño puede doblegarse ante uno grande,
conquistará la gracia de ese "gran" país.
Uno gana inclinándose;
el otro, permaneciendo discreto.

Vivir permaneciendo discreto

A la mayoría de nosotros nos han enseñado que es importante encumbrarnos ante los seres inferiores en virtualmente todos los cometidos de la vida. Nos han dicho que debemos "alcanzar la cima", "destacarnos entre la multitud", "ser los mejores" y "honrar a los campeones" que vencen a los contrincantes. Se espera que rindamos homenaje a aquellos que generan más dinero, que acumulan más objetos materiales, y provocan más miedo y obediencia debido a sus posiciones de poder; y los condescendientes que aceptan vivir entre los "plebeyos" son los que menos merecen nuestro respeto. Este pasaje del Tao Te Ching nos invita a evaluar de nuevo estas creencias.

Observe al océano: es la fuerza más poderosa del planeta porque se mantiene por debajo de las corrientes de agua, las cuales se arrastran hacia él inevitable e ineludiblemente. Cuando los ríos descienden para convertirse en uno con él, el mar es capaz de ser la mayor reserva de todo bajo el cielo. A esto es a lo que Lao-Tsé se refiere a lo largo y ancho del Tao Te Ching como la "gran Madre" o el lado "femenino del mundo". Esa energía femenina, o yin, es el verdadero recipiente de todo; permaneciendo en calma y quietud, termina por doblegar los esfuerzos masculinos (yang) de subyugar y conquistar.

En el verso 61 del Tao Te Ching, Lao-Tsé habla de las ventajas de dirigir permaneciendo discretos, usando países como ejemplo. Plantea el caso de naciones grandes y pequeñas que son como el vasto océano. Cuando él observaba territorios combatiendo en su afán por conquistarse mutuamente ejerciendo la fuerza, veía que la paz y la armonía sólo podían ser posibles si los territorios se conducían de acuerdo con el Tao, es decir, subyugando sus egos en vez de a sus vecinos.

Lao-Tsé se dirigía en este capítulo a los países y a sus gobernantes, pero los países están constituidos de hombres y mujeres individuales. Debemos convertirnos en una masa crítica de individuos dispuestos a simular la sabiduría que nos ofrece el gran maestro chino. Todos debemos aprender a reconocer el valor de cambiar de forma dramática lo que pensamos de nosotros y de los demás. Sí, puede hacer falta dar un giro total en nuestras opiniones, pero si comenzamos a atenuar las ideas dominadas por el ego, tarde o temprano, el mundo entenderá el mensaje que Lao-Tsé propuso en la antigüedad. Después de todo, esta es la forma de ser de la naturaleza...: es el Tao en acción.

Usted puede aplicar la sabiduría de este verso en el mundo de los negocios o con cualquier persona que se relacione, actualizando la noción de que sobresalir por encima de los demás, en el enfoque del dominio masculino o yang, es la forma de prosperar. Más bien, vea el valor de vivir obteniendo la confianza y la amistad a través de un enfoque femenino o yin de receptividad y quietud.

Cuando ensaye estas nuevas actitudes y conductas, observe calladamente cuando la energía de las siguientes sugerencias comience a influenciar su realidad:

Reconsidere su visión personal de lo que constituye la fuerza

¿Puede ver el poder en la humildad, la quietud, y en permanecer discreto y desapercibido? En las artes marciales, el conquistador más fuerte es aquel que usa menos fuerza y convierte las embestidas de su oponente en su propio poder. Observe los casos de violencia a lo largo de la historia de la humanidad: aquellos obsesionados con posiciones de poder terminan por recurrir a la brutalidad, y luego incurren en la misma clase de violencia sobre ellos mismos. Y así ocurre con su vida personal.

Permaneciendo calmado y fuera del alcance del radar, los demás terminarán por fluir hacia usted, uniéndose en la creación de amistad y confianza. Cuando permanece en este modo: el yin, femenino de la Madre Divina, irradia energía y fortaleza y se gana a los demás... incluyendo a aquellos que sienten una aversión al cambio. Véase como el océano y permanezca lo suficientemente bajo como para permitir que todos los demás fluyan hacia usted, y pueda crear un "gran país" dondequiera que elija establecerse.

Emule a aquellos cuyo mayor impacto sobre
la humanidad fue a través de los métodos menos violentos

Hay muchos ejemplos que se refieren a vivir permaneciendo discretos, replicando la quietud y la energía yin. Jesucristo, Buda, Mahoma, Zaratrusta, San Francisco de Asís, Gandhi, la Madre Teresa y otros seres de convicciones espirituales elevadas, fueron modelos maravillosos para nosotros. Demostrando exactamente lo opuesto a lo que se conoce como poder por medio de la fuerza, ellos cambiaron el curso de la humanidad. Aún más, son recordados con el más alto aprecio por todas las personas.

Usted puede convertirse en un líder similar del Tao en su entorno cercano, sonriendo en su interior cuando se percibe como ese océano paciente y discreto. Todos aquellos que desean estar por encima de usted en su conquista, terminarán fluyendo hacia usted.

Practique el Tao ahora

Cada día, mientras lidie con la forma de ser un líder efectivo en su familia, su país y en el mundo, aplique el siguiente consejo de Sai Baba. Esto es lo que él les aconseja a sus lectores cuando le preguntan qué acción deben llevar a cabo o cómo deben pensar:

Cuando la mirada fija queda aterrorizada
por las crueldades de la vida...
Cuando tu boca esté más seca que el desierto
y apenas consigas hablar,
el primer sorbo de agua fresca
soy yo ofreciéndote alivio.
Piensa en mí.

En un momento de crisis, diga para sus adentros a su imagen mental de la persona que desea convencerlo de algo: *Piensa en mí,* inclinándose y permaneciendo discreto. Descubrirá de inmediato su camino, como si ese individuo lo estuviera dirigiendo a la superación del sufrimiento, adicción o pensamientos dominados por el ego que parecieran distanciarlo de su naturaleza femenina del Tao.

Verso 62

El Tao es la cámara del tesoro,
la verdadera naturaleza,
la Fuente secreta de todo.
Es el tesoro del bueno
y el refugio del malo.

Si alguien parece perverso,
no lo apartes de ti.
Despiértalo con tus palabras,
elévalo con tus obras,
retribuye sus injurias con tu bondad.
No lo apartes de ti;
aparta su perversidad.

Por consiguiente, cuando se elige un nuevo líder,
no le ofrezcas ayuda
con tu riqueza o tu experiencia.
Ayúdalo a meditar en el principio;
más bien, ofrécele enseñarle sobre el Tao.

¿Por qué los antiguos le dieron tanta importancia a este principio?
¿No será porque es la Fuente de toda la bondad,
y el remedio para toda la maldad?
Es lo más noble que existe en el mundo.

Vivir en la cámara del tesoro del Tao

Imagínese teniendo acceso a un lugar muy especial en donde podemos retirarnos y conectarnos con la Fuente sagrada de todas las cosas. Allí encontraríamos "el tesoro del bueno" y un espacio en donde el malo es perdonado. Allí es donde los grandes gobernantes y sabios entre nosotros meditarían en busca de guía para asumir grandes responsabilidades, en donde obtendríamos el secreto para alejar toda la maldad, sin tener que alejar personalmente a otros de nuestras vidas. En este maravilloso lugar, podríamos conocer por completo a la Fuente de la bondad así como el remedio para la maldad.

Estudiando y contemplando este pasaje, comencé a llamarlo el verso de: "Contar tus bendiciones". Me recuerda que puedo tener acceso a la cámara sagrada de los tesoros en mi interior, igual que puede hacer usted y otros seres conscientes. Me recuerda que puedo cambiar mi forma de ver la apariencia de la oscuridad en nuestro mundo moderno. Me recuerda que en mi interior se encuentra el asombroso manantial del Tao. Me recuerda que debo estar dispuesto a cambiar mi visión de mí mismo, mi rol como una de las 10,000 cosas.

Usted puede modificar su forma condicionada de ver la mayoría de las cosas observando todo lo que parece cargado de odio, perversidad y maldad. De acuerdo con Lao-Tsé, nadie es malo ni perverso;

más bien, aquellos en contradicción con las enseñanzas del Tao solamente *parecen* estarlo. En vez de alejarlos de su vida, debe reconectarlos con el Gran Camino. Permanezca entonces centrado pensando y conduciéndose en formas que armonicen con el Tao, todo sapiente y todo amoroso, teniendo en cuenta que esta Fuente no inflige daños, no excluye ni juzga a nadie: sólo crea vida.

En donde perciba negativismo, altere su visión para ver puro amor y bondad erróneamente dirigidos a un lugar sagrado en el mundo material. Esa energía es poderosa, y se está alejando de su Fuente en vez de regresar y abastecerse en el ciclo espiritual que es su punto de origen. Cuando logra obtener esa nueva visión de cambiar lo que percibe como supuesta perversidad, invita también a los demás a ver la diferencia. Gracias a su nueva perspectiva, se sentirá muy cómodo hablando sobre las diferencias entre las satisfacciones del mundo material y las riquezas del Tao. Y si alguien se lo solicita, usted podrá ofrecerle un mapa o un sendero a la cámara sagrada de los tesoros del Tao.

En una traducción del Tao Te Ching por Gia-Fu Feng y Jane English, el verso 62 concluye con las siguientes palabras:

¿Por qué al comienzo le gusta tanto el Tao a todos?
¿No será porque encuentras lo que buscas y tus pecados son perdonados?
Por eso es el mayor tesoro del universo.

Esto es lo que Lao-Tsé le ofrece en esta joya de verso "Cuenta tus bendiciones":

Practique ver abierta para usted la puerta de la cámara de los tesoros

Véase como una creación divina del Tao eterno, con la entrada a un espacio sagrado siempre disponible para usted. Sepa que lo que ha considerado negativo jamás puede serlo si logra entrar al Tao lleno de tesoros. Visualice una casa con la puerta del frente abierta ante usted dándole la bienvenida para que se deleite en la calidez sagrada de su interior, e imagínese dejando atrás toda la angustia y el miedo mientras entra. Haga de este hogar del Tao su retiro privado en donde tiene libertad para entrar con esta técnica de visualización meditativa. Es la divinidad misma y puede ser su santuario en cualquier momento.

Practique perdonar y evitar los juicios
cuando observe situaciones reprensibles o de mala fe

Siga el consejo de Lao-Tsé para lidiar con aquellos que parecen perversos separando mentalmente a los individuos de su conducta perjudicial. Recuerde que ellos son creaciones divinas del Tao, que simplemente creen que el ego debe controlar la vida. En sus pensamientos, borre la vileza, la malevolencia y las acciones adictivas o perjudiciales; y permítale a esos seres que se aparten de su conducta maléfica. Vea en ellos la manifestación del Tao, y visualícelos como niños inocentes que están siendo demasiado estimulados por la fuerza temporal del ego. En su mente, olvide la mala conducta, y esfuércese al máximo por envolver en sus brazos a los niños que ve ante usted.

Lao-Tsé lo exhorta a que se trate de igual manera: aparte de usted cualquier conducta que no le guste de usted mismo, permítase sentir el dolor y absuélvase. Al alejar estas conductas, visualice cómo se abraza a sí mismo, y vea en su mente el ser radiante de luz que usted es. Practique elevarse con sus obras del Tao y repartiendo bondad hacia los demás y hacia sí mismo. Esta es la forma de aplicar este verso del Tao, el cual es en efecto el remedio para toda la maldad.

Practique el Tao ahora

Hoy, tome la decisión de ayudar a una persona, aunque sólo sea por unos momentos, para meditar en el principio de este verso. Pero hágalo sin mencionar al Tao Te Ching, ni este libro. Envíe una expresión de amor en donde habría elegido la ira. Envíe una tarjeta con un verso particularmente significativo del Tao a alguien que haya asumido una nueva posición de liderazgo. Sea lo que sea que haga, su motivación es ayudar a ese hombre o mujer a abrir la puerta de su cámara de tesoros, ofreciéndole las llaves por medio de sus propios pensamientos y conductas centrados en el Tao.

Verso 63

Practica la ausencia de acción.
Trabaja sin hacer.
Prueba lo insaboro.
Magnifica lo pequeño, aumenta lo poco.
Recompensa la amargura con ternura.
Observa la simplicidad en lo complejo.
Realiza la grandeza en los detalles.

Asume las dificultades cuando todavía sean sencillas;
realiza grandes cosas cuando todavía estén pequeñas.
El sabio no intenta nada grandioso,
y así alcanza la grandeza.

Si asientes con demasiada facilidad, no confiarán mucho en ti;
porque el sabio siempre enfrenta las dificultades,
nunca las experimenta.

*V*ivir sin dificultades

Este verso transmite mucho con pocas palabras. Cada vez que leo lo que Lao-Tsé dice aquí, siento que es imposible que no experimente dificultades en mi vida si estoy dispuesto a aceptar su sabio consejo. Nos aconseja que aprendamos a pensar en momentos, en vez de en días, semanas, meses, años, décadas o toda una vida. Lo único que tenemos es el ahora: eso es todo. Debemos entonces evitar la inclinación a magnificar los eventos pequeños y a preocuparnos por un futuro que puede nunca llegar. Son las pequeñas cosas las que marcan un impacto en nuestro mundo, y mantener la vida simple reemplaza el caos. Como nos recuerda Lao-Tsé: "Observa la simplicidad en lo complejo... Realiza grandes cosas cuando todavía estén pequeñas".

He seguido este consejo al escribir este libro. Como puede imaginarse, escribir ensayos individuales sobre los 81 versos de los textos espirituales más reverenciados y perdurables, ¡puede ser una tarea intimidante! Dicho proyecto implica por lo menos un año de investigar, leer, escribir y revisar lo escrito a diario. No obstante, en lugar de enfocarme en los desafíos del proyecto, elegí "ver la simplicidad" y "asumí las dificultades cuando todavía eran sencillas". Me sumergía en un sólo verso en la mañana, dejando que las palabras fluyeran a través de mi corazón y hacia las páginas. Siento que

317

he llegado a dominar la conclusión irónica de este pasaje 63, que dice que no se experimentan las dificultades cuando son enfrentadas.

Esta es entonces la sabiduría de este verso: no existen dichas dificultades cuando usted vive en el momento presente, haciendo solamente lo que tiene que hacer ahora mismo. Examine entonces sus pensamientos respecto a lo que llama problemas en su vida. ¿Puede cambiar sus ideas respecto a cualquier proyecto como algo no sólo manejable, sino fácil y pequeño a la vez? Después de todo, ¿cómo logra completar una carrera difícil que le toma varios años terminar? No proyéctandose en el futuro ni usando sus momentos presentes para preocuparse. ¿Cómo supera el proceso largo y tedioso de dar a luz a un bebé? Momento a momento. He observado a mi esposa durante los años que estaba encinta o lactando, dar a luz cinco hijos en ocho años. Como Lao-Tsé enseña: si no intenta nada grandioso, alcanzará la grandeza.

Casi cada mañana tomo una clase de hora y media de yoga Bikram o yoga caliente con 26 posturas y dos ejercicios de respiración. Ahora bien, una hora y media de intensa actividad en una habitación, a más de 40 grados centígrados, puede parecer una tarea no sólo enorme, sino también muy difícil. He aprendido a cambiar tanto mi forma de ver esta rutina diaria que ahora disfruto mucho, y hasta me parece fácil. Cuando empieza el primer ejercicio de respiración, mantengo mi mente y mi cuerpo totalmente enfocados en lo que estoy haciendo en el momento inicial. Si mi mente comienza a divagar sobre lo que estaré haciendo en una hora, la traigo de regreso al presente. Me miro en el espejo y me recuerdo que este ejercicio o postura es pequeño y sencillo. Y, ¡bingo: la dificultad sale de mi panorama!

Practicando estar en el momento presente y entrenándome a permanecer en un estado de simplicidad, tomo mi clase de yoga de hora y media en un santiamén. He logrado lo que considero una grandeza haciendo pequeños progresos y mejoras que han evolucionado de forma natural. Es trabajar sin hacer, y ausencia de acción en acción porque he enfrentado lo que podría considerarse como algo difícil. El resultado es que no experimento la dificultad.

Lao-Tsé lo incita a que cambie su visión del mundo del siglo XXI haciendo lo siguiente:

Busque la simplicidad en lo que llama complicado, viendo que en *este* momento no es difícil

Cambie su preocupación sobre el mañana, así como todos los mañanas que comprenden su futuro. Mi amiga Byron Katie (cuyo esposo Stephen Mitchell, realizó una maravillosa traducción del Tao Te Ching, que he incorporado en este libro), me entregó mi definición favorita de *locura:* "Creer que necesitas lo que no tienes es una locura". Yo añado: "Creer que no puedes estar contento y feliz ahora, porque tu futuro parece difícil es otra forma de locura".

Observe lo que tiene y comprenda que es obvio que en este momento ¡está bien! *Un curso de milagros* expresa muy bien esta idea: "No tienes problemas, aunque piensas que los tienes".

Piense en pequeño

Cambie su noción de "pensar en grande" por "pensar en pequeño y lograr grandes cosas". Examine lo que sea que parece enorme y que teme comenzar. Luego, cambie sus pensamientos para ver lo que puede lograr hoy en sus preciosos momentos presentes, ignorando el panorama completo. Sus logros se magnificarán en grandeza cuando asuma las cosas pequeñas; al hacerlo, paradójicamente, verá grandes resultados.

Practique el Tao ahora

Separe un tiempo hoy para enfocarse en el desafío más grande de su vida. Desglose lo que sea hasta llegar a una cosa que pueda hacer hoy, justo en este momento. Borre de su mente el panorama completo; sencillamente, haga lo que pueda ahora y deje que lo demás se disipe. Escriba el párrafo inicial de su novela. Diseñe el croquis de la casa que desea construir. Regístrese para un curso en un instituto educativo de su localidad. Corra por dos minutos. *Permanezca en el ahora*. Vea cómo practicando el Tao en este momento le brinda grandes resultados permaneciendo paradójicamente en las cosas pequeñas y simples.

Verso 64

Lo que está inactivo es fácilmente manejable.
Lo que no se ha manifestado es fácil de prevenir.
Lo frágil se quiebra con facilidad;
lo pequeño se esparce fácilmente.

Actúa antes de que las cosas existan;
contrólalas antes del desorden.
Recuerda:
un árbol que abarca el abrazo de un hombre creció de una
semilla diminuta.
Una torre de nueve pisos comienza con un ladrillo.
Una jornada de mil millas comienza con un solo paso.

Actúa y lo destruyes;
aférralo y lo pierdes.
El sabio no actúa y no es vencido.
No se aferra a nada y, por lo tanto, nada pierde.
A menudo, las personas fracasan cuando están a punto de triunfar.
Préstale igual cuidado al final que al comienzo,
y el fracaso no tendrá cabida.

El sabio no atesora lo que es difícil de conseguir.
No colecciona cosas valiosas;
aprende a no aferrarse a las ideas.
Él le ayuda a las 10,000 cosas a descubrir su propia naturaleza,
pero no se aventura a guiarlos por la nariz.

Vivir estando aquí y ahora

"Una jornada de mil millas comienza con un solo paso" es la frase más famosa de todo el Tao Te Ching. Es citada con mucha frecuencia porque nos anima a no postergar las cosas y a comenzar justo donde estamos: aquí y ahora. Plantar y cuidar una diminuta semilla, hace que llegue a convertirse en un bosque; un maratón comienza con la primera zancada. En mi opinión, el poeta y dramaturgo alemán Johann von Goethe resumió divinamente esta enseñanza antigua en estos versos:

Pon el embrague, y la mente se habrá de calentar;
arranca, y el trabajo se habrá de terminar.

La esencia del ampliamente famoso verso 64 del Tao Te Ching es: ¡todas las metas son posibles desde aquí! Y enfatiza *¡desde aquí!* Esto es aplicable en particular en el caso de los problemas que parecen abrumadores. Cuando cambia su forma de pensar respecto a ellos, añade una perspectiva nueva y única que origina que disminuya la enormidad de la obra frente a sus ojos.

"El sabio no atesora lo que es difícil de conseguir" porque lo descompone en pasos fáciles de manejar. En vez de controlar y dirigir a los demás o de intentarlo todo por sí mismo, el seguidor del Tao encuentra una manera de controlar los problemas *antes* de que existan, y *previamente* a la aparición del caos. Lao-Tsé nos anima a todos a hacer lo mismo.

Examine de nuevo su forma de ver los desafíos que enfrenta, así como aquellos de su familia, comunidad y país. Sienta en su corazón lo fácilmente predecibles que muchos de ellos son cuando controla las cosas antes de que existan, y cuando se rehúsa a apegarse a las ideas responsables de estos problemas.

Los tres pasos hacia la iluminación que la mayoría de las personas atraviesan son:

1. El primero es *a través del sufrimiento*. Aquí es cuando los grandes problemas en su vida son tan abrumadores, que se presenta un gran periodo de miseria debido a que usted "atesora lo que es difícil de conseguir". Luego termina llegando a un lugar en donde puede mirar en retrospectiva esos grandes obstáculos: enfermedades, accidentes, adicciones, bancarrotas, sufrimientos con los hijos y divorcios, y comprende que en realidad fueron dones disfrazados de problemas. No obstante, éste no es el camino del Tao; no es cómo un sabio conduce su vida.

2. El segundo es *estar en el momento presente*. Aquí se acerca al Tao preguntándose cuando surge una crisis: *¿Qué debo aprender ahora mismo de esta experiencia? Sé que hay un gran don escondido tras esta desgracia y me enfocaré hasta encontrarlo.* Aunque esta idea está centrada en el Tao, no es lo que Lao-Tsé desea transmitir en este verso 64.

3. La tercera es *prevenir los problemas grandes*. Esto significa actuar antes de que ocurran las dificultades, sentir que el desorden viene en camino, y lidiar previamente con eso. *Este es el camino del Tao.* "Lo pequeño se esparce fácilmente", dice Lao-Tsé. Aquí usted es el observador astuto que está en total sintonía con la naturaleza. Con previsión, anticipa una discusión, la representa en su mente en una fracción de segundo, y es capaz de neutralizar la energía negativa porque usted está al frente de ella. Ha respondido no actuando en la forma que solía hacerlo frente a los problemas, y está entonces más armonizado con el Tao. En esta etapa, *prevé* las dificultades en vez de solucionarlas.

Este verso lo invita a dominar el tercer método centrado en el Tao. Aquí vemos algunas sugerencias para lograrlo:

**Recuerde el valor inherente de practicar
la frase más perdurable de todo el Tao Te Ching:
"Una jornada de mil millas comienza con un solo paso"**

Olvídese del resultado final. Cuando llegue a donde pensaba que deseaba llegar, comenzará una nueva jornada. Disfrute entonces de cada paso en el camino, y mantenga en mente que cada meta es posible a partir de ese punto. Haga una sola cosa, un día a la vez.

Este es un ejemplo de lo anterior extraído de mi propia vida: hace casi dos décadas que no bebo nada que contenga alcohol. Si hubiera pensado en no tomar por veinte años, habría sido realmente abrumador y difícil, sin embargo, lo he logrado un día a la vez. No puedo hablar de los próximos veinte años, pero de algo estoy absolutamente seguro, y es de que hoy, y solamente hoy, no tomaré una bebida alcohólica. Un paso... un momento... un día a la vez... es el Tao en acción.

Domine el arte de anticipar

Decida que usted es perfectamente capaz de evitar que los problemas surjan en su vida mucho antes de que se manifiesten en su mundo material. Anticipe su propia salud, por ejemplo. Prevenga conscientemente en lugar de esperar a que los problemas se materialicen. Asuma una forma de vida en donde se cuide y se alimente de forma nutritiva, tomando suplementos que eliminen las toxinas de su cuerpo, limpiando su colon, consumiendo más frutas y verduras y menos productos animales, haciendo ejercicios y meditando; eso evitará grandes problemas. Vislumbre lo que debe hacer mientras logra esparcir lo pequeño, administre su salud en armonía con el Tao mucho antes de que ocurra un malestar. Encuentre otras áreas de su vida en donde aprenda ¡a dominar el arte de anticipar!

Practique el Tao ahora

Elija un hábito que le gustaría alejar de su vida, algo que considera una debilidad o quizá una adicción. Sólo por hoy, y sin hacer promesas respecto al futuro, dé un solo paso para trascender este hábito. No fume ni consuma cafeína, sólo por hoy. Consuma solamente vegetales y frutas, sólo por hoy. Hable afectuosamente con sus vecinos hostiles, sólo por hoy. Advierta cómo se siente al final del día. Entonces, y sólo entonces, decida si mañana en la mañana desea seguir practicando la sabiduría del Tao Te Ching, la cual fue escrito palabra por palabra, día a día, y ha perdurado durante más de 25 siglos.

Verso 65

Los antiguos eran sencillos
y se mezclaban con el pueblo.
No eclipsaban con su brillo;
no gobernaban con astucia,
y la nación era bendecida.

Cuando creen que saben las respuestas,
las personas son difíciles de guiar.
cuando saben que no saben,
logran encontrar su propio camino.

No usar la astucia para gobernar un país
es buena fortuna para el país.
El modelo más sencillo es el más claro.
Conténtate con una vida ordinaria,
y podrás mostrarles a todos el camino
de regreso a su propia naturaleza.

$\mathcal{V}$ivir en la sencillez

Si actualmente usted está en la importante posición de gobernar a un país, lo animo para que se tome especialmente en serio esta sabiduría. Si no lo está, le sugiero que estudie este pasaje del Tao Te Ching desde la perspectiva de su vida personal, lo cual muy probablemente involucra guiar a otras personas.

Supervisar o criar hijos no debería significar imponer reglas burocráticas, ni impresionar a los demás con su supuesta inteligencia y superioridad. Una persona verdaderamente influyente no es sagaz, no "eclipsa con su brillo", no "gobierna con astucia" ni instila temor en aquellos que está designado o designada para vigilar. Como explica Lao-Tsé: "Cuando saben que no saben, logran encontrar su propio camino". En otras palabras, un líder efectivo guía a los demás hacia su propia naturaleza.

Aquí se le invita a comprender y a considerar que su trabajo es ayudarle a los demás a ¡saber que *no* saben! Si creen que saben, jamás encontrarán su camino de regreso a la naturaleza del Tao. Eso ocurre porque confían en el ego, que les dice que su verdadera esencia es su identificación con el mundo físico o material. Aquel que vive de acuerdo con el Tao sabe que el ego es un falso maestro, alejando a las personas de su verdadera naturaleza.

Implemente las enseñanzas de este verso rehusándose a transmitir superioridad o viveza intelectual. Más bien, sea un ejemplo de la vida desde la perspectiva del Tao estando dispuesto a admitir que no sabe lo que es mejor para ellos, ni siquiera sabe con ningún grado de seguridad cómo debería ser su propia vida. Deje saber a los demás que está dispuesto a pedir guía. Demuéstreles que no está "a cargo" ni de ellos, ni de lo que le ocurra a usted. Permítales ver a un hombre o a una mujer humilde, que vive en paz con los ciclos de la vida, y permanece sencillo.

Cuando cambia su forma de ver el liderazgo, verá que los individuos que están dispuestos a abdicar a sus egos, disfrutan de una conexión con su energía del Tao y se convierten en líderes sencillos. Su única labor es ayudar a todos aquellos en su esfera de influencia a comprender que ¡ellos tampoco saben! Lao-Tsé parece sonreír irónicamente cuando le transmite esta asombrosa paradoja.

Mézclese con aquellos hacia quienes se siente impulsado a supervisar, ensayando estas nuevas formas de pensar y de ser:

Esté dispuesto a decirle orgullosamente a las personas a su cargo: "No sé"

Esta frase es un símbolo de fortaleza y no de debilidad, úsela entonces a libertad. Cuando le enseñe a los demás a hacer lo mismo, comenzarán a permitir que sus seres superiores los guíen hacia el Gran Camino. Tenga en cuenta que la naturaleza jamás obliga nada a crecer, pero está omnipresente en silencio e invisible. Haga lo mismo al máximo de sus habilidades, no imponiéndose ni forzando sus ideas en nadie (tomando obviamente las precauciones apropiadas con aquellos que son demasiado jóvenes o inmaduros para asumir las responsabilidades de los adultos).

La verdad sencilla es que ni nosotros ni nadie puede realmente saber lo que es ideal para nosotros o para los demás. Un destino silencioso está siempre en acción; hay dichas, así como *des*dichas, en las vidas de todos, independientemente de nuestras opiniones particulares.

Practique mantener su vida sencilla y sin complicaciones

Sea un ejemplo de esta conducta para aquellos que se siente obligado a liderar. En vez de analizar una situación desde todos los ángulos, intente pensar en la solución más viable, confíe en su primer instinto y tome la ruta más sencilla y menos problemática. No "haga escándalo por una tontería", para cuando haya terminado de analizar todas las opciones disponibles, es probable que el problema se haya solucionado con un sencillo remedio. Este es un gran consejo tanto para usted como para los gobernantes de los países que a menudo se dejan imbricar tanto en las rutinas burocráticas que terminan por paralizarse: *No se complique la vida.*

Practique el Tao ahora

En tantas ocasiones como le sea posible, demuestre su comprensión de lo que Lao-Tsé se refiere cuando le pide a los líderes que se "contenten con una vida ordinaria". Pase un día sin la etiqueta de "padre", "supervisor" o "jefe", y póngase a la misma altura de aquellos que por lo general buscan que usted los dirija. Visualícese como una de esas personas a su cargo; de hecho, pretenda que es una de ellas por un día. Esto le revelará la forma de poner en acción de inmediato al Tao.

He descubierto que cuando practico esto con mis hijos, ellos responden de acuerdo a su propia y verdadera naturaleza. Por ejemplo, cuando sencillamente le dijo a mi hija adolescente: "Sé que eres perfectamente capaz de ser responsable y sensata mientras esté de viaje, y me encanta eso de ti", retiro la etiqueta de "padre autoritario" y la trato de la forma que deseo ser tratado. Cuando esto se convierte en la norma, es obvio que Lao-Tsé está en lo cierto: "El modelo más sencillo es el más claro".

Verso 66

¿Por qué el rey mar está compuesto de cientos de arroyos?
Porque yace bajo ellos.
La humildad le proporciona su poder.

Por lo tanto, aquellos que desean una posición
por encima de los demás, deben hablar con humildad.
Aquellos que desean guiar, deben seguir.

Así es que cuando un sabio se yergue por encima de su pueblo,
ellos no sienten la pesadez de su poder;
y cuando se yergue frente a su pueblo,
no se sienten heridos.

El sabio permanece bajo
y el mundo jamás se cansa de exaltarlo.
Permanece como siervo
y el mundo jamás se cansa de convertirlo en su rey.

*V*ivir emulando al mar

Contrario a la percepción de Dios, como un hombre blanco y anciano que creó un universo en donde su conducta puede causarle que sea sentenciado a la condena eterna, el Tao es percibido como una energía natural. La Fuente de la vida no es vista como una deidad supervisando las criaturas humanas como un rey o un dictador, puesto que no distribuye castigos ni niega recompensas. Lao-Tsé nos enseña que el Tao solamente nos pide que vivamos en armonía con la naturaleza.

Para Lao-Tsé, el símbolo más grandioso de la naturaleza es el agua, y se refiere a ella en muchos de los 81 pasajes. Cuando emula a ese elemento, comienza a ver que el juicio y la exclusión no tienen lugar en el Tao. Sea como el mar, nos aconseja Lao-Tsé, y el mundo jamás se cansará de exaltarlo. El mensaje esencial presentado en este verso, y en muchos otros del Tao Te Ching, es que el océano es rey de todos porque sabe permanecer bajo. Todas las corrientes de agua terminan por fluir en el mar, y en el proceso, se convierte en un sirviente para todos. Las enseñanzas aquí son claras: sea humilde. Nunca se coloque por encima de los demás, ni se vea superior a nadie. El poder más elevado es un valle flexible. Conviértase en sirviente y no en dominador.

Cuando incluso las vías fluviales más diminutas se dejan libres, ellas labran su propio camino hacia el mar. Y el gran océano jamás señorea su grandeza y su poder sobre los ríos y los arroyos: no se eleva sobre ellos ni exige devoción, no los amenaza con castigos ni con la extinción si se rehúsan a cooperar. El mar sabe instintivamente que los arroyos y los ríos gravitarán naturalmente hacia aquello que permanece bajo.

Usando esta metáfora a lo largo del Tao Te Ching, Lao-Tsé le recuerda que las personas también tienden a sentirse naturalmente atraídas, hacia aquellos cuya majestuosidad intrínseca emerge de la humildad y permanecen bajos. Y esta posición no es solamente sostenida por el gran maestro. Pedro, sirviente y apóstol de Jesucristo, ofrece un mensaje casi idéntico en el Nuevo Testamento, siglos después de la muerte de Lao-Tsé:

> Apacienten el Rebaño de Dios, que les ha sido confiado; velen por él, no forzada, sino espontáneamente, como lo quiere Dios; no por un interés mezquino, sino con abnegación; no pretendiendo dominar a los que les han sido encomendados, sino siendo de corazón ejemplo para el Rebaño (1Pedro 5:2–3).

Cambie la forma de pensar sobre usted y los demás como líderes ejemplares observando el enorme océano sustentador de vida, paciente, acogedor y siempre más bajo que las corrientes que fluyen hacia él. Luego imite ese poder del agua deteniendo a su ego y liberando la necesidad de señorear sobre nadie. La gente que le han confiado para guiar, gravitará hacia usted y hacia el flujo natural del camino del agua del Tao.

Le aconseja que aprenda de la forma como se conduce el agua y la imite en lo posible en su vida. Aquí vemos algunas formas de aplicar la sabiduría de emular al mar en su vida actual:

Jamás asuma que sabe lo que es mejor

Incluso si es una persona mayor, más sabia y más rica que los demás y tiene más influencia y poder que ellos, jamás asuma que sabe lo que es mejor para nadie. Más bien, véase como el vasto océano que permite y estimula a las pequeñas corrientes para que lleguen hacia usted. Permanezca bajo, hable con suavidad, y sea humilde, y deje que los demás estén en control de sus vidas tanto como sea humanamente posible. Viéndose como el océano siempre receptor, remueve su ego del panorama y se convierte entonces en uno de los líderes a los que se refiere este verso del Tao Te Ching. Nadie debería sentir la pesadez de sus direcciones, ni sentirse herido por sus instrucciones.

Una situación que me permitió implementar este consejo ocurrió el día exacto en que escribí este ensayo. Vivo en Maui, y mi madre de noventa años está en Florida, en donde también reside mi hija Saje. Mi madre tenía dolores de vientre y náuseas debido a una fuerte medicina que estaba tomando. Llamé entonces por teléfono a mi hija para ver si tenía alguna sugerencia para llevarle un poco de yogurt a mi madre. La respuesta inmediata de Saje fue: "Tengo un poco de yogurt aquí mismo, ya se lo llevo a la abuela". En vez de darle una orden e instruirla para que atendiera a su abuela, le permití a mi hija que fuera útil mientras yo permanecí en el lugar más bajo posible.

Sirva siempre

Véase como alguien que está en este planeta para asistir a los demás. Busque oportunidades para ser útil, particularmente hacia aquellos que necesitan de su liderazgo. Recuerde que el gran océano le sirve a todos siendo un receptor de sustento de vida de todos aquellos que desean compartir sus tesoros, practique entonces emularlo para expresar al Tao.

Practique el Tao ahora

Dedique un día a liderar sirviendo, en vez de dar órdenes. Encuentre ocasiones para reprimir su hábito aprendido de interferir y decirle a los demás lo que tienen que hacer, y permítales fluir hacia usted a cambio. Comprométase con este principio estimulando a alguien a que tome una decisión en vez de seguir sus órdenes.

Verso 67

Todo el mundo habla de mi Tao
con tanta familiaridad:
¡qué tontería!
El Tao no es algo que se encuentra en el mercado
ni que se transmite de padre a hijo.
No es algo que se obtiene con el conocimiento
ni se pierde con el olvido.
Si el Tao fuera así,
hace mucho se habría perdido y olvidado.

Tengo tres tesoros, los cuales aprecio mucho
y observo de cerca.
El primero es la misericordia.
El segundo es la frugalidad.
El tercero es la humildad.

De la misericordia se origina la valentía.
De la frugalidad se origina la generosidad.
De la humildad se origina el liderazgo.
Ahora bien, si uno fuera valiente sin misericordia,
si uno fuera pródigo pero no frugal,
si uno fuera el primero sin humildad,
uno moriría.

El amor conquista a los agresores,
su defensa es impenetrable.
Cuando el cielo desea proteger a alguien,
¿envía un ejército?
No, lo protege con amor.

Vivir según los tres tesoros

Se le invita a cambiar su vida viendo a través del prisma de este antiguo verso del Tao Te Ching, que le instruye sobre tres cosas que debe llevar a cabo para vivir una vida de éxito al estilo del Tao:

— *Misericordia* es el nombre usado aquí para el primer tesoro, pero términos adicionales tales como: *compasión, buen corazón, amor, amabilidad* y *caridad* han sido empleados en otras traducciones. Es muy probable que usted se haya acostumbrado a un modelo de desempeño cuantificado por la acumulación, los logros y la adquisición de poder e influencia sobre los demás. Las personas exitosas son por lo general consideradas bajo un enfoque estrecho basado en sus propias metas, ignorando todo lo que no sea llegar a la cima, e implacables evitando que cualquier otro consiga lo que ellos persiguen.

Sin embargo, Lao-Tsé dice que el primer y más importante de los tesoros es de donde deriva la verdadera valentía, no de un corazón despiadado ni de una actitud insensible. Incluso, dice que la intrepidez sin misericordia, ¡es una receta mortal! Lo anima entonces para que piense primero en los demás estando dispuesto a servir y a mostrar bondad y amor, incluso hacia sus enemigos, en vez de buscar indicadores externos para probar que usted es alguien de éxito.

Shakespeare habla del primer tesoro en *El mercader de Venecia:*

La calidad de la misericordia no es forzada,
desciende como lo hace del cielo la suave lluvia...

Pero la misericordia está por encima de la influencia del cetro,
está investida en los corazones de los reyes...

El gran dramaturgo nos recuerda luego con sus siguientes líneas por qué Lao-Tsé hizo de la misericordia la prioridad máxima de los tres tesoros:

Es un atributo del propio Dios;
y el poder terrenal se manifiesta entonces similar al divino,
cuando la misericordia modera la justicia.

Misericordia, compasión y bondad son todos atributos de Dios y del Tao. Lao-Tsé vio esta verdad siglos antes de que Shakespeare la viera.

— El segundo tesoro es la *frugalidad,* o a lo que otras traducciones se refirieron como *ahorro, moderación, economía* o *simplicidad*. Ahora bien, frugalidad y moderación no es lo primero que nos viene a la mente cuando pensamos en aquellos en el pináculo del éxito; sin embargo, según Lao-Tsé, sentirnos satisfechos con menos, en vez de ansiar más, genera mayor generosidad. Esté entonces dispuesto a tomar sólo lo necesario, y no acumule ni acapare. Cuanto menos apegado esté a sus cosas, más fácil será ser generoso, cuanto más se aferre a ellas, más sentirá que le hace falta más, y menos interesado estará en el bienestar de los demás.

— El tercer tesoro necesario para una vida de éxito es la *humildad,* a la cual se refieren otras traducciones como "no presumir estar por encima de la naturaleza", "no intentar pasar a los demás" y "no tratar siempre de ser el número uno". Desde esta cualidad, Lao-Tsé nos recuerda, se origina el verdadero liderazgo que irradia la energía del Tao.

A menudo, nuestra percepción de fuerza, poder y triunfo, está influenciada por las cualidades masculinas yang de la arrogancia, la altanería y la importancia personal. Cuando cambia entonces su forma de ver su liderazgo elevado, puede descubrir lo que las personas verdaderamente exitosas han descubierto antes que usted: que todos somos instrumentos para el Tao o Dios, o como quiera que usted llame la energía que escribe libros, da discursos, realiza descubrimientos vitales y demás. La humildad es similar a entregarnos a una fuerza más grande que el ego, a darle crédito a la Fuente y a sentirnos agradecidos por cualquier sabiduría e influencia que nos haya sido otorgada por ese poder. Sea humilde; permanezca bajo; y sea un líder generoso y agradecido.

Aquí vemos algunas formas de aplicar estos tres tesoros en su vida diaria:

Viva en armonía con el sinfín de manifestaciones del Tao

La clave para vivir en armonía es la compasión y la misericordia. Usted no está en competencia con nadie, no sienta entonces que debe vencer a otra persona ni compararse en ningún nivel. Extienda misericordia y compasión hacia todas las formas de vida, ¡incluyéndose! Cuando irradie amor y respeto por todos, se alineará con el Tao, que lo protegerá como si fuera un bebé en los brazos de una madre amorosa.

Vea las fortalezas escondidas de la simplicidad y la humildad en todos aquellos que ha juzgado previamente como líderes débiles o ineficaces

Aquellos que practican la frugalidad y se rehúsan a acumular cosas o a dedicarse al consumo ostentoso, merecen ser vistos como ejemplos sólidos de cómo guiar a los demás: mientras que aquellos que hablan y actúan de forma enérgica, acumulando a la vez más y más cosas, no están en armonía con el Tao. Además, las acciones de dichos individuos tienden a contribuir a más desavenencias, como nos recuerda aquí Lao-Tsé, aquellos que avanzan con valentía sin deferencia, morirán (y me apresuro a añadir, guiarán también a los demás hacia su muerte). Cuando advierta ejemplos de sencillez y humildad en aquellos en posiciones de dirección, haga el máximo esfuerzo por emular las mismas cualidades en sus propias relaciones diarias.

Practique el Tao ahora

Elija una conversación en que pueda practicar los tres tesoros usando el mínimo de palabras. Por ejemplo, cuando esté intentando aclarar su punto de vista en una conversación, deténgase después de un momento y use su turno de hablar para escuchar. Estará empleando los tres tesoros de Lao-Tsé a la vez: sentirá *misericordia* hacia la persona con quien conversa, será *frugal* en sus palabras y será *humilde* al rehusar adelantar o estar por encima de su interlocutor.

Verso 68

Un buen soldado no es violento.
Un buen combatiente no es colérico.
Los buenos ganadores no compiten.
Los buenos jefes sirven a sus empleados.
El mejor líder sigue la voluntad del pueblo.

Todos ellos adoptan la virtud de la no competencia.
Esto es llamado la virtud de no rivalizar.
Esto es llamado emplear el poder de los demás.

Esto se conoce desde la antigüedad
como la unión suprema con el cielo.

Vivir cooperando

Este verso del Tao Te Ching le pide que reconsidere lo que cree que debe hacer para ser un ganador. En el mundo occidental salir adelante casi siempre implica estar en estado de enfrentamiento y competencia; básicamente, usted debe vencer al otro obteniendo lo que desea antes que él. Lao-Tsé le pide que cambie esta idea adoptando "la virtud de la no competencia" que puede trabajar en su beneficio, incluso en una sociedad en donde conquistar y ser el número uno sean conceptos altamente valorados.

El Tao Te Ching enseña que todas las 10,000 cosas emergen del mismo estado de no existencia. Ahí sólo hay unicidad, lo cual implica colaboración total, sin competencia. ¿A quién tiene uno que vencer si se ve en todos? ¡Estaría peleando con uno mismo! Lao-Tsé le pide que siga su consejo y elija vivir cooperando.

Créalo o no, esto puede funcionar a su beneficio en competencias atléticas. En vez de pensar en un oponente como el enemigo y emplear ira y violencia mental y física, recuerde las palabras de Lao-Tsé al comienzo de este verso: "Un buen soldado no es violento. Un buen combatiente no es colérico. Los buenos ganadores no compiten". Más bien, dichos individuos ven a sus oponentes como parte de ellos mismos y como miembros cruciales de esta danza de la vida. Entonces, en vez de enojarse y sentir odio hacia sus oponentes, en un partido de tenis o en un juego de fútbol, véalos como una parte suya que está trabajando para conseguir la excelencia. Sin ellos, no podría superarse, entrenarse debidamente ni conseguir la victoria.

Siga el consejo de Lao-Tsé y "[emplee] los poderes de los demás" para elevarse al estatus de ganador. Es decir, coopere con sus oponentes deseando que jueguen a un nivel elevado, que se desempeñen al máximo de sus capacidades. Cambie su enfoque de enojarse o reprocharse a asumir la labor que se le presente. Vea la pelota, muévala, o permanezca erguido y en equilibrio en un concurso de artes marciales. Cuando la ira no es un componente, su juego se elevará a un nuevo nivel. Y esto es verdad también lejos de las canchas deportivas: cuando lucha por algo, se debilita; cuando coopera, se fortalece. Cambien entonces sus ideas de competencia por cooperación en todas las áreas de su vida, incluyendo su trabajo.

Practico este concepto pensando en cada persona cuyo propósito es ayudar a mejorar la calidad de vida en nuestro planeta como mi compañero de "equipo". No puedo concebir a nadie con quien yo esté compitiendo por un premio externo. Si ellos venden más libros que yo, aplaudo su buena fortuna; de hecho, le digo a tanta gente como me sea posible que compren sus productos. Si ellos ganan más dinero, obtienen más publicidad, o contactan más personas, lo celebro pensando: *Mi compañero de equipo me está ayudando con mi misión.*

Cuando estoy en un partido muy reñido de tenis, le envío amor en silencio y animo a mi oponente. Cuando estoy menos estresado, menos enojado y menos violento en mis ideas, estoy viviendo en el momento que Lao-Tsé llama "la unión suprema con el cielo". Mi nivel de excelencia se eleva, sin importar el resultado del marcador.

Esto es lo que Lao-Tsé le recomienda desde su perspectiva de hace 2,500 años:

Declare que no luchará

No luche contra gripes, enfermedades, ni siquiera contra aflicciones serias. No luche contra los miembros de la familia ni contra las opiniones políticas. No luche contra las adicciones, y lo más importante, no luche contra usted. Más bien, dé un giro hacia vivir cooperando. Si tiene células de cáncer o artritis en su cuerpo, hable con ellas desde esta perspectiva: "Si insistes en vivir en mi cuerpo, yo deseo vivir en armonía, paz y salud total contigo, de lo contrario, te invito a que escojas otra vivienda que no sea la mía". Esto puede sonar extraño, pero lo coloca de regreso en armonía con el Tao, que no es violento, rencoroso ni colérico.

Además, en el caso de sus hijos o de otros miembros de la familia, véase como su aliado, practicando a diario la "virtud de no rivalizar".

Practique verse en todos los demás

Si alguien que ama está sufriendo, usted experimenta su dolor. Por lo tanto, cada vez que dice o hace algo que hiere a alguien que ama, está haciendo eso contra *usted mismo*. Extienda esta revelación hacia toda la humanidad; después de todo, usted comparte el mismo espíritu original, o el Tao, con todos los seres vivientes en el universo. Cuando observe su propio espíritu en un abrazo cooperador con todos los demás, sabrá a lo que Lao-Tsé se refiere por "la unidad suprema con el cielo".

Aquí vemos unas palabras maravillosas de Pablo Casals que expresan esta idea:

> ¿Cuándo les enseñaremos [a nuestros hijos] también lo que "ellos" son?...
>
> Debemos decirles a cada uno de ellos: ¿Sabes lo que eres? Eres una maravilla. Eres único. En todos los años que han pasado, nunca ha habido un niño como tú. Tus piernas, tus brazos, tus inteligentes dedos, la manera en que te mueves.
>
> Puede ser que te conviertas en un Shakespeare, Miguel Ángel o Beethoven. Tienes la capacidad para todo. Sí, eres una maravilla. Y cuando crezcas, ¿puedes entonces hacerle daño a otro que sea como tú, una maravilla?

Practique el Tao ahora

Afirme que considerará a su oponente como una extensión de usted mismo en su próximo encuentro competitivo. Haga la promesa de enviarle amor a esa persona, de rodearlo o rodearla con luz y de orar para que él o ella se desempeñe a su máximo nivel. Luego, note cómo mejora su propio desempeño y lo lleva a un nuevo nivel de excelencia.

Verso 69

Hay un refrán entre soldados:
no me atrevo a dar el primer paso
sino, prefiero ser el invitado;
no me atrevo a avanzar una pulgada
sino, prefiero retirame un pie.

A esto se llama
ir hacia delante sin avanzar,
hacer retroceder sin usar armas.

No hay mayor desgracia
que sentir: "Tengo un enemigo";
porque cuando "yo" y "enemigo" coexisten,
no hay cabida para mi tesoro.

Por ende, cuando dos oponentes se encuentran,
el que no tiene enemigo
seguro será el triunfador.

Cuando ejércitos equivalentes se enfrentan,
gana aquel que siente compasión.

*V*ivir sin enemigos

Imagínese un mundo con una herencia común que conecta a todos los seres del planeta: un mundo que no conocía la palabra *enemigo*, en donde todos acordaron felizmente que somos uno, originados de la misma Fuente de no existencia. Imagínese un mundo que entendía que hacerle daño a alguien sería similar a hacerse daño a uno mismo. Por desdicha, aunque no ha existido una concordancia tal entre los seres humanos, en toda la historia escrita de la civilización, esta es la visión de Lao-Tsé en el verso 69 del Tao Te Ching. Y es *mi* visión respecto a lo que es posible cuando trabajamos por el pueblo centrado en el Tao, con un liderazgo centrado en el Tao.

Esta gran visión comienza aquí mismo, ahora mismo, ¡con usted! Retire el concepto de "enemigo" de su vida, y sea un ejemplo de esta conducta ante todos los que lo rodean. El efecto dominó terminará por moverse hacia todos en el globo como un mundo "sin enemigos".

Hace poco, un hombre enloquecido con armas de fuego y municiones, levantó una barricada en donde él mismo se fortificó en una casa escuela Amish en el condado de Lancaster, en Pensilvania, en donde luego asesinó a varias niñas. Los pacíficos miembros cristianos de esta comunidad, centrados en el Tao, con lazos muy estrechos entre sí, se congregaron en su aflicción ante esas inefables y horrendas pérdidas. Invitaron a la familia del asesino a su ceremonia de duelo en el funeral masivo y oraron también por él.

El líder Amish expresó: "Nosotros no tenemos enemigos; somos todos hijos de Dios, y el perdón es parte esencial de nuestra fe cristiana. Si no podemos perdonar a aquellos que están perdidos y nos hacen daño, entonces nuestra fe no tendría sentido". Estas hermosas palabras son muy similares al sentimiento que expresa Lao-Tsé en este verso: "No hay mayor desgracia que sentir: 'Tengo un enemigo'"; y "cuando dos oponentes se enfrentan, aquel que no tiene un enemigo, será el triunfador".

Entonces, ¿puede tener un oponente sin tener un enemigo? En su inspirador libro *The Tao of Inner Peace,* Diane Dreher nos ofrece una respuesta a esa pregunta. Tenga en cuenta esto cuando aplique en su vida el verso 69 del Tao Te Ching: "La antigua percepción de conflicto, como combate solamente, estrecha nuestra visión, limita nuestras opciones, nos lanza en un sufrimiento inacabable entre polaridades competitivas". Luego, añade: "Hacer enemigos cede nuestro poder, nos impide asumir responsabilidad por nuestras vidas, en vez de resolver conflictos, enfocamos nuestra atención en temores, odio y en atacar a nuestros supuestos 'enemigos'".

La lección del brillante libro de Diane, así como la de este verso del Tao Te Ching, y la declaración del líder de la comunidad Amish, es que el *conflicto* no tiene que significar *combatir.* En otras palabras, alguien con un punto de vista contrario no tiene que ser el enemigo. Imagínese si todos los generales tomaran en serio estas palabras del Tao Te Ching y las practicaran: "No me atrevo a dar el primer paso...". No habría forma de que existieran las guerras.

Lao-Tsé nos aconseja que si la guerra llegara a ser inevitable, uno debe practicar la defensiva en vez de la ofensiva. Uno jamás debe iniciar hostilidades, sino más bien reconocer en el calor de la batalla que la batalla de por sí es una calamidad. Sin un concepto de "enemigos", y un corazón lleno de compasión, uno permanece en armonía con el Tao. La presencia del combate, ya sea verbal o física, es un indicador de que se ha perdido el contacto con el Tao. No debería haber una celebración, y toda guerra o conflicto en un tema de discrepancia, debería ser tratado como un funeral, con la compasión como el factor regente.

Mientras estoy aquí sentado, contemplando el rostro de Lao-Tsé, parece decirme que un mundo libre de adversarios no es tan imposible como usted podría creer. Esta es la forma en que puede poner en práctica esta sabiduría ahora mismo:

Rehúse pensar en alguien como su adversario

Lea de nuevo la frase más importante de este verso: "Cuando 'yo' y 'enemigo' coexisten, no hay cabida para mi tesoro". Su tesoro es su paz mental y su conexión con el Tao, por esa razón, sus competidores en los negocios, sus oponentes en un partido deportivo y los miembros de un partido político opuesto, no son sus adversarios. Y con mayor razón, aquellos que su gobierno declara como sus enemigos, tampoco lo son.

Afirme: *No tengo enemigos. Existen personas con quienes tengo fuertes desavenencias. Puede ser incluso necesario que me defienda y defienda mi estilo de vida, pero no pensaré en ellos como mis adversarios.* Recuerde la afirmación de Lao-Tsé que dice que la persona "sin un enemigo seguro triunfará". Sea ese individuo ahora mismo.

Comprométase a nunca comenzar una pelea

Permanezca del lado defensivo en las disputas, alineándose con el consejo de Lao-Tsé de "ser el invitado" en vez de dar el primer paso. Vea *colegas* donde una vez vio *combatientes* encontrándose en ellos. Transmita compasión y cariño hacia sus supuestos adversarios, pues ellos representan en verdad una parte suya. Rehúse comenzar una pelea, recordando que estaría luchando contra sí mismo. Encuentre la forma de ver la unicidad en un encuentro sagrado, pues todos provenimos del Tao.

Practique el Tao ahora

Reproduzca estas palabras encontradas en el diario de Anne Frank, escritas mientras era perseguida por los nazis: "... a pesar de todo, sigo creyendo que las personas son buenas de corazón... Puedo sentir el sufrimiento de millones, y, sin embargo, miro hacia el cielo, y pienso que todo estará bien".

Coloque estas palabras en un lugar en donde toda su familia pueda verlas.

Verso 70

Mis enseñanzas son muy fáciles de entender
y muy fáciles de practicar;
sin embargo, muy pocos en este mundo las entienden,
y demasiados pocos son capaces de practicarlas.

Mis palabras tienen un ancestro;
mis obras tienen un señor.
La gente no tiene conocimiento de esto,
por eso no me conocen.

Por esa razón el sabio se viste sin adornos,
aunque su interior está lleno
de piedras preciosas.

Vivir una vida en la realización de Dios

Estuve cavilando durante una semana en este verso 70 del Tao Te Ching, leyendo una y otra vez sus más de cincuenta interpretaciones. Me sentí particularmente atraído hacia esta frase de *The Essential Tao,* de la traducción de Thomas Cleary:

> *Son raros aquellos que me conocen;*
> *aquellos que me emulan son nobles.*

También le pedí guía a Lao-Tsé, tratando de determinar cuál era su mensaje para el siglo XXI. Sabía que el maestro nunca hablaría desde una posición de encumbrar su ego. Después de todo, él era el maestro original del Tao, disfrutaba de una vida centrado en el Gran Camino en vez de en el ego, y animaba a todos a que hicieran lo mismo.

Traté de imaginar lo que sería para este avatar divino deambular en medio de su pueblo en la antigua China: lo veo observando las increíbles conductas bélicas y considerando una percepción interna de lo que sería posible para todos sus semejantes, si tan sólo pudieran cambiar la forma de ver sus vidas. Libertad, paz mental, alegría y, virtualmente, todos los principios descritos en estos 81 ensayos, estarían sólo a un pensamiento de distancia de ellos. Puedo imaginar que algunos quinientos años más tarde, Jesús de Nazaret puede haber sentido algo parecido a lo expresado por Lao-Tsé en este verso 70, algo en las mismas líneas de: *¡Esto es tan fácil, tan simple de comprender y de practicar, sin embargo, hay tan pocos dispuestos o capaces de comprender con profundidad la esencia del cielo en la tierra!*

Casi puedo sentir la frustración de Lao-Tsé expresada en estas líneas mientras nos exhorta a vivir una existencia centrada en el Tao, en vez de centrada en el ego. He titulado este breve ensayo: "Vivir una vida en la realización de Dios" porque creo que eso es lo que él nos está pidiendo a través de los 81 pasajes, y particularmente del número 70. "Mis palabras tienen un ancestro, mis obras tienen un señor", dice, y luego sigue con la idea de que la gente no llega a entenderlo, por eso aclara que "no me conocen". El ancestro de Lao-Tsé es el Tao, y el señor de sus obras es esa misma Fuente innombrable. Él parece reflexionar: *Pienso como piensa Dios; hablo como lo haría Dios, el creador del universo; y, por consiguiente, actúo de acuerdo con estos principios en la realización de Dios.*

Le suplico que haga lo mismo, lo cual *es* muy fácil si solamente se entrega y permite que lo guíe esta energía del Tao sustentadora de vida. Deje de luchar, absténgase de pensamientos y obras violentas, y renuncie a controlar a los demás o al mundo. Permanezca humilde y no interfiera; respete su genio creativo, así como el de los demás; y por encima de todo, regrese a su Fuente invisible y despójese de su problemático ego mientras sigue vivo y encarnado como una de las 10,000 cosas. Si hace todo esto, vivirá una vida larga, alegre, sin juicios y pacífica.

Piense en los grandes maestros espirituales que han sido representados por los artistas a lo largo de los siglos: Lao-Tsé usaba una simple túnica, Jesús se vestía de ropajes sencillos y sandalias, San Francisco lucía casi andrajos, Buda parecía un campesino con un bastón, y Mahoma es representado como un hombre común. Luego, observe cómo han sido representados los *seguidores* de los grandes maestros espirituales: viviendo al máximo de los lujos, y consumiendo de forma ostentosa en palacios dorados. Los grandes sabios se visten de forma sencilla, aunque esconden en su interior los valores más preciados.

Y, ¿qué es exactamente este tesoro escondido en el interior de estos maestros? El verso 67 explica que es la realización de Dios en la forma de estos tres tesoros: misericordia, frugalidad y humildad. Usted no necesita trajes bordados de oro y templos repletos de riquezas —resultado del sudor de innumerables sirvientes y esclavos— para albergar estos tesoros. Vestirse de forma sencilla mantiene al sabio en armonía con la simplicidad de este mensaje.

Esto es lo que escucho decir entre líneas a Lao-Tsé en este verso 70, expresando el asombro que siente en razón de que haya tan pocas personas capaces de comprender la profundidad de este mensaje sencillo y hermoso:

Conozca el Tao Te Ching

Cambie su idea de ser uno de entre la vasta mayoría que no comprende ni practica las enseñanzas del Tao Te Ching. Lao-Tsé le dice que hay muy poco que hacer, lo único que debe recordar es que su divinidad es una parte del Tao. De acuerdo con *Un curso de milagros:* "Su santidad invierte todas las leyes del mundo. Está más allá de todas las restricciones del tiempo, el espacio, la distancia y los límites de toda clase".

Declárese como uno de aquellos que posee este conocimiento y esté dispuesto a practicar cada día la realización de Dios.

Vea a Dios en todas partes

Haga de su práctica diaria buscar la fuerza invisible de Dios en todo lo que ve y escucha. En el siglo XIV, Meister Eckhart ofreció un consejo sobre cómo aplicar en la vida diaria el verso 70 del Tao Te Ching: "¿Cuál es la prueba por la que en verdad has pasado en este nacimiento sagrado? Escucha atentamente, si este nacimiento ha tenido lugar en un espacio de tu interior, entonces cada criatura te señala hacia Dios". Luego, nos aconseja: "Si la única oración que dijeras durante toda tu vida fuera 'Gracias', eso sería suficiente".

Practique decir *Gracias, Señor, por todo.* Este es el camino hacia la realización de Dios.

Practique el Tao ahora

Planifique un día para ser como el sabio que se viste de forma sencilla, sin joyas, maquillaje ni ropas elegantes. De hecho, comience su día con unos pantalones cortos y una camiseta. Donde quiera que vaya, permanezca en este modo "sencillo" y advierta lo irrelevante que parece la atención prestada a la ropa y a cómo luce uno. Sintonícese con sus sentimientos mientras va por la vida sin preocuparse por lo que los demás piensen de su apariencia.

Verso 71

Conocer la ignorancia es fortaleza.
Ignorar el conocimiento es enfermedad.

Sólo cuando estemos enfermos de nuestra enfermedad,
podremos dejar de estar enfermos.
El sabio no está enfermo, pero sí está enfermo de la enfermedad;
ése es el secreto de la salud.

*V*ivir sin enfermedades

Definitivamente, vemos una paradoja en este pasaje, que ha sido expresado a través de mis muchas lecturas del Tao Te Ching con variaciones tales como: "sólo cuando tu enfermedad se vuelve una molestia, tu enfermedad desaparece". Lao-Tsé parece decirnos que en realidad debemos enfermarnos para evitar las enfermedades.

Una vez más, cavilé largo y tendido sobre este corto verso. He jugado con estas palabras una y otra vez para captar su significado esencial para usted, y para mí también. Finalmente, he meditado con la imagen de Lao-Tsé frente a mí, preguntándole qué quería decir con este desconcertante verso 71. Me apoyo en su respuesta en el resto de este capítulo.

Primero que todo, ¿qué implica la palabra *enfermedad*? Para mí, significa algo en el cuerpo o en la mente que está fuera de equilibrio con el bienestar del cual se ha originado, es decir, no está de acuerdo con el Tao. Condiciones tales como: fiebres, dolores, jadeos, respirar ruidosamente, falta de aliento, tos, fatiga inusual y desmayos, son indicadores de la presencia de enfermedades; y el equivalente de dichos síntomas en nuestra mente sería: miedo, ansiedad, ira, odio, preocupación, culpa, estrés, impaciencia y similares. Estas son señales de que nuestros pensamientos están fuera de equilibrio con nuestra Fuente, que es puro amor, bondad, paciencia, alegría, y todas las demás expresiones centradas en el Tao que aparecen en los 81 ensayos del Tao Te Ching.

En este verso, el sabio ha observado con detenimiento la enfermedad, y ha llegado a comprender que representa una manifestación física de una idea que no pertenece al Tao. Una fiebre, una gripe, una dolencia o un dolor, son todos idénticos a las expresiones que no son del Tao de la impaciencia, el miedo, la ira y todos los impulsos del ego. Puesto que el sabio ha visto adónde lleva este tipo de pensamientos, se rehúsa a participar en dicha locura. Por consiguiente, ha observado la mala salud y ha prometido: *No pensaré de formas que me causen eso. Permaneceré centrado en el bienestar natural del Tao porque tener un pensamiento enfermo es permitir que la enfermedad haga su aparición.* En consecuencia, él está enfermo de la enfermedad, y el resultado es el secreto de la salud perfecta.

Permítame presentarle un ejemplo de esto. Mi colega y amiga Radhika Kinger regresó hace poco de una visita a Puttaparthi, India, en donde estuvo en presencia de Sathya Sai Baba, un maestro realizado en Dios que vive y respira todos los mensajes divinos presentados en el Tao Te Ching. Aquí vemos un extracto de la carta que me envió a su regreso:

> *Acabo de regresar de Puttaparthi después de pasar una semana en la divina presencia de Sai Baba. Me entristeció ver a Sai Baba en una silla de ruedas debido a múltiples fracturas en su cadera. Según los médicos, ningún cuerpo humano puede sobrevivir una agonía física tal. Pero Sai Baba permanece en la gloria y completamente inalterado por su condición física.*
>
> *Un devoto le preguntó cómo es que un ser realizado en Dios tenía que pasar por sufrimientos físicos. ¿Por qué no se curaba él mismo? A esto, Sai Baba replicó: "Mi vida es mi mensaje. Hoy en día, la gente debe aprender a renunciar a su apego al cuerpo y a experimentar la divinidad en su interior. El dolor es un fenómeno natural. Pero sufrir es 'opcional'. Yo no sufro, pues no soy mi cuerpo".*

Sai Baba observó su condición y se declaró a sí mismo enfermo de dicha enfermedad en su vida. Sufrir a causa de una enfermedad no es una opción cuando uno vive en armonía con el Tao.

Con años de conductas adictivas tras de mí, les puedo decir que la sabiduría de este verso del Tao Te Ching fue en gran parte responsable de que yo retornara a mi pureza y bienestar de los cuales me originé. Llegué a enfermarme de mi enfermedad, y ya no estaba dispuesto a pasar por la ansiedad que me producía la falta de las sustancias, ni por la vergüenza que eso acompañaba. Vi mis aflicciones, no tanto como algo del mundo material, sino del mundo invisible de mis pensamientos, el cual me seguía llevando hacia la enfermedad. Cuando finalmente cambié la forma de verlo, fui capaz de atraer la misma aparente paradoja de recuperar mi salud cuando llegué hasta el punto de estar enfermo de la enfermedad. Y éste es en verdad el secreto de la buena salud.

Así le instruiría Lao-Tsé que pusiera en práctica esta sabiduría aquí y ahora:

Tenga una mente feliz

Un antiguo proverbio chino dice que si un hombre tiene una mente feliz, tendrá un cuerpo feliz. Una mente feliz está enferma de la enfermedad, se rehúsa a participar en cosas que lo empeoren. Observa una respiración ruidosa, un dolor de vientre, una molestia en la espalda o en la rodilla, y la fatiga, como mensajes para seguir las señales de cuerpo, de que debe regresar a su estado natural de bienestar. Una mente feliz piensa que el cuerpo es capaz de deshacerse de sus males porque sabe que no es una creación humana, sino producto del Tao. Una mente feliz confía en la capacidad del cuerpo de vivir sin enfermedades ni sufrimiento. Use entonces *su* mente feliz para trabajar en equipo con usted y permanecer sano.

Examine sus hábitos

¿Qué hábitos diarios lo están distanciando de su estado natural de bienestar? Cualquier adicción, sin importar lo seria o insignificante que pueda parecer, le está indicando que está hastiado de ella. Siéntase enfermo de sentirse débil debido a su búsqueda de conductas destructivas. Usted sabe cuáles son, y sabe cuando, habitualmente, se deja llevar a sentirse mal a causa de la comida, el alcohol o las drogas; o a causa de la culpa y la vergüenza después de una borrachera. Recuerde que "ignorar el conocimiento es enfermedad" y examine sus fijaciones, comprometiéndose a no ignorar su percepción de lo que son.

Practique el Tao ahora

Dedique un día para escuchar realmente y confiar en los mensajes de su cuerpo, y luego escuche lo que su *mente* le dice respecto a esas señales. Preséntele a su mente la posibilidad de que el cuerpo está enviando una solicitud que usted le puede otorgar, algo así como una siesta o dar un paseo por la playa. Cultive la mente feliz centrada en el Tao, la cual no mantiene ningún pensamiento de enfermedad.

Verso 72

Cuando la gente carece de sentido de asombro,
llega el desastre.
Cuando la gente no le tema al poder del mundo,
llegará un gran poder.

No limites tu visión de ti mismo.
No desdeñes las condiciones de tu origen.
No resistas el curso natural de tu vida.
De esta forma, jamás te sentirás cansado de este mundo.

Por ende, el sabio se conoce a sí mismo,
pero no hace despliegue de lo que es;
se ama,
pero no se exalta.
Prefiere lo interior a lo exterior.

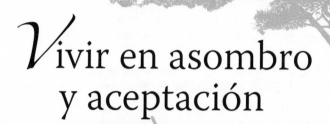

Vivir en asombro y aceptación

Este verso del Tao Te Ching lo alerta respecto a dos componentes que trabajan en conjunto para una vida armoniosa: sentido de asombro y aceptación total. Sin estas dos fuerzas combinadas, es muy poco probable que vea la presencia del Tao.

Cuando escribí respecto a este verso, me descubrí leyendo a San Juan de la Cruz, un poeta místico del siglo XVI que llevó una vida de asombro. Reproduzco aquí unas cuantas líneas para que tenga una idea de cómo este sentimiento se manifestó en un hombre divinamente espiritual:

> *Mi Amado, las montañas,*
> *los valles solitarios nemorosos,*
> *las ínsulas extrañas,*
> *los ríos sonorosos,*
> *el silbo de los aires amorosos,*
>
> *la noche sosegada*
> *en par de los levantes de la aurora,*
> *la música callada,*
> *la soledad sonora,*
> *la cena que recrea y enamora.*

Esta mañana, sentado aquí en mi espacio sagrado en Maui, siento una urgencia que en verdad se asemeja al éxtasis de las palabras de San Juan de la Cruz. Siento la presencia de Lao-Tsé urgiéndome a que me apresure, y él pueda transmitirle a usted lo que significa tener un sentimiento de asombro. Es tan profundo como llevar a su vida la conciencia eterna de la llegada de un gran poder.

Siento ese poder ahora mismo en mi hermoso entorno. El sonido de las aves *miná* llena el aire, mientras el océano se envuelve en sus ondulantes olas, muy parecido al palpitar de nuestro planeta. Los colores son absolutamente subyugantes: el azul brillante del cielo; el verde trémulo de las palmeras, las posidonias y los ficus; el naranja y púrpura de ensueño mezclándose en las nubes distantes; y para cerrar con broche de oro: un arco iris que parece conectando la isla cerca de Lanai con mi ventana.

Cuando las palabras aparecen en mi blanca hoja de papel, me siento inundado en ondas de placer que me dejan sin habla ante la idea de estar siendo usado por una Fuente invisible. Sé que pronto estaré en el océano, dejándome impulsar a lo largo de la orilla, observando hacia abajo las criaturas que se mueven juguetonamente en el agua salada y preguntándome dónde dormirán. ¿Cómo llegaron ahí? ¿Cómo pueden respirar sin aire? ¿Dejan alguna vez de moverse? ¿Seguirán ahí después que yo me vaya? Y luego, emerjo del océano y camino sobre la arena, sintiendo el sol sobre mi cuerpo y preguntándome cómo es que se queda ahí arriba suspendido, cómo es que seguimos girando a su alrededor cada veinticuatro horas; por qué el océano no se vuelca mientras que el planeta gira una y otra vez, y si las estrellas y el universo mismo se acabarán alguna vez.

La razón por la cual es crucial tener un sentido de asombro, es porque ayuda a soltar la sujeción del ego de su mente. Entonces puede *saber* que hay algo más grande y perdurable que le da vida a toda la existencia. Estar en asombro ante eso, algunas veces evita los desastres porque usted no teme las condiciones mundanas. Se mantiene enraizado en un poder que no es de este mundo, que manifiesta un millón de millones de milagros por segundo, todos ellos ignorados por su ego.

El verso 72 del Tao Te Ching también le pide que se acepte y acepte sus preocupaciones individuales. Con tres sugerencias muy enfáticas, Lao-Tsé le dice que evite los límites a su ser, que acepte su cuerpo como una creación perfecta y que permita que su vida se desarrolle de acuerdo con su propia naturaleza.

Me encanta la metáfora de la naturaleza como una guía para la sabia aceptación. De hecho, a través de sus 81 versos, Lao-Tsé hace hincapié en estar en armonía con el mundo natural, diciéndole que es ahí en donde uno se conecta con el Tao. Como dijo Meister Eckhart, un monje y erudito católico del siglo XIII: "Dios creó todas las cosas de tal manera que ellas no están fuera de él, como los ignorantes falsamente creen. Por el contrario, todas las criaturas fluyen hacia el exterior, pero aun así permanecen en el interior de Dios".

Y en Juan 15:4–5, la Biblia nos dice: "Permaneced en mí, y yo en vosotros. Como el sarmiento no puede llevar fruto por sí mismo, si no permanece en la vid, así tampoco vosotros, si no permanecéis en mí. Yo soy la vid, vosotros los sarmientos".

Conozca el Tao estando en perfecta armonía con el medio ambiente. Piense en los árboles que soportan lluvia, nieve, frío y viento, y cuando llegan las épocas duras, esperan con la templanza de ser verdaderos con lo que son. Como escribe Deng Ming-Dao en *365 Tao: Daily Meditations:* "Permanecen de pie y esperan, el poder de su crecimiento yace en apariencia dormido. Pero, en su interior, retoñan de forma imperceptible... ni la mala ni la buena fortuna alteran lo que son. Deberíamos ser como ellos".

Con el fin de hacerlo, debemos aceptarnos como parte de las 10,000 cosas. Y debemos amar ese mismo retoño, la imperceptible naturaleza interna que dará fruto. O como Lao-Tsé concluye este verso: "Preferir lo interior a lo exterior".

Ámese, no se exhiba y permanezca en callado asombro y aceptación. Aquí vemos algunas sugerencias sobre cómo hacer de esto su realidad:

Vea el milagro de *todas las cosas*

Cambie su visión del mundo por asombro y mistificación. En vez de buscar milagros, cambie y vea todo como un milagro. Permaneciendo en un estado de asombro, no podrá experimentar mentalmente aburrimiento ni desilusiones. Intente ver al Tao invisible fluyendo y apoyando a todos y a todo. Una tormenta se convierte en un evento milagroso, un relámpago en un despliegue fascinante de pirotecnia eléctrica, el trueno en un recordatorio retumbante del poder invisible de la naturaleza. Viva el misterio comenzando a percibir lo que unos ojos comunes dejan de advertir.

**Enfóquese en amar la vida que
tiene ¡en el cuerpo que le tocó!**

Dígase que ama todo lo relacionado con el cascarón físico en el cual ha encarnado. Afirme: *Mi cuerpo es perfecto, nací en el momento justo, y esta es la edad perfecta. Me acepto como soy. Acepto mi papel en la perfección del universo en este momento. Me entrego al curso natural del destino de mi cuerpo.*

Vea su cuerpo a través de una visión de pensamientos de aceptación total, y, como dice Lao-Tsé: "De esta manera, jamás te sentirás cansado de este mundo".

Practique el Tao ahora

Haga una lista de cinco cosas de su vida diaria que ha dado por sentadas. Luego pase un tiempo contemplando cada una de ellas en su conciencia. El cielo, las flores, un árbol en su jardín, la luna, el sol, la neblina, la yerba, una telaraña, el agujero de un cangrejo, un lago, un arbusto, un grillo, su perro, cualquier cosa que ocurra de forma natural...; permítase apreciar de forma radical el milagro que no había advertido. Escriba, dibuje o tome una fotografía de alguna observación que haya recabado de esta nueva perspectiva de asombro y mistificación.

Verso 73

La acción osada en contra de los demás, conlleva a la muerte.
La acción osada en armonía con el Tao conlleva a la vida.
Ambas,
a veces, son útiles
y a veces, hacen daño.

El camino del cielo es conquistar sin esfuerzo.
No habla, pero recibe respuestas.
No pide, pero recibe todo lo que necesita.
No se afana, pero completa todo a tiempo.

La red del cielo atrapa todo;
su malla es rústica,
pero nada se le escapa.

$\mathcal{V}$ivir en las redes del cielo

Una vez más se le pide que observe el Tao a través del lente paradójico. Después de todo, ¿qué *son* "las redes del cielo"? Es el mundo invisible del cual se originaron las 10,000 cosas. Y aunque parezca tener demasiados agujeros —formas de eludir la inevitabilidad de las intenciones del Tao— nadie ni *nada* puede existir más allá de lo que el Tao dirige.

Aquí en este verso 73, se le anima a que sea respetuoso y cuidadoso bajo las redes del cielo. Todas las traducciones que he estudiado dicen lo mismo con distintas palabras. Aquí vemos una, por ejemplo, breve y directa:

> *Valentía irreflexiva: muerte.*
> *Valentía prudente: vida.*
> *Así es que el sabio se conduce de forma prudente.*

Lao-Tsé le está pidiendo entonces que cambie su forma de ver la osadía y la valentía. En vez de ver estas cualidades como admirables, le pide que a cambio de ser un héroe intrépido, sea más vigilante y alerta para vivir el Gran Camino. Advierta que el camino al cielo es evitar las acciones intrépidas y permanecer prudente.

Lao-Tsé le ofrece ejemplos de cómo las redes del cielo lo sostienen todo sin forzar ni ser irreflexivas, y lo anima para que lo emule en todos sus cometidos:

1. "El camino del cielo es conquistar sin esfuerzo". Observe cómo el Tao es pacífico, callado y siempre conquista. Ningún ser humano puede ordenarle al sol que se enfríe, a las corrientes del océano que se detengan, al viento que se apacigüe, a la lluvia que cese, ni a los cultivos que dejen de crecer; todo esto es conducido de forma natural y perfecta sin esfuerzo de parte del Tao. La naturaleza siempre gana porque el Tao simplemente lo hace todo sin atacar ni esforzarse. Sea así y descanse en las redes del cielo.

2. "No habla, pero recibe respuestas". Las redes del cielo son invisibles y silenciosas; es la fuerza que le provee de cada aliento y mantiene unido al universo mientras lo hace, sin exigir ni gritar, sin siquiera halagar con melosidad. Exista entonces en armonía con el camino del cielo siendo más prudente y reservado. Escuche más y hable menos, confíe en que sus respuestas le llegarán sin advertencia y muy seguramente sin alaridos.

3. "No pide, pero recibe todo lo que necesita". Usted tiene a su disponibilidad un suministro ilimitado de todo lo que necesita, no tiene que exigir nada, ni siquiera pedirlo. Todo está en perfecto orden en el camino del cielo, y usted es un componente de ese orden perfecto. Sus suministros le llegarán si requiere menos y le da la bienvenida a todo lo que se manifiesta. Usted simplemente no puede escaparse de las redes del cielo, no importa cuántos agujeros pueda creer que tengan. Todo llega a su tiempo; confiando en esto, será guiado a una cita con su destino, y quedará maravillado ante cómo todo se converge sin que usted tenga que pedirlo ni exigirlo.

4. "No se afana, pero completa todo a tiempo". ¿Cómo puede afanarse el Tao? Imagínese solicitarle algo así al cielo: "Estoy hastiado del invierno e insisto en que me traigas las flores primaverales en medio de estas largas noches glaciales. Quiero mis papas hoy, aunque haya plantado las semillas apenas ayer. Apúrate, ¡insisto!" El Tao funciona en sincronización Divina; todo se completa como

debe ser. Se le invita a desacelerar su ritmo para que se armonice con el camino del cielo. Aunque crea que lo que desea está retrasado, en realidad todo está a tiempo. Cuanto más se apresure, menos logrará hacer. Intente apresurarse en la ducha después de correr diez kilómetros y advierta cómo su cuerpo sigue sudando copiosamente. Luego intente desacelerar su mente, relajarse y permitir que el agua corra sobre usted, y advierta cómo su cuerpo se siente limpio sin sudar, en precisamente la misma cantidad de tiempo que solía hacerlo cuando se afanaba. Incluso si su ego no llega a captarlo, es la verdad: *Todo está a tiempo bajo las redes del cielo.*

Lo que sigue es el consejo de Lao-Tsé para usted hoy, mientras examina con detenimiento este verso 73 del Tao Te Ching, unos 2,500 años después de haber sido escrito:

**No considere ser prudente como
una debilidad o una expresión de temor**

Más bien, véalo como una forma de dar un paso hacia atrás y permitir que los eventos se desarrollen de forma natural. La osadía es una buena cualidad, pero la osadía *irreflexiva*; es decir, cuando se afana sin reflexionar, es una forma segura de invitar los desastres. En este provocativo verso, Lao-Tsé le está diciendo que piense antes de actuar. Deje que el camino del cielo sea quien conquiste sin que usted tenga que luchar ni vencer a nadie. Muy a menudo, el primer impulso está dominado por la necesidad del ego de ganar y vencer.

Veo esto como el competitivo jugador de tenis que soy. Sin esforzarme, a menudo salgo victorioso sobre jugadores más jóvenes, más fuertes, y algunas veces, más talentosos. Cuando mi oponente golpea la bola demasiado fuerte o lejos de forma irreflexiva, comete errores innecesarios, mientras que yo permanezco en la parte de atrás de la cancha, y simplemente, regreso la bola en lo que parece una armonía sin esfuerzos. Y esto crea más que un deseo de ganar en mi oponente valiente e irreflexivo, haciendo que cometa más errores. Llamo a esto "la enfermedad del joven".

Escuche activamente

En vez de intentar controlar a los demás hablando con frecuencia y en voz alta, permítase convertirse en alguien que escucha activamente. Muchas de las respuestas que busca (y los resultados que espera) de los demás, surgirán si puede recordar no hablar, incluso no preguntar. Intente vivir de acuerdo con la naturaleza, que al escuchar —en vez de presionar, esforzarse o exigir— le ayuda a hacerlo.

Practique el Tao ahora

Decidí acudir hoy a una caminata de una hora sin hacer nada después de leer de nuevo este verso 73, para simplemente observar todo funcionar bajo las redes del cielo de forma perfecta. Advertí el sol callado nutriendo la tierra y proveyendo su luz. Retrocedí para observar unas abejas revoloteando entre las flores y me quedé sorprendido ante la fuerza invisible que hace madurar los frutos verdes del banano, en un racimo en la parte alta de las plantas. En conclusión, sólo fui un observador de la divinidad invisible, callada y sin esfuerzo del Tao en acción, comprendiendo que aunque nada se afana, todo se completa a su debido tiempo. Esos bananos, ahora verdes, madurarán en su momento; pero hoy, sólo estoy encantado con la energía que los crea, los nutre y los prepara para que un día ¡estén listos para mi desayuno!

Hoy, le suplico que *salga* en una caminata similar de una hora sin acción, y advierta cómo nada se escapa a las redes del cielo.

Verso 74

Si comprendes que todas las cosas cambian,
no hay nada a lo que tratarías de aferrarte.
Si no temes morir,
no hay nada que no puedas lograr.

Siempre hay un señor de la muerte.
Aquel que toma el lugar del señor de la muerte,
es como el que corta con la cuchilla
de un maestro carpintero.
Cualquiera que corte con la cuchilla de un maestro carpintero,
de seguro se cortará sus propias manos.

$\mathcal{V}$ivir sin miedo a morir

¿Qué ocurre cuando morimos? ¿Es la muerte el vehículo de regreso a nuestra Fuente del ser, o significa el final de la conciencia y de toda la vida? Una cosa es absolutamente cierta: este tema es un completo misterio para nosotros. Algunos eruditos del Tao se han referido a la muerte como un lugar de unicidad en donde el tiempo, el espacio, y todas las 10,000 cosas, cesan de tener significado. Por consiguiente, lo que muere es nuestra *identidad humana*. No obstante, queda algo de eso bajo las capas externas; por eso, cuando usted conoce y comprende quién es ese alguien sin forma, su miedo de morir se disipa. Usted puede vivir en el lado activo del infinito, conociendo su naturaleza infinita en el Tao, lo cual probablemente significa que cambiará su forma de pensar respecto al nacimiento, la vida y la muerte.

Vaya de desear la permanencia en su vida, a comprender que *todas* las cosas cambian debido a la naturaleza de este mundo siempre cambiante. No hay nada externo a qué aferrarse; después de todo, el momento en que piensa que lo tiene, *se* convierte en algo más. Esto es cierto tanto para su empaque terrenal como para sus tesoros mundanos. Ya sea que lo comprenda o no, el cuerpo en el que llegó cuando comenzó a leer este ensayo, es distinto ahora, y será distinto otra vez en el momento en que intente que permanezca igual. Esta es la naturaleza de nuestra realidad. Si puede sentirse cómodo al respecto, reducirá —y llegará a eliminar— su ansiedad con relación a la mortalidad. Como promete Lao-Tsé: "Si no temes morir, no hay nada que no puedas lograr".

Su esencia en el Tao tiene que ser infinita porque proviene de un mundo de posibilidades infinitas. Usted no es algo sólido y permanente; de hecho, ¡no hay nada así en el mundo en el que ha encarnado! Usted es real, y lo real jamás cambia. Sin embargo, su ser real no es de este mundo, es su parte en el Tao. Cuando vive en armonía con el Tao infinito, la muerte es irrelevante, conozca entonces su ser superior y comprenda que no hay nada que no pueda lograr.

La segunda parte de este verso tiene que ver con asesinar, o tomar la vida de otro ser. Lao-Tsé es bastante específico aquí, diciendo: "Siempre hay un señor de la muerte". En el momento de su llegada al mundo, todo lo que usted necesitaba para esta jornada había sido gestionado por el señor de la vida *y* la muerte. Al igual que su nacimiento era la energía del Tao, su tipo de cuerpo, el color de su piel, sus ojos, orejas y todos los aspectos físicos de su ser, son expresiones del Tao. Esto incluye su muerte, la cual ha sido coreografiada, determinada y permitida para su manifestación en la sincronización divina. En otras palabras, matar no es su trabajo, jamás lo ha sido, ni de otra persona, ni de ningún otro ser. Puesto que la muerte es tan parte del Tao como la vida, debe ser permitida de acuerdo con la naturaleza, no ejecutada según una decisión del ego.

Aprendí esta lección hace años, mientras cambiaba de lado en una cancha en medio de un partido de tenis, que estaba jugando a un nivel excepcionalmente elevado. Cuando tomé un sorbo de agua, noté una abeja boca abajo, aparentemente en la agonía final de su corta vida. Asumí que estaba sufriendo y decidí aplastarla con el pie para evitar prolongar su sufrimiento. Cuando regresé a mi partido, no me podía sacar la abeja de la mente: *¿Habré hecho lo correcto? ¿Quién soy yo para decidir el destino de esta pequeña criatura? ¿Quién soy para convertirme en verdugo, incluso de una criatura tan aparentemente insignificante como un diminuto insecto?* Y todo en la cancha de tenis comenzó a tomar un cariz distinto desde ese momento.

Antes de eso, mis tiros habían caído sobre las líneas y ahora caían a unos centímetros fuera de ellas. El viento parecía haber cambiado de dirección y estaba en mi contra. Ahora me movía de forma más lenta y cometía errores que no eran típicos de mi forma de jugar. A fin de cuentas, lo que parecía una clara victoria a mi favor, se convirtió en un total desengaño y en una vergonzosa derrota, porque mi rol como asesino bien intencionado de una pequeña abeja había ocupado mi mente. Desde entonces, he cambiado mi forma de ver la muerte, y ya no mato nada de forma deliberada. He decidido que no es mi labor decidir la muerte de nadie desde ese día de mi despertar ¡con esa abeja! Incluso si a esa abeja apenas le quedaban unos pocos minutos de vida, es la labor del "señor de la muerte" o del gran Tao tomar esa determinación.

Acabo de hablar con mi querida amiga Lauren, quien está pasando por la agonía de ver a su gata, que lleva con ella 19 años, preparándose para morir. Me pidió consejo de si debía practicar la eutanasia a Sweet Pea para evitar la prolongación de su sufrimiento. Después de leerle este verso, y contarle mi propia experiencia con esa diminuta abeja, Lauren optó por tener en su regazo a Sweet Pea hasta el momento en que la muerte la reclamara. Una reverencia por la vida es la forma en que el Tao nos ayuda a comprender que no estamos a cargo de las decisiones sobre la muerte.

El legado de Lao-Tsé se resume de forma magnífica en las palabras de T. S. Eliot, en su poema "Little Gidding":

No cesaremos de explorar,
y al final de toda nuestra exploración,
llegaremos a donde habíamos empezado,
y conoceremos el lugar por vez primera.

Esto es la muerte: nada que temer, nada que hacer.

Esto es lo que creo que Lao-Tsé le está diciendo en este profundo verso del Tao Te Ching:

Deje de temer su muerte

Tiene tanto sentido pensar en su muerte con temor como percibir el color de sus ojos de la misma manera. El Tao está en todo: en el nacimiento, en la vida y en la muerte. Lea de nuevo la cita de T. S. Eliot, así como el verso 40 del Tao Te Ching (que titulé: "Vivir regresando y cediendo"). Regresando en la muerte, conocerá en verdad al Tao..., quizá por vez primera.

Examine las formas en que mata

Tome la decisión de que ya no desempeñará la posición de ejecutor, incluso en las criaturas más pequeñas y en apariencia insignificantes, y actúe acorde. Viva este principio permitiendo que el señor de la vida y la muerte decida cuándo debe realizarse el viaje de regreso. No participe en una cruzada; sólo haga de esto su propio compromiso: existir en armonía con el Tao. Y por el amor de Dios, no imponga sus creencias a los demás, pues la no interferencia es una de las posiciones trascendentales del Tao Te Ching.

Practique el Tao ahora

Durante su meditación, practique morir mientras sigue vivo. Es decir, deje su cuerpo, deséchelo, y flote por encima del mundo. Esto lo ayudará a desconectarse del sentimiento de que usted es su cascarón físico. Cuanto más sea el observador, en vez del objeto de su visión, más fácil será dejar su miedo a la muerte. Haga esto durante unos minutos cada día. Recuerde que usted *no* es este cuerpo, es una pieza del Tao infinito, que nunca se altera, y no muere jamás.

Este extracto del libro de Neale Donald Walsch titulado *Comunión con Dios* habla en detalle sobre esta idea:

¿Cuál copo de nieve es más grandioso? ¿Es posible que todos ellos sean igual de grandiosos, y que celebrando su grandiosidad juntos, hayan creado esa asombrosa manifestación? Se funden entre ellos y en la Unicidad. No obstante, jamás se alejan. Jamás desaparecen. Jamás cesan de existir. Simplemente, *cambian de forma*. Y no sólo una vez, sino muchas veces: de sólido a líquido, de líquido a vapor, *de visible a invisible*, para surgir de nuevo en un nuevo despliegue de belleza y maravilla sobrecogedora. Esto es: *Vida, Vida sustentadora*.

Esto es usted.

La metáfora está completa.

La metáfora es real.

Usted hará que esto sea real en su experiencia cuando sencillamente decida que es cierto y actúe acorde. Vea la belleza y las maravillas de todas las vidas que usted toca. Pues cada uno de ustedes es en efecto asombroso, pero no más asombroso que otro. Y un día, se fundirán en la Unicidad, y sabrán entonces que juntos forman un solo arroyo.

Verso 75

Cuando los impuestos son muy elevados,
el pueblo sufre hambre.
Cuando el gobierno es demasiado entrometido,
el pueblo pierde su espíritu.

Actúe para el beneficio del pueblo;
confíe en él, déjelo en paz.

Vivir exigiendo poco

Este verso fue escrito con la intención de ayudar a las clases gobernantes y a la nobleza a administrar su reino. Entienda, que durante los periodos bélicos en la antigua China, los gobernantes usaban métodos onerosos para imponer el orden en las masas: tendían a guardar todo el dinero de los gravámenes recolectado del pueblo para ellos mismos, haciendo alarde de su buena fortuna enfrente de los rostros de los pobres. Aquellos que tenían que pagar demasiados impuestos y su carga era demasiado grande, perdían su espíritu y su sentido de lealtad y terminaban rebelándose contra las leyes que les eran impuestas.

El libro que usted tiene ahora en sus manos no tiene la intención de ser un comentario social para esclarecer las mentes de los líderes políticos que se han aprovechado de sus posiciones (¡aunque ciertamente los invito a todos ellos a seguir el consejo de Lao-Tsé!). Más bien, fue escrito para ayudarlo a *usted* a aplicar la sabiduría inherente en cada uno de los 81 versos del Tao Te Ching. Lo invito entonces a cambiar su forma de ayudar a los demás permaneciendo inspirado y llevando una vida gozosa y pacífica.

Puede ser que usted piense que exigir más de aquellos que están a su cargo, ya sean sus hijos o colegas, crea más productividad, pero Lao-Tsé sugiere que lo opuesto es cierto. Exija poco;

aconseja incluso que deje en paz a los demás en lo posible. Y la imposición de impuestos excesivos a las masas puede tener un componente análogo, para que usted considere cuando se trata de la forma en que se conduce con aquellos que tiene la responsabilidad de guiar.

Los oficiales del gobierno a menudo votan para recolectar más y más dinero para sus proyectos favoritos, e incluso para su propio beneficio, simplemente porque tienen la autoridad para hacerlo. Al estar a cargo de la legislación, imponen leyes que les permiten abusar de las mismas personas que pagan sus salarios y les proveen de todos sus beneficios. En prácticamente todos los casos, aquellos que pagan los impuestos para ofrecerles el privilegio de llevar estilos de vida lujosos, reciben muchos menos beneficios que los recipientes de los impuestos. En otras palabras, los legisladores y otras personas en el poder están usando sus posiciones para aprovecharse de las personas comunes. Cuando esto es demasiado evidente, esas personas comunes se convierten en agitadores y seres irreflexivos, con poco respeto hacia la autoridad. Como dice Lao-Tsé: "El pueblo pierde su espíritu".

En vez de exigir más porque usted es mayor, más grande, más rico o más poderoso, deje en paz a aquellos a su cargo cuando sea posible, confiando en su sabiduría inherente para hacer lo correcto. Las autoridades opresoras que imponen impuestos elevados crean rebelión y caos; y usted creará lo mismo a menos que revise sus inclinaciones y las cambie siendo *menos* en vez de *más* exigente.

He practicado este enfoque para guiar toda mi vida de adulto, manteniendo al mínimo el equipo de personas que trabajan para mí y que requieren de mi supervisión. Mis exigencias sobre mi administradora, secretaria y asistente *todóloga* son muy escasas, y ella ha sido mi única empleada por tres décadas. Le permito negociar contratos, realizar todos los arreglos pertinentes a los eventos en donde doy charlas, y administrar mi empresa, sin exigencias de mi parte. No le digo a qué hora tiene que llegar a trabajar, qué ropa debe usar, o cómo hablar con la gente; y mi recompensa por haber sido un jefe que exige muy poco, ha sido una persona extremadamente leal, en quien puedo depender para que haga lo correcto, que ama su trabajo y que es indispensable para mí.

Me conduzco de igual manera con mi editora, quien lleva más de treinta años conmigo. Yo escribo desde el corazón, permitiendo que las palabras fluyan en las páginas, y luego se lo envío a ella. Confío implícitamente en esta mujer y le permito que haga la labor que vino a hacer a este mundo, sin exigencias de mi parte. Mi recompensa por no interferir es que mis libros quedan hermosos y profesionales. Mi editora y yo también disfrutamos de una relación amorosa y pacífica, los dos estamos contentos y orgullosos del trabajo que estamos destinados a producir. Aunque lo que estoy describiendo le puede parecer imposible de lograr, puede definitivamente realizarse si confía en el Tao para administrar todos los detalles de su vida profesional y personal.

Lo siguiente es lo que Lao-Tsé le suplica que tome de este verso 75 del Tao Te Ching, escrito originalmente para los líderes de los países, pero aplicable a todo aquel en un papel de supervisor o de padre:

No se cobre demasiados impuestos

Lao-Tsé le recuerda que demasiados impuestos lo llevan también a usted a perder su espíritu. Si se impone demasiadas exigencias, se desgastará y desarrollará síntomas de depresión, ansiedad, preocupación, enfermedades cardiacas y un sinnúmero de dolencias físicas. Tome un descanso de las presiones agobiantes que se ha impuesto, regálese mucho tiempo libre para conectarse con la naturaleza, juegue con sus hijos, lea, vea una película, o sencillamente, no haga nada.

Confíe en aquellos que están bajo su responsabilidad

No supervise constantemente a aquellos a quien usted es responsable de criar o supervisar; más bien, desarrolle su confianza en esas personas menos experimentadas. Ellos deben usar sus propias mentes, porque también tienen un destino que realizar que ha sido dirigido por el Tao. Exija menos y anime todo lo que pueda, permitiéndoles que busquen su propia excelencia y felicidad. Su confianza los llevará a confiar en ellos mismos *y* en la sabiduría que los ha creado.

Practique el Tao ahora

Tómese un descanso de todo lo que ocupa su mente, incluyendo sus responsabilidades. Aunque sea por sólo quince minutos, aclare su mente, vacíe sus "archivos de exigencias" y permítase la libertad que llega cuando es menos exigente.

Cuando termine, haga lo mismo con sus hijos o con un subalterno en su trabajo. Abrácelos y dígales que se tomen un breve descanso juntos, sin hacer otra cosa que estar en la naturaleza. Déjelos que regresen a sus responsabilidades a su propio ritmo.

Si piensa que su hijo o empleado necesita una supervisión urgente, quizá es porque él ha cambiado, debido a que usted no ha confiado en que es una persona autosuficiente.

Verso 76

Un hombre nace suave y débil;
a su muerte es duro y rígido.
Todas las cosas, incluyendo la yerba y los árboles,
son suaves y flexibles en vida;
secos y frágiles en la muerte.

La rigidez es, por lo tanto, compañera de la muerte;
la flexibilidad compañera de la vida.
Un ejército que no es capaz de ceder
será vencido.
Un árbol que no logra doblarse
se romperá con el viento.

Los duros y rígidos se romperán;
los suaves y flexibles prevalecerán.

$\mathcal{V}$ivir doblegándose

Lo que más me encanta de estudiar el Tao Te Ching es su impecable adherencia a encontrar el Gran Camino estudiando de cerca
a la naturaleza. En este pasaje, Lao-Tsé nos pide que cambiemos
nuestra visión del concepto de fuerza, advirtiendo cómo las cosas
más sólidas y durables en el mundo natural tienden a ser suaves,
gentiles, e incluso, débiles. Si vemos la fortaleza como algo duro,
inflexible e indoblegable, él nos invita a cambiar esa perspectiva.
La vida, según Lao-Tsé, es definida como suave y flexible.

Algunos de mis recuerdos más preciados de mis ocho hijos provienen de observar lleno de asombro la flexibilidad de sus cuerpos
cuando estaban recién nacidos. Podía ponerlos sobre mi regazo y
colocar con facilidad sus pies en sus bocas, o ¡incluso detrás de sus
cuellos! Eran maestros de yoga perfectos apenas a unos cuantos
meses de edad o incluso en sus primeros días. Cuando comenza-
ban a caminar, los observaba fascinado, a menudo me quedaba sin
aliento cuando se golpeaban su cabeza, corrían hacia las paredes
sin mirar y se caían de forma que a mí me parecía terrible. Sin
embargo, ¡quién lo diría!, seguían como si nada. Lo que seguramente daría como resultado una fractura de cadera en una persona
mayor, en estos ágiles pequeños apenas si se notaba.

En el mismo contexto, un árbol viejo que está a punto de
morir, se vuelve duro, quebradizo y susceptible al fuego y a los

fuertes vientos. Como el árbol no puede doblarse, una fuerte ráfaga puede demolerlo. Al envejecer, la madera se debilita, sencillamente debido a su falta de flexibilidad. Su rigidez, la cual algunos podrían considerar fortaleza, en realidad la ha convertido en un organismo débil. De igual forma, en el momento de la muerte, todas las criaturas pasan por un estado de rigor mortis que significa dureza total, y por supuesto, carencia absoluta de fortaleza.

Ser flexibles y doblegables va más allá del proceso de envejecimiento que todos los cuerpos están destinados a experimentar. Por esta razón, Lao-Tsé lo anima para que aplique este principio a su proceso mental y a sus conductas. Le recuerda que la rigidez y la dureza acompañan a la muerte, mientras que la flexibilidad e incluso la debilidad son las compañeras de la vida. Puede ser que le hayan enseñado que la fortaleza se mide por lo "duro" que sea en su forma de pensar o lo inflexible que sea en sus opiniones, y que la debilidad está asociada con aquellos que se doblegan. Pero cuando se vea enfrentado a una situación estresante, tenga en cuenta que la dureza no lo llevará muy lejos, mientras que la flexibilidad lo ayudará a superarla.

Cambie su forma de pensar respecto a la fortaleza, no sólo en lo relacionado con aquellos en posiciones de poder, sino en usted mismo. Hay mucho por decir respecto a los que estamos acondicionados a considerar como débil: comience por ver la fortaleza como debilidad, y la debilidad como fortaleza...: una más de las fascinantes paradojas del Tao Te Ching.

Eso es lo que Lao-Tsé le suplica que considere mientras aplica las lecciones de este famoso verso 76:

Sea fuerte doblegándose

Esté dispuesto a ser como las palmeras en medio de vientos huracanados, su supuesta debilidad les brinda la fortaleza para sobrevivir tormentas devastadoras. Lo mismo es cierto en sus relaciones: escuche más, permita que sus puntos de vista sean cuestionados, y dobléguese cuando sea necesario, sabiendo que en realidad está optando por la fuerza. Cuanto más piense en formas rígidas, absteniéndose de considerar otros puntos de vista, estará más propenso a romperse. Como Lao-Tsé le recuerda: "Los rígidos y duros se romperán", mientras que "los suaves y flexibles prevalecerán".

Examine sus actitudes inflexibles

Escrute sus actitudes en asuntos como la pena de muerte, la legalización de ciertas drogas, el aborto, el control de armas o los anticonceptivos, los impuestos, la conservación de energía y muchos otros en los cuales usted tenga una firme posición. Luego haga el esfuerzo de ponerse en la posición de aquellos que tienen opiniones opuestas. Cuando considere las refutaciones que ellos ofrecerían, verá que tiene algo de cierto el antiguo refrán:

¡Este es mi camino!
¿Cuál es el tuyo?
El camino no existe.

Hoy, por ejemplo, tuve una conversación con mi hija Serena respecto a una presentación que ella debía realizar ante una de sus clases en la universidad. Estaba convencida de que su conclusión era inflexible respecto a las políticas de empleo de una gran cadena de tiendas. No había cabida para discusión, ellos estaban equivocados y ella estaba en lo correcto. Pero en aras de tener una conversación inteligente, asumí la posición de esa empresa gigantesca e intenté ofrecerle mi perspectiva. En lo que avanzaba nuestra conversación, mi hija comenzó a ceder un poco. Cuando comprendió que toda historia tiene dos lados, se encontró dispuesta a escuchar a la oposición. Serena logró doblegarse de una manera que la fortaleció.

Si los líderes de las dos partes en cualquier asunto estuvieran al menos dispuestos a escucharse mutuamente, los conflictos no tendrían que escalar a proporciones de vida o muerte. Escuchando, cediendo y siendo gentiles, nos convertimos todos en discípulos de la *vida*.

Practique el Tao ahora

Cada día en mis clases de yoga, hay un ejercicio que me recuerda este verso del Tao Te Ching, y lo animo para que lo practique ahora mismo. Póngase de pie con los pies juntos, levante sus manos sobre su cabeza y estírelas lo máximo posible. Ahora estírese hasta la derecha lo máximo que pueda durante un minuto. Luego regrese a la posición de pie y haga lo mismo hacia el otro lado. Mientras tanto, véase como alguien flexible, ágil y capaz de doblegarse en armonía con el Tao.

Verso 77

El camino del cielo
es como dibujar un arco:
la parte de arriba se baja,
la parte de abajo se eleva.

Cuando se excede, se reduce;
cuando es deficiente, se incrementa.
El Tao de la humanidad es lo opuesto:
reduce la insuficiencia para añadir al excedente.
Despoja al necesitado para servir a aquel que tiene demasiado.

Sólo aquel que tiene el Tao, ofrece a los demás su excedente.
¿Qué hombre tiene más de lo necesario
y se lo entrega al mundo?
Sólo el hombre del Tao.

El maestro puede seguir dando
porque su riqueza no tiene límite.
Actúa sin expectativas,
triunfa sin asumir el crédito por ello,
y no piensa que es mejor
que nadie.

*V*ivir ofreciendo el excedente

Si observa los caminos del cielo desde la distancia, descubrirá que la naturaleza es perfecta. El Tao está en acción, manteniendo un balance divino en forma invisible. Por ejemplo, cuando estuve en Sedona, Arizona, salí en excursión por las áreas pobladas de árboles en las estepas de las majestuosas montañas rojas. Cuando me lamenté por los incendios recientes que habían acabado con varios árboles, el guía nos explicó cómo esto había sido en realidad la naturaleza en acción. "Durante millones de años", explicó, "cuando los bosques se vuelven muy espesos, la naturaleza envía sus relámpagos y atenúa la espesura del bosque". Si no fuera así, la madera se ahogaría en su propio excedente. Así es como funciona nuestro planeta.

Aunque a veces los eventos naturales, como inundaciones, sequías, huracanes, vendavales y lluvias excesivas, pueden parecer desastrosos, en realidad están manteniendo el equilibrio. Esto también es evidente en las vidas de las mariposas, las bandadas de gansos, o los rebaños de renos o búfalos; el deporte de la caza perturba al sistema de la naturaleza, no la deja lidiar con sus excedentes. Y el Tao concuerda: "Cuando se excede, se reduce; cuando es deficiente, se incrementa". Observe la naturaleza, dice Lao-Tsé: si ocurren deficiencias, no siga reduciendo lo que ya está escaso.

Las lecciones de estos versos finales se relacionan con gobernar las masas permaneciendo armonizado con el Tao. Lao-Tsé parece criticar severamente a las personas en posiciones de poder político que toman de los necesitados, para obtener para ellos mismos más de lo que no necesitan. En el mundo moderno, podemos ver evidencia de esta práctica en muchísimas formas, pero especialmente en los legisladores que votan para obtener los beneficios de pagos de todos los demás: se otorgan ellos mismo pensiones equivalentes al 95% de sus ingresos, seguro médico vitalicio, limosinas, estacionamientos privados en terrenos públicos, viajes en primera clase, incluso si tienen que despojar a los necesitados y servir a aquellos que tienen demasiado. Y en países en donde la hambruna es rampante, no es inusual ver grandes cantidades de alimentos y provisiones apilados en los puertos, mientras que el pueblo muere de malnutrición debido a que los representantes del gobierno piensan que ellos están por "encima" de todo eso.

El verso 77 del Tao Te Ching sugiere pensar en los excedentes que podemos colocar de nuevo en circulación, para aminorar las deficiencias que existen en todas partes en nuestro planeta. Lao-Tsé nos pide que practiquemos la sabiduría de este verso en nuestras vidas personales, viendo lo que no necesitamos como una oportunidad para ser "seres del Tao". Lao-Tsé no le está pidiendo esto a nuestro gobierno, a nuestros lideres políticos, ni a los magnates de la industria, sino a nosotros personalmente: "¿Qué hombre tiene más que suficiente y se lo entrega al mundo?" La respuesta es: solamente el hombre o la mujer del Tao. Cuando haya suficientes de nosotros, habrá un fondo común desde donde surgirán las personas centradas en el Tao para gobernarnos. Entonces habremos establecido la forma de vida ofrecida en este verso.

Un *excedente* de dinero o de posesiones es bastante sencillo de comprender; pero la palabra en realidad simboliza mucho más. Por ejemplo, hay un excedente de alegría que usted puede ofrecerse y ofrecerle a su familia. Además, hay un exceso de proezas intelectuales, de talento, compasión, salud, fortaleza y bondad que usted puede compartir con el mundo. Cuando vea una deficiencia en alegría, abundancia, oportunidades educativas, salud perfecta, o sobriedad, haga disponibles sus propios excedentes. Lao-Tsé le suplica que observe lo deficiente y sea un instrumento de *incremento,* en vez de un recolector de más, lo cual margina y divide la unicidad que es toda la vida.

Practique estas nuevas formas de ser que están más alineadas con el camino del Tao:

Reduzca el excedente

Reduzca lo excesivo en su vida y ofrézcalo en donde pueda ser utilizado. Comience con sus cosas: ropa, muebles, herramientas, equipos, radios, cámaras o cualquier cosa que tenga demasiado. No lo venda; más bien, dónelo (si puede darse el lujo de hacerlo). No pida reconocimiento por sus actos de caridad, compórtese simplemente en armonía con el Tao reduciendo sus excesos. Luego piense en su abundancia intangible de salud, alegría, bondad, amor o paz interior, y busque formas de ofrecer esos sentimientos gloriosos a aquellos que podrían beneficiarse de su dadivosidad.

Sea un instrumento del incremento

Así como la naturaleza llena los vacíos manteniendo el equilibrio cíclico necesario para nuestro mundo, sea un instrumento del incremento en donde observe deficiencias. Practique dedicar una porción de sus ganancias para ser usada con el fin de subsanar un déficit, pues como señala Lao-Tsé: "El maestro puede seguir dando porque su riqueza no tiene límites". Si no puede darle dinero a los menos afortunados, haga una oración en silencio por ellos. Ore cuando escuche una ambulancia o la sirena de auto policiaco. Busque oportunidades para llenar los espacios vacíos de otras personas con dinero, cosas; o energía amorosa en forma de amabilidad, compasión, alegría y perdón.

Practique el Tao ahora

Planifique un día en donde se dedique a despojarse de algunos de sus excedentes, asegurándose que lleve a algún lugar algo útil. Busque cosas que no usa o que no necesita, por ejemplo, acabo de echar un vistazo y detecté unas libretas legales, tres películas en DVD y una tostadora que no he usado en seis meses. Si observa a lo largo y ancho la habitación en donde está leyendo estas palabras, estoy seguro que verá algunas cosas que podría catalogar fácilmente como excedentes. Planifique un momento para poner en circulación algunos de sus excedentes. Puede también recoger algunas de esas cosas que ve en este momento y dejarlas en algún lugar en donde serán bienvenidas hoy. ¡Sea un hombre o una mujer del Tao!

Verso 78

Nada en el mundo es más suave
ni más débil que el agua.
Pero nada se le compara
al atacar lo duro, lo inquebrantable.
No hay nada semejante.

Lo débil vence lo fuerte;
lo suave supera lo duro.
En todo el mundo, no hay nadie que no sepa esto,
pero nadie puede dominar la práctica.

Así el maestro permanece
sereno en medio del sufrimiento;
la maldad no puede entrar en su corazón.
Porque él ha desistido de ayudar,
es de gran ayuda para su pueblo.

Las grandes verdades parecen paradójicas.

Vivir como el agua

Al investigar, estudiar y practicar los 81 versos del Tao Te Ching, me he quedado sorprendido con las muchas referencias que hace Lao-Tsé al agua en varias de sus formas: el mar, la lluvia, la neblina, la bruma, la nieve, y los ríos y los arroyos. El respetado maestro parece encontrar su fortaleza espiritual en toda la naturaleza, pero debe haber sentido una reverencia especial hacia el agua y hacia la forma como funciona en toda nuestra vida. *Sé como el agua* parece repetir el Tao Te Ching en todo su contexto. Este elemento está más cerca de ser como el Tao que cualquier otra cosa en este mundo, por eso es un símbolo perfectamente adecuado para enseñar el Gran Camino.

El agua es tan misteriosa como el Tao. Cuando usted se inclina sobre un río e intenta aprisionarla, termina perdiéndola. El agua es evasiva hasta que cesa de aprisionarla y deja que su mano se relaje y sea una con ella; paradójicamente, la obtiene liberándola. Lao-Tsé nos aconseja que emulemos este elemento en todas su formas indescifrables y misteriosas, incluso si parece contrario a lo que nos dice el intelecto y el acondicionamiento.

Lao-Tsé reitera tres temas que aparecen a lo largo y ancho de este libro. Son las verdaderas características del agua:

1. ¡Supere las partes inquebrantables de su vida, cediendo! Lo duro y lo rígido se vencen con la asidua aplicación de cosas serenas, como el suave flujo del agua o el goteo constante. Sea entonces persistentemente sereno y dispuesto a rendirse, y observe cómo se desgasta la resistencia de lo adusto y lo implacable.

Durante años, una de las mujeres miembro de mi familia que insistía en perjudicarse y perjudicar sus relaciones ingiriendo sustancias tóxicas, se había encontrado con mi amorosa pero firme respuesta. Con el paso del tiempo, suavemente, su dureza comenzó a desgastarse frente a la constante, suave pero decidida, *gota a gota* de amabilidad, aceptación y amor. A veces, puede ser desalentador, pero como señala Lao-Tsé en este verso, debemos actuar como el agua y aplicar un enfoque suave: "Porque nada se le compara al atacar lo duro, lo inquebrantable".

2. El agua parece ser algo que sería fácil de vencer. No obstante, es tan flexible que una vez que la saca de su lugar, encuentra su propio nivel bajo todas las cosas fuertes y entra pacientemente en donde ningún sólido puede bloquear su lugar de descanso. Coloque barricadas, construya diques y haga todo a prueba de agua; pero con el paso de suficiente tiempo, la cualidad flexible del agua triunfará. "Lo débil vence lo fuerte" es un mensaje poderoso para usted. Recuerde permanecer flexible, dispuesto a rebajarse humildemente y a parecer débil, sabiendo que está en armonía con el Tao. Lao-Tsé le suplica que sea como el maestro que permanece "sereno en medio del sufrimiento", y la maldad no logrará entrar en su corazón.

3. El agua es tan suave que no es posible hacerle daño, lastimarla ni destruirla, sencillamente regresa a su Fuente para ser utilizada una y otra vez. Hiérvala hasta que desaparezca, y su vapor entrará a la atmósfera, para terminar regresando. Bébala y regresará después de nutrir su cuerpo. Contamínela, y regresará con el paso del tiempo para convertirse de nuevo en un nutriente purificado. Todo esto se logra debido a la suavidad mutable del elemento.

Cuando permanezca suave y venza la dureza, usted también será indestructible. (Lea de nuevo el verso 43, "Vivir suavemente"). No existe nada más suave que el agua bajo el cielo, y sin embargo, no hay nada que pueda compararse con ella para vencer la dureza.

Hay mucha sabiduría para descubrir en esta analogía: permanezca en la suavidad. Deténgase cuando esté a punto de demostrar lo duro que puede ser. Intente ser paciente en vez de tratar de controlar todo con rigidez. Confíe en su ser congénitamente suave.

Desde su perspectiva de hace 2,500 años, Lao-Tsé le recuerda cuánto tiene que aprender de la naturaleza, en particular del agua, y lo exhorta para que ponga estas ideas en práctica:

Cambien su forma de ver la fortaleza versus la debilidad

Observe que los estereotipos de rígido, duro, enérgico, excesivamente confiado, y dominante, no son en absoluto atributos de fortaleza. De hecho, estas cualidades lo llevarán a ser vencido y superado por la suavidad, o por lo que usted ha llamado debilidad. Cambie la forma de ver todo esto, y observe cómo cambia su mundo. Cuando comience a admirar y a emular a aquellos que permanecen débiles y flexibles, verá la verdadera fortaleza en usted como una persona del Tao. Renuncie a interferir y a ayudar, y opte más bien por correr como el agua —gentil, suave y discretamente— dondequiera que sea necesario.

Sea suave como el agua

Como el agua, fluya dondequiera que haya una apertura, en vez de intentar dominar a los demás a la fuerza. Suavice su rigidez siendo más tolerante ante las opiniones contrarias. Interfiera menos, y escuche en vez de dirigir y hablar. Cuando alguien le ofrezca su punto de vista, trate de responder con: "Jamás lo había considerado antes, gracias. Lo pensaré".

Practique el Tao ahora

Medite hoy visualizándose con las mismas cualidades del agua. Permita que su ser suave, débil, condescendiente y fluido, penetre en lugares donde ha sido excluido anteriormente debido a su inclinación sólida y rígida. Fluya gentilmente en las vidas de aquellos que considera en conflicto con usted. Imagínese entrando en sus seres interiores privados, viendo quizá por primera vez lo que están experimentando. Mantenga esta imagen suya como agua que corre suavemente, y observe cómo cambian sus relaciones.

Verso 79

Después de una amarga discusión, quedan algunos resentimientos.
¿Qué puede hacer uno al respecto?
Contentarte con lo que tienes
es siempre lo mejor al final.

Alguien debe arriesgarse a devolver una ofensa con bondad,
si no, la hostilidad jamás se convertirá en benevolencia.
Por eso, el sabio siempre da sin esperar gratitud.

Aquel que posee la verdadera virtud
siempre busca la forma de dar.
Aquel que carece de verdadera virtud
siempre busca la forma de tomar.
Al dador le llega la plenitud de la vida;
al que toma, sólo una mano vacía.

$\mathcal{V}$ivir sin resentimientos

En este verso, tan útil para mí en lo personal, se le pide que cambie la forma de guardar resentimientos después de una diferencia de opiniones o un altercado directo. ¿Qué es lo que causa molestia y enojo después de una discusión? La respuesta general sería un listado total y detallado de todas las razones por las cuales la otra persona estaba equivocada, y lo ilógico e irrazonable que se conducía, concluyendo con algo como: "¡Tengo el derecho de estar molesto cuando mi [hija, suegra, ex-esposo, jefe, o quienquiera que sea] me habla de esta manera!" Pero si está interesado en vivir una vida llena del Tao, es imperativo que cambie esta manera de pensar.

Los resentimientos no provienen de la conducta de la otra persona en el altercado; no, sobreviven y prosperan porque *usted no está* dispuesto a terminar ese altercado por medio de una ofrenda de bondad, amor y perdón auténtico. Lao-Tsé dice: "Alguien debe arriesgarse a devolver una ofensa con bondad, o la hostilidad jamás se convertirá en benevolencia". Entonces, cuando se hayan expresado todos los gritos, alaridos y amenazas, ha llegado el momento de la calma. Recuerde que ninguna tormenta dura para siempre, y que en su interior, siempre se ocultan las semillas de la tranquilidad. Hay un momento para la hostilidad y un momento para la paz.

Cuando mengua la tormenta de una querella, debe encontrar la forma de prescindir de la necesidad de su ego de tener la razón. Es hora de ofrecer bondad dejando ir su ira. Se terminó, ofrezca su perdón hacia usted y hacia la otra persona, y ayude a disipar el rencor. Sea aquel que busca el camino para *dar*, en el sentido que Lao-Tsé describe en este verso, en vez de aquel que siempre busca cómo *tomar*.

Tengo una empresa muy grande basada en la sabiduría de este profundo verso. Todo es cuestión de dar en ella, si hay una disputa respecto a las ventas de un producto, mi asistente sabe que debe dejar que la otra parte obtenga lo que desea. Si alguien no puede pagar algo, se lo regalo. Permito que mis charlas sean grabadas y no pido nada a cambio. Dono mi tiempo para fotografías, autógrafos o cualquier otra cosa. A menos que tenga que ir al aeropuerto a tomar un avión, soy la última persona que salgo del auditorio, y estoy dispuesto a hablar con todo el que lo solicite. Todo es cuestión de dar, y los que trabajan para mí saben que vivo según estos principios.

Hace un tiempo, le pedí a un desconocido que fuera parte de mis giras de conferencias. Descubrí un hombre que era un artista y músico verdaderamente talentoso, pero vivía en escasez. A pesar de su enorme talento, la abundancia no fluía en su vida. Después de unas cuantas conferencias, noté su inclinación a ser más del tipo que tomaba que del que daba; buscaba consistentemente formas de ganar más dinero haciendo trabajos extras, excluyendo a todos aquellos que trabajaban para ofrecer servicio a las personas que acudían a las charlas.

Tuve una larga conversación con este hombre respecto a cómo su manera de actuar usurera y no generosa, estaba bloqueando el flujo de la abundancia en su vida, y lo animé para que confiara en la sabiduría de Lao-Tsé. El punto es que esto fue una oportunidad para que los dos siguiéramos en la gira sin resentimientos.

Sin importar la actitud de alguien si usted vive en la "verdadera virtud", encontrará la forma de dar. Esta verdad se alinea por completo con el Tao; después de todo, el creador de vida siempre está dando, nunca tomando. Cambie entonces su visión de la escasez y del resentimiento, y comience a sentir en verdad la pregunta *¿Cómo puedo servir?* El universo parecería responder: *Por fin, lo entiendes, ¡ahora estás actuando como yo! Mantendré ese flujo* *llegando a tu vida de formas que te fascinarán y deleitarán.* Como dice Lao-Tsé: "Al dador le llega la plenitud de la vida, al que toma, sólo una mano vacía".

Esto es lo que Lao-Tsé lo anima a hacer para que la sabiduría del verso 79 se convierta en su realidad:

Termine siempre en amor, ¡pase lo que pase!

Visualícese al final de una querella o de una gran discusión. En vez de reaccionar según sus viejos patrones de ira residual, venganza y sufrimiento, visualícese ofreciendo bondad, amor y perdón. Haga esto ahora enviando estos pensamientos de la "verdadera virtud" a cualquier resentimiento que lleve consigo. Haga de esto su respuesta estándar a cualquier altercado futuro: *Terminaré en el amor, ¡pase lo que pase!*

Practique dar

En medio de una discusión o un desacuerdo, practique dar en vez de tomar antes de terminar la gresca. Ofrezca los tesoros del Tao o las virtudes reales presentando bondad en vez de un gesto de menosprecio, ofreciendo respeto en vez de probar que alguien está equivocado. Dar involucra dejar atrás al ego. Aunque él quiere ganar y mostrar su superioridad actuando de forma contraria e irrespetuosa, su naturaleza del Tao desea estar en paz y vivir en armonía. Puede reducir sus altercados casi a cero si practica este procedimiento.

Practique el Tao ahora

Recite en silencio las siguientes palabras de la oración de San Francisco: "Donde haya ofensa, [que lleve yo] el perdón". Sea un dador de perdón como él enseña: lleve amor al odio, luz a la oscuridad y perdón a la ofensa. Lea estas palabras a diario, pues ellas le ayudarán a vencer las exigencias del ego y a conocer "la plenitud de la vida".

Verso 80

Imagínate un país pequeño con pocas personas.
Tienen armas y no las emplean;
disfrutan de las labores que realizan con sus manos
y no pierden tiempo inventando máquinas para ahorrar trabajos.

Se toman la muerte en serio y no viajan muy lejos.
Ya que aman profundamente sus hogares,
no están interesados en viajar.
Aunque poseen barcos y carruajes,
nadie los usa.

Se contentan con comida sana,
están felices llevando ropas útiles,
satisfechos con sus cómodos hogares,
y protegen su estilo de vida.

Aunque viven a la vista de sus vecinos,
y pueden escuchar el cacareo de los gallos y el ladrido de los perros
del otro lado de la calle,
viven todos en paz mutua
mientras envejecen y mueren.

Vivir su propia utopía

Este penúltimo verso del Tao Te Ching puede muy bien haberse titulado: "No seas tonto, no te compliques la vida". Lao-Tsé plantea el caso de una sociedad ideal en donde el conflicto no es un problema, se practica la armonía con la naturaleza y las armas pueden estar presentes pero nunca se usan. El antiguo maestro chino parece decir que permanecer cerca de la naturaleza y sentir placer en las cosas básicas de la vida es más satisfactorio que andar en pos de equipos tecnológicos y elegantes carruajes. También le aconseja a los lectores que se mantengan cerca de la tierra, que trabajen con sus manos y que no compitan con las aldeas vecinas.

Aunque es evidente que el mundo ha cambiado dramáticamente en los últimos 2,500 años, el consejo de este verso 80 ofrece sabiduría para el siglo XXI y más allá. Imagínese un mundo en donde las armas fueran vestigios del pasado, exhibidas en los museos para ilustrar y advertir a la población sobre lo absurdo de la historia violenta. Usted vería los conflictos de este planeta desplegados desde la perspectiva de seres humanos como diminutos microbios viviendo en el mismo cuerpo, dependientes de forma equitativa de él y de los demás para supervivencia, y como quiera matándose entre sí y destruyendo a su anfitrión. La guerra parecería sencillamente como una destrucción insensata.

Cuando observamos los conflictos que han tenido lugar a lo largo de la historia, no podemos evitar ver que el odio y las rivalidades en los tiempos antiguos y modernos no tienen sentido. ¿Por qué la gente no comparte (o no puede compartir) la tierra y vivir junta en paz? ¿Qué parece tan importante como para que sea necesario matarse mutuamente por ella? Incluso en épocas muy recientes, aquellos individuos que odiábamos a tal punto que intentamos aniquilar, se han convertido ahora en nuestros aliados. ¿De qué se trata toda esta masacre? ¿Por qué no hemos aprendido a vivir en armonía con el Tao dador de vida? Las respuestas a estas preguntas son obviamente complejas, pero, por desdicha, deben seguir siendo formuladas.

Este verso no niega un esfuerzo para que usted cree formas de vivir su utopía. Por el contrario, le ofrece un escape del ciclo vicioso de odio, asesinatos, guerras y la cooperación subsecuente antes de que surja el siguiente ciclo de violencia. Puede regresar a los fundamentos de la existencia pacífica eligiendo vivir de forma sencilla y colocando menos esfuerzo en la necesidad de dominar a *alguien*. Cuando vea la tendencia a crear más máquinas bélicas, vote a cambio por candidatos que apoyen medios pacíficos para lidiar con los conflictos.

Sus opciones personales también se alinean con la naturaleza tranquila del Tao. Puede optar por no usar nuevas tecnologías, algunas veces, o incluso nunca. Puede elegir escribir a mano y sentir su conexión con su Fuente mientras las palabras fluyen a través de su corazón hacia el papel. Puede elegir caminar en vez de conducir con toda la frecuencia posible. Puede optar por realizar cálculos matemáticos sin usar una calculadora, y recordar números de teléfono como una forma de personalizar sus conexiones. Puede escoger nadar o montar en bicicleta en vez de usar máquinas.

Hay muchos equipos para ahorrar trabajo que Lao-Tsé jamás habría soñado, usted puede eliminarlos como parte de su rutina de simplificar. Quizá no usando correo electrónico, ni descargando música, puede permanecer simbólicamente cerca de la tierra a la que Lao-Tsé se refiere en este verso. En otras palabras, puede conocer lo que el mundo moderno ofrece por medio de la información y la tecnología, estando al mismo tiempo consciente de las áreas de su vida en donde desea que las cosas sigan siendo básicas. Reconozca cuando está sintiendo los efectos de una sobrecarga de información, demasiados dispositivos, demasiadas complicaciones, y cambie a un ambiente natural que le agrade por el tiempo que decida hacerlo.

Lao-Tsé parece animarlo a que simplifique su vida como una manera de elevar su percepción de su conexión con el Tao. Ensaye estas nuevas actitudes y conductas para ayudarlo a cambiar su forma de ver la vida moderna: ¡podría en efecto cambiar la vida que lleva!

Practique la gratitud radical

Comience a practicar disfrutar de las cosas que da por sentado. Hay muchas comodidades como: su hogar, su jardín, sus comidas, su ropa, sus parientes y amigos, y que disfruta a diario sin pensar agradecer por ellas. Decida prestar atención: dé un giro y muéstrese agradecido y amoroso. Pase más tiempo en su casa fascinado ante los sencillos tesoros que constituyen su vida.

Vea el paraíso a su alrededor

Cambie su creencia de que debe viajar, conocer el mundo y explorar tierras y pueblos lejanos para llevar una vida plena. De hecho, puede residir en la misma calle, durante toda su vida sin tener que viajar y aun así conocer la gloria del Tao. Tenga en cuenta la idea ofrecida por Voltaire: "El paraíso es donde estoy". Si donde usted está es su hogar, con la misma gente, las mismas fotografías y los mismos muebles, haga de eso su paraíso. Encuentre dicha y consuelo en lo sencillo. Cambie su manera de ver el placer en lo que tiene, en donde vive, y en lo que usted es. Cultive su utopía sintiendo al Tao en cada centímetro cúbico de su espacio.

Practique el Tao ahora

¡Dedique un día a la comida! Aprecie la misteriosa inteligencia que creó los alimentos para su salud y placer, diga una oración que tenga conexión con la comida. Ir al supermercado, cocinar, planificar una cena con invitados, ser un invitado en una cena, comer en un restaurante, comprar una merienda, o comer palomitas de maíz en el cine, son algunas de las oportunidades de explorar conscientemente esa conexión. Vea la conexión entre los alimentos como parte del ciclo infinito del Tao, y de vivir en su propia utopía.

Verso 81

Las palabras verdaderas no son hermosas;
las palabras hermosas no son verdaderas.
Los hombres buenos no discuten;
aquellos que discuten no son buenos.
Los virtuosos no buscan defectos;
aquellos que buscan defectos no son virtuosos.

Los sabios no acumulan nada
sino que le dan todo a los demás;
cuanto más tienen, más dan.

El cielo hace el bien a todos,
no le hace mal a nadie.
El sabio lo imita, actuando
para el bien de todos,
y sin oponerse a nadie.

Vivir sin acumular

Este verso final del Tao Te Ching ofrece el mensaje concluyente de toda su colección de ideas. Usted proviene de donde *no-hay cosas*. Su lugar de origen no tiene cosas; el lugar adonde regresará no tiene cosas. Por lo tanto, Lao-Tsé lo está invitando a reemplazar la acumulación de más cosas con la celebración de su verdadera esencia. Así como nada es Tao puro en su informidad, su ser real es esa misma informidad... pues usted es el Tao.

El Tao Te Ching intenta atraerlo hacia una forma de ser que reconoce la nada como el Tao, usted podría llamarla una forma de ser realizado en Dios. En este ensayo final, he elegido proponerle que tenga acceso a su ser en el Tao, su ser que no existe, viviendo sin acumular. Esto significa dar más, discutir menos y liberar sus apegos a todo en el mundo de las 10,000 cosas. A fin de cuentas, vivir de esta manera significa incluso liberarse del apego a su vida y a su cuerpo. Pero puede practicar esto ahora mismo, mientras sigue vivo en el mundo.

San Juan de la Cruz habla sobre esta forma de ver su vida:

Para venir a gustarlo todo
no quieras tener gusto en nada.
Para venir a poseerlo todo,

no quieras poseer algo en nada.
Para venir a serlo todo,
no quieras ser algo en nada.
Para venir a saberlo todo,
no quieras saber algo en nada.

Toda esta sabiduría de la nada proviene de lo que Lao-Tsé nos ofrece, el antiguo sabio espiritual que desea que experimentemos la gloria de ser todo conociendo el lugar en donde nada se acumula, el lugar donde *no-hay-cosas.*

Es difícil imaginarse un mundo sin cosas, pero en este verso final del Tao Te Ching, Lao-Tsé lo lleva a ver cómo luciría dicho mundo. No necesita palabras hermosas, puesto que no hay *ninguna-cosa* que describir. No hay *nada* que discutir, así como no hay posesiones que disputar. No hay críticas ni reproches, pues todo lo que existe es la virtud oculta del Tao. Y finalmente, no hay *ninguna-cosa* que coleccionar, amasar, o acumular, lo cual lo deja en un estado de dar y apoyar de forma creativa. "El cielo hace el bien", dice Lao-Tsé, y *el bien* es sinónimo de *Dios,* quien en verdad es igual al Tao.

Meister Eckhart ilustra la sinonimia de las palabras *Dios* y *Tao* en esta pieza:

Dios es un ser más allá del ser
y es la nada más allá del ser.
Dios es nada. Ninguna cosa.
Dios es la nada.
No obstante, Dios es algo.

Se le anima en este verso final del perdurable y asombroso Tao Te Ching a que haga todo lo posible para imitar al cielo mientras está en el mundo de la forma.

Ensaye estas sugerencias de Lao-Tsé mientras cambia sus pensamientos y eventualmente su vida, para siempre:

¡Deje de acumular puntos de tener la razón!

Libérese de su tendencia a discutir y reemplácela por la voluntad de permitir que cualquiera con quien tenga una discusión, tenga la razón. Termine su querella diciéndole a la otra persona algo así: "Tienes razón en eso, y te agradezco por haberme permitido escuchar tu punto de vista". Esto pone fin a la discusión y elimina la culpa y la crítica al mismo tiempo. Cambie la necesidad de su ego de tener la razón usando la afirmación basada en el Tao: "Tienes razón en eso". ¡Hará que su vida sea mucho más pacífica!

Redúzcase a cero o al lugar donde *no-hay-cosas*

Observe su cuerpo y todas sus posesiones, y luego colóquelos en el contexto del mundo cambiante. Tenga en cuenta esta declaración de Mahatma Gandhi: "Si nadaras en lo más íntimo del océano de la Verdad, deberás reducirte a cero". Entonces, desde un lugar donde *no-hay-cosas* o cero, conviértase en el observador, viendo lo que ha acumulado en el mundo de las cosas. Desde esta perspectiva, descubrirá que nada es en verdad real en dicho mundo. Practique este ejercicio cada vez que se sienta apegado a sus posesiones o a su punto de vista.

D. H. Lawrence captura de forma dramática esta idea:

> *¿Estás dispuesto a ser absorbido,*
> *borrado, cancelado,*
> *convertido en nada?*
> *¿Estás dispuesto a ser nada?*
> *¿a ser sumergido en el olvido?*
> *Si no lo estás, jamás cambiarás en verdad.*

Ahora vislumbre de nuevo el título de este libro: *Cambie sus pensamientos y cambie su vida: vivir la sabiduría del Tao.* Esté dispuesto a cambiar.

Practique el Tao ahora

Lo dejo con estas palabras de Lao-Tsé del libro *Tao Te Ching: A New Translation,* traducido por Sam Hamill. Este es el último verso:

El sabio no acaudala,
y por ello imparte.
Cuanto más vive para los demás,
más grande es su vida.
Cuanto más da,
mayor su abundancia.

Copie estas palabras a mano, estudiélas y póngalas en práctica al menos una vez al día. Incrementará la energía del Tao en su vida, en este mundo de las 10,000 cosas.

Namaste,
Doctor Wayne W. Dyer

416

Epílogo

Concluyo este proyecto, que abarcó un año, con una nota personal para compartir con ustedes: estos 81 versos incrementaron inesperadamente mi sentido personal de asombro e incredulidad respecto al poder, y la vasta sabiduría de este clásico de la antigüedad.

Lea de nuevo la cita al comienzo de este libro, atribuida a Confucio. Dice la leyenda que este maestro estaba tan impresionado por la influencia de Lao-Tsé, que él mismo lo buscaba para consultarlo sobre buenas costumbres y normas, lo cual era el principal enfoque de la filosofía confuciana, pero considerado como una hipocresía y una insensatez por Lao-Tsé. Después de su encuentro con Lao-Tsé, Confucio les dijo a sus discípulos que el hombre era un sabio; un dragón con misteriosos poderes más allá de la comprensión de la gente, incluyendo el mismo Confucio.

A lo largo de mi escritura de estos 81 cortos ensayos sentí casi una atracción mística por Lao-Tsé. En los versos iniciales, lo consideraba un gran educador que nos ofrecía consejos sobre cómo aplicar su sabiduría desde una perspectiva de la antigua China en nuestro mundo moderno. Con el paso del tiempo y mientras más me iban cautivando sus enseñanzas, comencé a sentir que Lao-Tsé me estaba hablando a mí directamente... y luego a ustedes *a través* de mí, e incluso a las generaciones futuras. A veces, sentía que Lao-Tsé decía intencionalmente que debíamos recibir estos importantes mensajes o perecer como sociedad civilizada. Mientras se iba manifestando este libro, hubo instantes en que incluso sentí su presencia.

Cuando terminé el manuscrito, tuve una inevitable y dolorosa oportunidad de experimentar las cualidades del dragón que impresionaron a Confucio. A lo largo y ancho del Tao Te Ching, Lao-Tsé me reveló el Camino para enfrentar los vientos y las nubes del tiempo y el espacio, así como lo que inicialmente me parecía una crisis insuperable.

Al leer de nuevo la copia final de *Cambie sus pensamientos y cambie su vida*, me fue ofrecido quizá el mayor reto personal de toda mi vida. Sentí el profundo dolor interno que a menudo sienten los seres humanos en medio de un conflicto. Sentí la ira que hace que las personas se consideren víctimas y que lleva a fin de cuentas a los extremos de la guerra a lo cual se refiere con tanta frecuencia el Tao Te Ching. Mis pensamientos luchaban con lo que Lao-Tsé diría respecto a nunca tener enemigos: seguro que era imposible que *alguien* permaneciera sereno y se sintiera conectado con su Fuente de amor y bienestar frente a algo como lo que yo estaba pasando. ¿Qué buena fortuna podría estar oculta en esta desgracia que parecía salir de la nada sin razón justificable? ¿Estaba ahora yo siendo designado como maestro de los "malos"? Y las preguntas seguían y seguían mientras iba leyendo cada verso.

Luego comencé a sentir que el carácter de dragón de Lao-Tsé aparecía ante mí, quemaba mi rostro mientras leía. Era casi como si me dijera directamente a mí estas palabras:

Entonces ahora crees que has dominado el Gran Camino porque has pasado un año leyendo e interpretando estos 81 versos. Aquí tienes la oportunidad de explorar tu maestría del Tao. Aquí tienes algo inesperado que es capaz de trastornarte espiritual, física, intelectual y emocionalmente. Aplica todo lo que te he enseñado: permanece en paz, confía en tu naturaleza; entiende que todo es perfecto, y sobretodo, no hagas nada. Vive la virtud oculta del Tao. Si te sientes atraído hacia la guerra, rehúsa tener enemigos. No tengas ningún tipo de violencia en tu mente; ni venganza y absolutamente cero juicios. Haz esto mientras permaneces centrado en la perfección sapiente y amorosa del Tao frente a lo que crees que es insuperable. Luego serás capaz de llamarte a ti mismo un hombre del Tao.

Comencé a sentir que Lao-Tsé me estaba calentando con el fuego de su dragón, pues cada verso era exactamente lo que necesitaba leer cada vez que lo hacía. Lo que en un principio parecía sin esperanzas y devastador se fue convirtiendo en mi llamado definitivo: vivir una vida gozosa y con un gran aprecio por todo lo que Tao me brinda. Cuando cierre este libro, también es mi deseo que usted logre aplicar esta gran sabiduría del Tao para que pueda, incluso en los tiempos más difíciles, cambiar sus pensamientos y disfrutar los cambios en su vida. Puede ser que yo no sea un maestro del Tao, pero soy un hombre del Tao. De cualquier forma que estas palabras del Tao Te Ching hayan sido escritas, y hayan perdurado por más de 25 siglos, me siento honrado de haber sido invocado para ayudar a aclararlas para usted. Estoy en paz.

Gracias, Lao-Tsé.

Agradecimientos

Agradezco a los traductores y autores de los siguientes diez libros:

The Essential Tao: An Initiation into the Heart of Taoism through the Authentic <u>Tao Te Ching</u> and the Inner Teachings of <u>Chuang Tzu</u>, traducido y presentado por Thomas Cleary

The Illustrated Tao Te Ching: A New Translation with Commentary, por Stephen Hodge

Tao Te Ching, por Lao Tsé; traducido por Gia-Fu Feng y Jane English

Tao Te Ching: The Definitive Edition, por Lao Tsé; traducción y comentarios por Jonathan Star

Tao Te Ching: A New English Version, por Stephen Mitchell

Tao-Te-Ching: A New Translation, por Lao-Tsé; traducido por Derek Bryce y Léon Wieger

Tao Te Ching: A New Translation, por Lao Tsé;
traducido por Sam Hamill

Tao Te Ching, por Lao Tsé; traducido por John C. H. Wu

A Warrior Blends with Life: A Modern Tao, por Michael LaTorra

The Way of Life According to Lao Tzu, traducido por Witter Bynner

Acerca del autor

El doctor **Wayne W. Dyer** es autor y orador reconocido internacionalmente en el campo del desarrollo personal. Ha escrito treinta libros, ha creado muchos videos y programas de audio y se ha presentado en miles de programas de radio y televisión. Sus libros *Manifieste su destino, La sabiduría de todos los tiempos, Hay una solución espiritual para cada problema,* y los libros de mayor venta de *The New York Times: 10 Secretos para el éxito y la paz interior, El poder de la intención* e *Inspiración* han sido destacados en especiales de la Televisión Pública Nacional de los Estados Unidos.

Wayne posee un doctorado en consultoría educativa de Wayne State University y fue profesor adjunto en St. John's University en New York.

Página de Internet: **www.DrWayneDyer.com**

Notas

Notas

Notas

Notas

Notas

Notas

Notas

Notas

Notas

Notas

Notas

Notas

Esperamos que haya disfrutado este libro de Hay House.
Si desea recibir un catálogo gratis con todos los libros y productos
de Hay House, o si desea mayor información acerca de la
Fundación Hay, por favor, contáctenos a:

HAY
HOUSE

Hay House, Inc.
P.O. Box 5100
Carlsbad, CA 92018-5100

(760) 431-7695 ó (800) 654-5126
(760) 431-6948 (fax) ó (800) 650-5115 (fax)
www.hayhouse.com®

Sintonice **HayHouseRadio.com®** y encontrará los mejores
programas de radio sobre charlas espirituales con los autores
más destacados de Hay House. Si desea recibir nuestra revista
electrónica, puede solicitarla por medio de la página de
Internet de Hay House, de esta forma se mantiene informado
acerca de las últimas novedades de sus autores favoritos.
Recibirá anuncios bimensuales acerca de descuentos y ofertas,
eventos especiales, detalles de los productos, extractos
gratis de los libros, concursos y ¡mucho más!
www.hayhouse.com®